吉林省教育厅人文社科项目成果

项目名称：网络时代视觉文化的"二次转向"与媒介传播研究

项目编号：JJKH20211255SK

数字时代图像学的媒介演化向度

王博学◎著

吉林大学出版社

·长春·

图书在版编目（CIP）数据

数字时代图像学的媒介演化向度 / 王博学著. -- 长春 : 吉林大学出版社, 2024.3
ISBN 978-7-5768-2404-9

Ⅰ.①数… Ⅱ.①王… Ⅲ.①传播媒介—研究 Ⅳ.
①G206.2

中国国家版本馆CIP数据核字(2023)第213522号

书　　名：数字时代图像学的媒介演化向度
SHUZI SHIDAI TUXIANGXUE DE MEIJIE YANHUA XIANGDU

作　　者：王博学
策划编辑：张宏亮
责任编辑：张宏亮
责任校对：张文涛
装帧设计：雅硕图文
出版发行：吉林大学出版社
社　　址：长春市人民大街4059号
邮政编码：130021
发行电话：0431-89580028/29/21
网　　址：http://www.jlup.com.cn
电子邮箱：jldxcbs@sina.com
印　　刷：三河市嵩川印刷有限公司
开　　本：787mm×1092mm　　1/32
印　　张：9.25
字　　数：240千字
版　　次：2024年3月　第1版
印　　次：2024年3月　第1次
书　　号：ISBN 978-7-5768-2404-9
定　　价：68.00元

前　言

在数字时代，所谓的"图像转向"或"视觉转向"，其本质是从图像到视像的人类视觉形式，在形形色色的技术假体支持下的媒介演化过程。虽然在不同的时代用着同样的人类眼睛以及其他感官，但在不同"视觉机器"的加持下，我们的观看方式、感知方式以及相应的视觉经验确实是有差异的。因此，在数字时代的介入美学和媒介体验的语境下，在基于万物互联的网络媒介技术支持的背景下，在虚拟现实技术不断攻坚的前提下，在大数据算法时代主导的人工智能不断类人化的视野下，面对从图像到视像的演化现实，面对人类视觉经验的变迁，图像以及有关于它的研究必将迎来又一个高峰。

20世纪90年代，伴随着视觉媒介的发展为视觉生产和图像传播提供了强有力的技术支持，视觉图像似乎迅速完成了对日常生活和文化空间的"殖民"，乃至于在当时就出现了"读图时代""图像转向"的理论口号，图像学或者说视觉文化研究一时成为理论界的热点。尤其是进入21世纪之后，随着媒介技术的高速发展，网络媒介技术逐步实现移动通信设备的个体化，万物互联语境下网络数字生活边界的模糊化，虚拟数字影像技术引发视像的高清合成化，大数据支持下虚拟现实技术、人工智能系统突飞猛进般的具身化，导致我们似乎又站在了19世纪与20世纪的交界处，即机械复制的现代技术图像的广泛应用之时，某种新的人类视觉呈现及样态生成的可能性正在慢慢浮现出来。在这样一个时间节点上，我们有必要回看20世纪以来的图像学研究和视觉文化研究的理论成果，尤其是反思以米歇尔为代表的图像学理论，并在此基础上循着媒介演化向度，探讨现代图像学从传统图像学研究走向视觉文化研究、视觉生产从机械复制走向数字传播、视觉媒介技术从数字化走向虚拟化，从而梳理数字时代的"图像的生与死"的脉络，尝试着探索下一阶段的人类视觉文化发展的具体想象与理论预见，并最终指出数字时代的图像将依赖技术哲学走向媒介学领域。

目　录

绪　　论

一、研究背景

2022年12月15日，由teamLab[①]打造的基于共同创造概念的学习体验项目"teamLab共创！未来园"在深圳正式开馆。teamLab是一个擅长以屏幕+装置为载体，让观众从"旁观"中走出来的新媒体创作的艺术团队，其作品被赋予诸多标签：现象级网红景点、人生必看、风靡全球、新媒体艺术前沿。"teamLab共创！未来园"以"共创"为概念，在"运动森林"和"共创"两大主题空间中，呈现8个场景、10个沉浸式互动作品（见图0-1）。每一件作品都需要观众的参与、互动，而每一次参与互动都是一次新的创作，会生成不同的作品；不仅作为参观者的你

---

① teamLab是一个2001年开始活动的国际性艺术团队。通过团队创作去探索艺术、科学、技术、设计，以及自然界的交汇点。这是一个跨学界的"超级技术专家（ultratechnologists）"团队，成员包括艺术家、程序员、工程师、CG动画师、数学家、建筑师等各个领域的专业人士。teamLab想通过艺术，探索人类与自然、自身与世界的新关系。数字技术使我们将艺术从物质中解放出来，并使之能够跨越边界。我们感受不到自身与自然界，以及自身与世界之间的界限，我们是相容相通的一个整体。世间万物都存在于一个漫长、没有边界的、脆弱而又不可思议的生命延续之中。

会成为作品的一部分，其他参观者也会和你一道成为作品的一部分。

图0-1　深圳中洲湾"teamLab共创！未来园"作品之一：
《涂鸦自然——山脉与山谷、红色名录》

（图片来源：微信公众号"顶尖文案TOPYS"2022年12月15日文章《这里是想象力的托管所，不论1.4m以上还是以下》）

正如"teamLab共创！未来园"创始人松本明耐先生所言：

我们在设计作品的时候，会有意识地让来参观的人变成作品的一部分。比如这次在深圳展出的一件叫《涂鸦自然——山脉与山谷、红色名录》的作品，在这个作品中，前来参观的观众们，可以画出各种各样的动物，成为作品的一部分。如果你站着不动的话，在你所站的地方会开出花来，这些人如果进入作品中，就会影响和改变作品。如此一来，人自然就变成了作品的一部分，而且不光是你，其他人也可以参与进来，成为作品的一部分。

"这件作品中，我们非常强调的核心理念就是连续性。现代社会的人越来越变成一种独立的存在，我们总会感觉到各种各样的边界存在。而这种边界会让你感觉自己与世界隔断，没有那种连续性存在了，而所谓的边界，也都是我们自己的意识所创造出来的。所以，我们一直强调的就是消除这些边界，让万事万物可以成为连续的存在，这便是'无界'。"①

而这样的作品，自2001年开始，从东京到北京、上海、伦敦、纽约、新加坡、巴黎、硅谷、墨尔本等世界各地，teamLab通过光影、视频、声音、数字序列、虚拟现实等媒介技术创造出一个又一个"打卡沉浸式艺术展"，引发全球热潮。而其作品也被诸多美术馆永久收藏，如澳大利亚悉尼的新南威尔士州立美术馆、澳大利亚墨尔本维多利亚国立美术馆、澳大利亚阿德莱德的南澳大利亚州立美术馆、美国旧金山亚洲美术馆、美国纽约亚洲协会、土耳其伊斯坦布尔Borusan现代艺术收藏馆等。

这种数字时代的视觉艺术的特性，正如一篇评论文章中所表达的："一个人看见一幅画，走了过去，停了下来，这是'观看'。一个人看见一道光，穿了过去，改变了影子，这是'参与'。一个人看见一幅画和一道光，抬起了手，在画面中加入

① 设计癖.如何在游戏中感知世界？teamLab Future Park 松本明耐专访［EB/OL］.（2022-11-28）［2023-01-05］. https://www.163.com/dy/article/HN8D818H05118B5P.html.

了自己的意志，这是'创造'。"①在某种意义上，"参与"与"创造"就成了描述teamLab作品特质的一种强力表述，而这"参与"与"创造"的场景也让人产生强烈的视觉技术感，以及相应的对消费者具身性体验的注重。强调"参与"与"创造"是基于形象消费的视角而非艺术生产的视角，基于日常生活的视角而非经典艺术的视角。正是这些特质与不同的视角凸显出数字时代视觉文化区别于前现代与现代视觉文化的特性。

正如米尔佐夫所强调的："视觉文化也是一种策略，我们可以从消费者的观点而不是从生产者的观点出发，用它来研究后现代日常生活的谱系、定义和功能。我们所称的后现代主义——即断裂的、碎片化的文化——可以通过视觉获得最佳的想象和理解，就如同19世纪在报纸和小说中可以获得经典化的表述一样。"②因为在一个以电视、电影为核心的现代性视觉化形式"正遭到诸如互联网和虚拟现实软件等互动式视觉媒体挑战"的时代，我们不可避免地深深陷入了"图像的旋涡"，而"在这个图像的漩涡里，观看远胜于相信。这绝非日常生活的一部分，而正是日常生活本身"③。我们所处的是一个各种形式的视觉机器高度发达，并不断生成各种视觉性事件的时代，在这个视觉的后现代的全球化时代，消费者借助于视觉技术/媒介在各种视觉性

---

① 顶尖文案TOPYS企鹅号.这里是想象力的托管所，不论1.4m以上还是以下［EB/OL］.（2022-12-15）［2023-01-05］. https：//www. topys. cn/article/33391.

② ［美］尼古拉斯·米尔佐夫.视觉文化导论［M］.倪伟，译，南京：江苏人民出版社，2006：4.

③ ［美］尼古拉斯·米尔佐夫.视觉文化导论［M］.倪伟，译，南京：江苏人民出版社，2006：1.

事件中寻求信息、意义或快感，这些所谓的"视觉技术"指的是"用来被观看或是用来增强天然视力的任何形式的武器，包括油画、电视乃至互联网"①。正是这些在不同时代占据主导地位的"视觉技术"，塑造了不同时代的视觉文化，也建构了不同时代的"观看方式"。虽然我们在不同的时代使用同样的人类的眼睛，但由于"视觉技术"的差异，或者说，人类的眼睛是否经由中介以及经由什么视觉技术的中介，最终导致了我们看到的是不一样的视觉图像与视觉世界。

上述teamLab的案例给我们呈现的就是这样一种在新视觉技术与新观看方式下的不一样的视觉世界，这种差异不仅表现在其生产方式、呈现方式、生成方式上，也表现在观看方式、体验方式与消费方式上。也就是说，我们的眼睛通过不同的视觉技术能够重构视觉经验，并体现在视觉物的生产、流通、传播、消费的各个环节。这种差异化的新的视觉图像及其生成的视觉世界在数字时代也并非个案，视觉机器与视觉技术不仅表现在类似于teamLab在新视觉经验的创造与生成上，还表现在对传统艺术作品视觉呈现方式的再现与再创造上，当然也嵌入到了我们日常生活中的视觉活动与视觉事件当中。

中国故宫博物院利用各种视觉技术与叙事方式对馆藏艺术品的重新视觉化，使得原先因诸多物质性限制而无法大规模大范围长时间展示的经典艺术品能真正面向公众敞开。如北宋名画《清明上河图》，不仅完成了高清数字版的转化，还在2010年上

---

① ［美］尼古拉斯·米尔佐夫.视觉文化导论［M］.倪伟，译.南京：江苏人民出版社，2006：3.

海世博会举办期间，利用壁纸美化类软件赋予其光影效果，以动态的、放大的数字版形式展现在众人面前；此后，故宫联合腾讯，以《清明上河图》为蓝本，以动态呈现的方式推出了一组装置艺术，"依据实况，将显示并生成基于4个季节、24个节气和5种天气情况下多达960张精美海报，用户可通过扫码进行收藏"①。

自2016年始，故宫推出"清明上河图3.0"概念，并在各地举办《清明上河图》3.0数字主题馆展览，通过对《清明上河图》原作艺术神韵、历史风貌和文化内涵的挖掘，以超高清数字互动、全息投影等多种技术呈现了北宋汴京的社会风情和文化，使它从一众国内外团队策划呈现的"体验式""互动式""沉浸式"数字化展览中脱颖而出，成为别具一格、兼具中国文化和艺术展示的代表性数字化互动体验展。位于故宫箭亭广场的主题馆，不仅有《清明上河图》巨幅互动长卷和北宋人文空间部分，还有孙羊店沉浸剧场。太原、青岛等地的故宫文创馆也都在其《清明上河图》3.0数字主题馆中推出了类似的沉浸式互动展览，这些展览往往采用真人表演与全息投影的互动方式完成，通过影像、声音、灯光等方式的呈现，给观众的视听觉带来全新的体验。

事实上，不唯《清明上河图》，故宫馆藏名画《韩熙载夜宴图》《千里江山图》等也都进行了不同程度的数字化转化与视觉呈现。2021年8月，诗舞剧《只此青绿》更是以"跨媒介叙事"的方式，别出心裁地"舞绘《千里江山图》"，进一步以舞蹈的形式丰富了公众对《千里江山图》的视觉体验。这些数字化

---

① 腾讯×故宫博物院：动起来的清明上河图［EB/OL］.（2021-09-01）［2023-02-21］. https://www.digitaling.com/ projects/192856.html.

的视觉技术与视觉机器，在将传统的视觉图像进行复制、转换乃至生成时，自然也会带来本雅明所说的机械复制导致的艺术作品灵韵消失的问题，但抛却这方面问题姑且不论，这些视觉形式确实带来了新的视觉经验，尤其是当其随着数字媒介对日常生活的深度嵌入而将自身日常生活化之时。

北宋著名画家郭熙不仅提出了中国画论中的"三远法"[①]，而且从中国山水画意境营造出发，在同一篇名为《山水训》的画论中强调了"可行可望可游可居"之说："世之笃论，谓山水有可行者，有可望者，有可游者，有可居者。画凡至此，皆入妙品。但可行可望不如可居可游之为得，何者？观今山川，地占数百里，可游可居之处十无三四，而必取可居可游之品。君子之所以渴慕林泉者，正谓此佳处故也。故画者当以此意造，而鉴者又当以此意穷之，此之谓不失其本意。"[②]"可游可居"的意境营造，与中国画论中"象"[③]的概念密切相关，正如许煜在探讨中国的宇宙技术这一问题时指出的："象不仅是形式，它是中国绘

---

① 郭熙在《山水训》中说："山有三远：自山下而仰山巅，谓之高远；自山前而窥山后，谓之深远；自近山而望远山，谓之平远。"

② 郭熙.林泉高致［M］.周远斌，校.济南：山东画报出版社，2010：18.

③ 在中国古代思想中，并没有现代的"形象"这个概念，形和象既不可分离又不能简单地将象简化为形。大体而言，形是具体的，偏向于物质性与形式（form），象则介于观念和事物之间，比形更接近于今天"图像"的概念。"象"既指变幻莫测的天象，也指一种通过"人法自然"从而追寻道的类比方法，后一种意义接近于古希腊亚里士多德的"模仿"。《易传·系辞》云："在天成象，在地成形，变化见矣。""天垂象，见吉凶，圣人象之；河出图，洛出书，圣人则之。"老子说："大象无形。"唐代张彦远在《历代名画记》中称："夫象物必在于形似……"

画视觉语言的核心。"[①]许煜建议我们可以把中国山水理解为一种"宇宙技术"[②]，它"把人和技术世界重新安置在一个更广的宇宙现实中，让宇宙技术和道德秩序能通过技术活动（在这里是绘画）获得统一"[③]。"可游可居"的山水画，恰是在隐喻的层面上表征了一个统一的宇宙现实：这不仅仅是一个可供观察者观察的图像，也是一个可供观察者探索的宇宙世界。

　　正是基于中国的宇宙论，郭熙才可能提出中国山水画不仅"可行可望"，甚至是一个"可游可居"的宇宙。若从媒介考古学的方法而论，由于此种意象的营造，已经使得作为物理介质承载此意象的中国山水画——由纸、笔、墨、矿物颜料等物质构成的一个物、一个二维平面——具有了方今媒介理论中所谓的"界面"或"门"的功能与意义了。

　　当然，这与方今技术系统所生成的媒介"界面"或"门"还是有较大区别的。中国山水画经由"界面"或"门"可以到达的这个宇宙，不过是观察者纯粹想象的投射，仿佛是一种灵魂瞬

① 许煜. 艺术与宇宙技术［M］. 苏子滢，译. 上海：华东师范大学出版社，2022：158.

② 许煜将"宇宙秩序和道德秩序通过技术活动而达到的统一"视为宇宙技术，并认为通过这一概念，"可以用它来克服技术和自然间惯常的对立，进而把哲学的任务理解为寻找并肯定两者的有机整体"。技术与宇宙论的分离，仅在现代时期才发生。许煜从中国传统哲学出发，"意在提出一种对现代科技的全新追问，不再把普罗米修斯主义视为基本假定"。可参考：许煜. 论中国的技术问题——宇宙技术初论［M］. 卢睿洋，苏子滢，译. 杭州：中国美术学院出版社，2022. 尤其是此书的绪论部分。

③ 许煜. 艺术与宇宙技术［M］. 苏子滢，译. 上海：华东师范大学出版社，2022：148.

间被抽离于身体的状态，灵魂进入了"可游可居"的山水画宇
宙，身体却仍被挡在"门"外，这即是中国艺术精神的呈现——
庄子"逍遥游"中的"游"——不同于"可游可居"的"游"。
《庄子》第一篇即是《逍遥游》，王先谦注曰："言逍遥乎物
外任天而游无穷也。" 这即是"游"的精神实质——自由，也
是中国艺术精神的呈现。①这样的宇宙在某种意义上是一个缺乏
"物"或内容的宇宙，需要观察者进行填充，观察者需要经由类
似于庄子所谓的"心斋""坐忘"从而达成"至人无己"，进入
"无待之境"，才能真正实现"逍遥游"。也就是说，这需要依
赖于中国艺术精神的主体形成，以一种凝神观照的方式进入。而
与之不同，作为技术物的"界面"或"门"，通过数字技术系
统，不仅能摆脱身体在传统物质地点上的束缚，实现心灵与身体
在虚拟空间的共在（虽然某些时刻在特定的媒介空间身体的存在
可能只是一种"虚拟化具身"②）。此种"界面"背后的世界不
仅承载着丰富的"物"或内容，有着自身独立的时空逻辑，而
且具有自生成性，能通过技术系统控制使用者去做出各种行为选
择，诸如点击、按键，等等。

---

① 这正如徐复观先生所说的，虽然庄子思想的起点根本没有艺术的意欲，虽然庄
　子只是扫荡现实人生，以达到人生的理想状态，只是在体道，"但当庄子把它
　当作人生的体验而加以陈述，我们应对于这种人生体验而得到了悟时，这便
　是彻头彻尾地艺术精神。并且对中国艺术的发展，与不识不知之中，曾经发
　生了某种程度的影响"。徐复观. 中国艺术精神［M］. 沈阳：春风文艺出版社，
　1987：44.
② 这种具身方式在数字时代至少有两种最基本的表现形式，一种即文中提到的
　"teamLab共创！未来园"式的真实身体的在场参与，还有一种就是赛博空间中
　的各种数字分身，以元宇宙网络游戏的参与最为典型。

显然，这是一种超越了传统视觉经验的存在，我们对现实世界与赛博空间的探索，视觉也许仍然具有感官上的优先性，但却已经超越了西方社会自柏拉图以降所形成的理性主导的"视觉中心主义"，而要求身体与其他感官以及统觉的重新登场。这种"身体的权力"在数字时代已得到越来越多的认同。在评价前文提到的teamLab团队的作品时，有人就认为："这种叙事和互动机制完整的沉浸式体验，也从某种意义上重申了'人'的主体性——元宇宙、NFT等高概念强调用数字身份去填补物理在场的缺憾，于是让很多人误以为人类终究无法抵抗身体的有限性；但实际上，teamLab的工作却在告诉我们，身体哲学在未来会是一个更为重要的议题，只是探讨的方式可能是反传统的、甚至形而上的。"① "teamLab共创！未来园"创始人松本明耐也异常明确地强调了身体的重要性："人们如今常会用到像 VR 之类的设备，去进行一些大脑功能的扩展，包括我自己也很喜欢这些技术。只是现在大多数人的注意力都放在大脑功能扩展上了，为取得平衡，我们想让更多人认识到身体功能也可以扩展。"②

波德里亚曾强调了眼睛诱惑的直接性与纯粹性以及充斥其中的权力与魅力："眼睛的诱惑。最为直接、最为纯粹的诱惑。不需要词语的诱惑，只有目光交织在一场双人决斗中，一种即时的缠结，他人并不知情，还有他们的话语：一种静止和无声的

---

① 顶尖文案TOPYS企鹅号.这里是想象力的托管所，不论1.4m以上还是以下［EB/OL］.（2022-12-15）［2023-01-05］.https：//www.topys.cn/article/33391.

② 设计癖.如何在游戏中感知世界？teamLab Future Park 松本明耐专访［EB/OL］.（2022-11-28）［2023-01-05］.https：//www.163.com/dy/article/HN8D818H05118B5P.html.

亢奋的朴素魅力。"①但需要注意的是，在当下这个高科技化和深度媒介化的社会，眼睛这种"最为直接、最为纯粹的诱惑"也许要或者已经失去了它的直接性和纯粹性，因为当下的视觉经验越来越少地依赖于眼睛对对象物的直接凝视，而更多地依赖于眼睛经由视觉技术中介的观察技术。正如上文所强调的，虽然在不同的时代，我们使用同样的人类的眼睛，但由于"视觉技术"的差异，或者说，人类的眼睛是否经由中介以及经由什么视觉技术的中介，最终必然导致我们看到的是不一样的视觉图像与视觉世界，从而最终会影响到我们自身对这个世界的认识和把握。举个最简单的例子，对于高度近视者而言，戴不戴眼镜，对其作为观察者的观察有着很大的影响，只不过对其而言，眼镜已经成了海德格尔所说的"上手之物"，其往往意识不到眼镜的存在。

对于图像的"观看之道"，大体上可以这么认为：以往是固定视点的、凝神观照的、画面凝固的，依赖于眼睛这一人体器官而实现的静观之道，而现在则成了一种介入美学的、互动的、参与式的、动态的、具有生成性的，借助于视觉媒介而实现的统觉之道。而这种变化，从根本上来说，可能恰如齐林斯基所说的源于"电的运用"："由于电的运用，才给媒体世界注入了新的灵魂。从此，不再应该静态地去考察媒体世界了，它们开始舞动起来，震荡起来，颤动起来，活了起来。"②也许，"电的运用"恰恰是从图像到视像的媒介演化的"技术奇点"。未来的危

---

① ［法］让·波德里亚. 论诱惑［M］. 张新木，译. 南京：南京大学出版社，2011：116.

② ［德］西格弗里德·齐林斯基. 媒体考古学［M］. 荣震华，译. 北京：商务印书馆，2019：266.

险及其可塑性可能都是与媒介相融合的，20世纪以来的技术媒介，"力求跨越任何的界限，这是对它们所提出的任务。而那些远程的媒体，就更加加强了这样的趋势。使用它们的人们，不再把自己看做仅仅是观众和听众了。毋宁说，他们已经成为一个环球设施的参与者，是一个交互关联装置的共同游玩者，这个，我们已经学会称之为互动"①。这种从静态观看到动态介入的变化，也是本书所认为的图像与视像之间的本质差异，有着显见的技术美学之别。

我们已经置身于一个深度媒介化的社会，麦克卢汉所宣称的"媒介是人体的延伸"②意义上的技术假体不断丰富：3D电影、短视频、AR、VR、元宇宙、NFT、艺术装置等新型技术假体，此前就已存在并至今持续保持影响力的电影、电视、摄影等传统技术媒介，或许还可以加上传统绘画与各种类型的其他图像，这些不同时代、遵循不同技术逻辑的媒介在我们的时代叠加在了一起，从而将我们导入了一个以视觉技术假体为中介的、前所未有的深度视觉时代。这个时代位于"新媒体和旧媒体的冲突地带"并因此而生成了"融合文化"③的新形态。

这个深度媒介化社会，我们自然无法将其理解为是克拉里所分析的视觉现代性与观察者主体的历史建构初现的19世纪的

---

① ［德］西格弗里德·齐林斯基. 媒体考古学［M］. 荣震华，译. 北京：商务印书馆，2019：272.

② ［加］马歇尔·麦克卢汉. 理解媒介：论人的延伸［M］. 何道宽，译. 北京：商务印书馆，2003.

③ ［美］亨利·詹金斯. 融合文化：新媒体与旧媒体的冲突地带［M］. 杜永明，译. 北京：商务印书馆，2012.

自然延续①；这也不仅仅是本雅明式的以漫游者为视觉中心的机械复制时代：自此，灵韵消失，取而代之的则是一种"震惊"效果的现代体验②；还不仅仅是居伊·德波所一再批判的"景观社会"：在那里，由于物的堆积从而掩盖了一切真正的社会关系③；这更是一个维利里奥式的"视觉机器"时代：在普遍的感知自动化背景下，人的目光脱离主动性，而图像（尤其是统计型图像）反过来看我④；或许还是一个德布雷意义上的"视频圈"时代：人类在坚定的物质性基础上完成了从文字圈到图像圈再到视频圈的演化，视频圈恰是以视像为核心的⑤，图像的或生或死，必须被纳入"西方观图史"⑥中予以考量；这也是一个基特勒所宣称：与其说"海湾战争不存在"⑦，不如说是

---

① ［美］乔纳森·克拉里. 观察者的技术：论十九世纪的视觉与现代性［M］. 蔡佩君，译. 上海：华东师范大学出版社，2017.

② ［德］瓦尔特·本雅明. 经验与贫乏［M］. 王炳钧，译. 天津：百花文艺出版社，2002；［德］瓦尔特·本雅明. 摄影小史［M］. 许绮玲，林志明，译. 桂林：广西师范大学出版社，2017.

③ ［法］居伊·德波. 景观社会［M］. 张新木，译. 南京：南京大学出版社，2017.

④ ［法］保罗·维利里奥. 视觉机器［M］. 张新木，魏舒，译. 南京：南京大学出版社，2014.

⑤ ［法］雷吉斯·德布雷. 媒介学引论［M］. 刘文玲，译. 北京：中国传媒大学出版社，2014.

⑥ ［法］雷吉斯·德布雷. 图像的生与死：西方观图史［M］. 黄迅余，黄建华，译. 上海：华东师范大学出版社，2014.

⑦ 波德里亚认为在一个拟像的时代，媒介早就抛弃了亚里士多德以来的模仿论，不再是对真实的模仿，拟像本身就是一种比"真实"更实的超真实。正是在这个意义上，波德里亚说"海湾战争从未发生"。可参考：BAUDRILLARD J. The Gulf War Did Not Take Place［M］. Bloomington：Indiana University Press，1995.

"软件不存在"（There Is No Software）^①的时代^②；这是一个我们已经进入的弗卢塞尔（又译傅拉瑟）所说的"技术图像的宇宙"：我们生活在自动化与程序化的巨大阴影中^③；这是一个吉尔·利波维茨基所称的"总体屏幕"时代："超电影"思维嵌入了"从电影到智能手机"的每一个屏幕^④；这是一个埃尔基·胡塔莫呼吁要成立"屏幕学"的时代："集中探究作为'信息表面'的屏幕。该领域的重点不仅是屏幕的设计工艺，还包括它的用途、与其他文化形式的中介关系，以及在不同时期和地区形成的屏幕话语。"^⑤这也是一个克拉里强烈批判的"24/7"社会：晚期资本主义在数字技术的支持下让我们每周7天，每天24小时，不停运转，将人类裹挟进永不停歇的持续

---

① ［德］弗里德里希·基特勒.软件不存在//实体之夜：弗里德里希·基特勒论文选辑［M］.李双志，译.上海：上海社会科学院出版社，2019：116-143.

② 因为正如车致新在一篇评论基特勒的媒介批判思想的论文中指出的那样："软件"才是后现代主义的幻象，而"海湾战争"并不是（虽然美国政府和西方媒体希望它是）。正如美国军方或后现代哲学话语对海湾战争的阐释掩盖了这场战争的实质依然是一场"硬件与硬件"之间的对抗，"软件"自其诞生以来的发展与普及让我们忘记了"软件"自身的历史"起源"。简言之，之所以说"软件不存在"，是因为"软件"狡猾地遮蔽了自身的物质性，而"软件"丝毫不"软"的物质基础正是计算机的"硬件"。参见：车致新.软件不存在——基特勒的数字媒介批判［J］.中国图书评论，2019（05）.

③ "技术图像"是威廉·弗卢塞尔媒介理论的核心概念。参见：［巴西］威廉·弗卢塞尔.技术图像的宇宙［M］.上海：复旦大学出版社，2021.

④ ［法］吉尔·利波维茨基，让·塞鲁瓦.总体屏幕：从电影到智能手机［M］.李宁玥，译.南京：南京大学出版社，2022.

⑤ ［芬兰］埃尔基·胡塔莫.屏幕学的要素：走向屏幕考古学［EB/OL］.（2023-03-01）［2023-03-02］.https：//mp.weixin.qq.com/s/DyR3_broan2aJar6xj8ZZQ.

状态①。

在我们自身日益清晰并深刻地感受到一轮接一轮的技术冲击波之时，不唯麦克卢汉的"媒介是人体的延伸"②变得几无新意，连基特勒所说的"媒介决定我们的现状"③这样典型的技术决定论话语也能自然而然地被人们接受了。从某种意义上来说，我们必将越来越依赖于技术而存在，媒介论也就是我们的存在论，正如彼得斯所指出的："媒介非表意，媒介即存有。"④

数字时代给我们提供了大量新视觉体验，并在不断重新建构着我们的视觉经验和社会经验。除了上文提到的那些例子，近些年网红城市的崛起也是一个非常典型的现象。网红打卡地对消费者的视觉体验从物理地点到虚拟空间的来回拉扯，观察本身对观察者观察的影响，在形塑观察者的同时，也影响着线上与线下、真实与虚拟、物质与精神、身体与心灵等多种二元对立关系的进展。这是一种叠加的、融合的体验与经验，正如梅罗维茨在分析电子媒介对社会行为的影响时所指出的，电子媒介所带来的是场景的融合，而不是传统场景的直接消失，通过改变社会场景的界限，电子媒介给我们提供了新事件和新行为："当两个场景

---

① ［美］乔纳森·克拉里. 24/7：晚期资本主义与睡眠的终结［M］. 许多，沈河西，译. 南京：南京大学出版社，2021.

② 今天的新口号是"人是媒介的延伸"，如法国人类学家勒鲁瓦-古尔汉（又译勒鲁瓦-古兰），因此，从这个角度来看，麦克卢汉还是相当有人文主义倾向的，将"技术决定论"的标签轻易地贴在他身上似乎不怎么合适。

③ ［德］弗里德里希·基特勒. 留声机 电影 打字机［M］. 邢春丽，译. 上海：复旦大学出版社，2017：1.

④ ［美］约翰·杜海姆·彼得斯. 奇云：媒介即存有［M］. 邓建国，译. 上海：复旦大学出版社，2021：15.

融合后，我们很少得到两个场景的简单组合，而是常常会演化成具有统一新规则和角色的新场景"①，并沿着新场景，将目光逐渐投向了视觉经验背后的媒介（技术）的物质性、可供性、可见性、具身性、生成性等相关问题。也正是这些变化，激励着本书沿着这种变化去探寻视觉图像变迁的文化意义。

二、文献综述

正如约翰·伯杰所说："历史上没有任何一种形态的社会，曾经出现过这么集中的影像，这么密集的视觉信息。"②正是在这样的背景下，20世纪六七十年代以来，西方艺术史学界迎来了新的发展契机和历史阶段：图像学理论及其研究领域呈现出一种全面扩大化的景况。而进入21世纪后，我们似乎又回到了19世纪与20世纪的交汇处，即本雅明所说的机械复制时代，各种现代性的都市新体验与技术图像一起组成了当时最具震惊效果的感知。图像以及有关它的研究将迎来又一个高峰。

（一）国外研究综述

西方的图像学研究有着悠久的历史，当代西方关于视觉问题的研究主要采取了两种研究路径，一种是以米歇尔为代表的图像学理论，另一种是文化研究路径的视觉文化研究，其代表性人物为米尔佐夫。其中，图像学理论还可以把基于艺术史叙事的图像研究囊括进来。此外，随着视觉技术的发展，人类文化生活中

---

① ［美］约书亚·梅罗维茨.消失的地域：电子媒介对社会行为的影响［M］.肖志军，译.北京：清华大学出版社，2002：41.

② ［英］约翰·伯杰.视觉艺术鉴赏［M］.戴行钺，译.北京：商务印书馆，1999：153.

的科技化水平越来越高，一批关注技术哲学与媒介理论性的理论家与研究者，如德国媒介理论的代表基特勒、媒介学的提出者德布雷、媒体考古学的代表齐林斯基、媒介现象学的标志性人物弗卢塞尔等，也为图像研究提供了新的理论资源与学术入射角。由于涉及文献过于丰富，下文将择其要者陈述分析。

1. W. J. T. 米歇尔及其图像理论

米歇尔的图像理论在其"图像三部曲"——《图像学：形象、文本、意识形态》《图像理论》《图像何求：形象的生命与爱》中得到了系统的表述。《图像学》的副标题为"形象、文本、意识形态"，由此便可知其主要讨论的话题：文本与形象、自然与习俗、时间与空间之间的关系问题，米歇尔试图建构一种解决文图之间张力的新理论；《图像理论》继续《图像学》一书中的思考，宣告了批评理论中"图像转向"的开启，提出"元图像"概念，并继续就可见性与可读性的关系问题做了精彩分析；《图像何求：形象的生命与爱》被米歇尔认为是"图像三部曲"中"最具原创性的一部"，在延续文图关系思考的同时，提出了"图像生命"的概念。此后的《形象科学》一书则充分显示出米歇尔的学术野心，在前期明确将"形象"确立为视觉文化研究的对象之后，他试图以当下学界最为热门也最具挑战性的跨越人文学科与自然科学之间界限的研究方法，建立一门关于形象研究之科学。[1]

本书第一章将对米歇尔的图像理论展开具体分析，故在此不再赘述。

---

[1] ［美］W. J. T. 米契尔. 形象科学［M］. 石武耕，译. 台北：马可孛罗文化事业股份有限公司，2020.

2. 米尔佐夫的文化研究与《视觉文化导论》

尼古拉斯·米尔佐夫循着文化研究的路径，追问了一个问题：为什么视觉媒介会在当代日常生活中占据越来越重要的位置①。米尔佐夫强调视觉文化就发生在我们的日常生活领域，应该将其当做日常生活加以阐释："现代生活就发生在荧屏上"，观看远胜于相信，而这"正是日常生活本身"，因此，视觉文化希望能"与人们的日常生活结合起来"②。并回应了海德格尔的"图像世界的来临"，认为视觉（而非文本）正日益成为我们了解当代世界的主要方式，视觉文化"越来越趋于把那些本身并非视觉性的东西予以视觉化"，而且视觉文化并非取决于图像本身，"而取决于对图像或是视觉存在的现代偏好"③，从根本上来说，"当今人类的经验比过去任何时候都视觉化和具象化了"④。在《视觉文化导论》中，米尔佐夫回应了米歇尔的"图像理论"，认为视觉文化的出现发展了"图像理论"，因为它"采用一种图像的而非文本的世界观"⑤。

米尔佐夫的视觉文化研究路径在某种意义上确实发展了米

① ［美］尼古拉斯·米尔佐夫. 视觉文化导论［M］. 倪伟，译. 南京：江苏人民出版社，2006.
② ［美］尼古拉斯·米尔佐夫. 视觉文化导论［M］. 倪伟，译. 南京：江苏人民出版社，2006：1-4.
③ ［美］尼古拉斯·米尔佐夫. 视觉文化导论［M］. 倪伟，译. 南京：江苏人民出版社，2006：5-6.
④ ［美］尼古拉·米尔佐夫. 什么是视觉文化［C］//陶东风，金元浦. 文化研究·第3辑. 王有亮，译. 天津：天津社会科学院出版社，2002：3.
⑤ ［美］尼古拉斯·米尔佐夫. 视觉文化导论［M］. 倪伟，译. 南京：江苏人民出版社，2006：7.

歇尔的图像理论，但其思想中被人诟病的一点也正在于此，那就是在这种发展中对研究对象的界定过于宽泛，研究视野过于偏向文化研究。这种倾向在《视觉文化导论》一书中表现得十分明显，书中除导论和第一部分"视觉"外，其他两部分"跨文化""全球性的/地方性的"将目光都聚焦在了文化研究特别注重的性别、种族、跨文化、大众流行文化等方面，以至于在艺术史叙事的视觉研究领域，人们都不将米尔佐夫的研究视为真正的视觉文化研究。

3. 德国图像学研究学派

德国图像学研究沿袭了瓦尔堡以来的图像学研究传统，其研究思路与米歇尔从文本入手的图像学研究和米尔佐夫基于文化角度的视觉文化研究并不完全一致。以贝尔廷和布雷德坎普为首的德国图像学研究者们更倾向于传统的图像学研究方法，即自阿比·瓦尔堡到潘诺夫斯基以及贡布里希的基于艺术史学的图像研究方法。就贝尔廷等人而言，稍有不同或者说理论更新之处在于，受德国人类学和现象学研究的学理影响，贝尔廷等人更注重身体的作用，并由此引出了图像、身体、媒介的关系讨论，是最早将图像学与媒介研究联系起来的理论研究和学术探索。如贝尔廷在《脸的历史》一书中从面具的社会学研究过渡到肖像艺术的历史地位，并最终指出在新的媒介技术的影响下，面具、肖像、脸、图像的生产与消费："脸的历史在媒体时代以一种新的方式得以延续。媒体社会无止境地消费着它所制造的脸，这些人工制品与最尖端的图像生产技术以惊人的速度相结合。可以说，媒体脸已将自然形态的脸逐出公共领域，最终演化为一种对镜头记录和电视转播习以为常的面具。……脸的技术生产最终通过数字革命而实现，由此制造出一种与真实身体不再相关的人工合成的脸。……脸不再涉及相似性以及对真实的描摹。……如今的媒体正以不断加快的频率满足着消费者对脸的需求，在全球化时代，脸的传播已超越了文化间的界限。"①贝尔廷在此书中将图像生产从文化领域转移到媒介研究领域。再如，布雷德坎普的《图像行为理论》一书，与米歇尔的生命图像类似，书中尝试将图像的媒介作用诠释为一种本体性的自主行为，并将其聚焦于瓦尔堡的关于身体姿势的象征性与互动性之上，由此强调图像互动行为中的媒介作用。

4.媒介理论视角的图像研究

（1）（雷吉斯·德布雷的媒介学与《图像的生与死：西方观图史》

德布雷以其提出的"媒介学"而闻名。德布雷的媒介学主要用来探讨象征性的文化与物质性的技术之间的互动关系，认为媒介（médio）的重点是中介行为，而"中介带有具体的实物特性""既包括有组织性的物质层面（MO），还包括有物质性的组织层面（OM）"②，他也将这种认识论带入了"图像媒介学"的研究中。

在《图像的生与死：西方观图史》一书中，德布雷认为："为了缩短图像的物质和精神两方面的距离，需要一门跨学科：

---

① ［德］汉斯·贝尔廷.脸的历史［M］.史竞舟，译.北京：北京大学出版社，2017：242.

② ［法］雷吉斯·德布雷.媒介学引论［M］.刘文玲，译.北京：中国传媒大学出版社，2014：129.

媒介学（médiologie）。"①一个特别打动人的观点是"图像源
于丧葬"，正如他强调人类文明源于作为纪念物的坟墓一样：
"图像的诞生有一部分是与死亡联系在一起的。古老的图像之
所以从墓冢里冒出来，正是为了拒绝虚无、延续生命。"②《图
像的生与死：西方观图史》讲述了图像在西方的起源、演进和
死亡的历史，并对技术革命与集体信仰对图像的影响进行了深
刻的分析，德布雷深信"所有的文化都凭其认定的现实而界定自
身"③。特别需要注意的是，此书第八章以"目光的三个时期"
为题，对应着三个媒介域理论，将不同的图像时代与之对应：
"人类媒介学上的三大阶段——书写、印刷、音像——在图像时
代中分割出三片独立的大陆：偶像、艺术、视像。每个大陆都有
自己的法则，把它们混起来会带来无谓的苦恼。"④并以图表形
式对图像的三个阶段做了全景式的比较分析。这可以为我们分析
图像的媒介演化提供一个极为实用的分析工具。

（2）弗卢塞尔的"技术图像的宇宙"

弗卢塞尔与麦克卢汉、基特勒一起被誉为媒介理论的"圣
三位一体"，但其在国内的影响力远远不及后两位，主要原因是
其媒介理论的主要著作的中译本除《摄影哲学的思考》外，均是

---

① ［法］雷吉斯·德布雷. 图像的生与死：西方观图史［M］. 黄迅余，黄建华，
　　译. 上海：华东师范大学出版社，2014：86.
② ［法］雷吉斯·德布雷. 图像的生与死：西方观图史［M］. 黄迅余，黄建华，
　　译. 上海：华东师范大学出版社，2014：4.
③ ［法］雷吉斯·德布雷. 图像的生与死：西方观图史［M］. 黄迅余，黄建华，
　　译. 上海：华东师范大学出版社，2014：309.
④ ［法］雷吉斯·德布雷. 图像的生与死：西方观图史［M］. 黄迅余，黄建华，
　　译. 上海：华东师范大学出版社，2014：182.

近两年才问世的，《技术图像的宇宙》中译本2021年出版，根据其两次讲座整理而成的《传播学：历史、理论与哲学》中译本2022年问世，而被成为其"媒介理论三部曲"①最后一部的《书写还有未来吗》至今尚无中译本（即将出版），更不用说他的其他哲学著作了，许多至今仍无中译本。

技术图像（Das technische Bild）是弗卢塞尔媒介理论的核心概念。弗卢塞尔认为人类文化有两个根本转折，一个是"线性书写的发明"，另一个就是我们目前正在经历的"技术图像的发明"②。所谓技术图像，就是由装置产生的图像③，"技术图像与早期图画（这里称之为传统图像）之间存在根本差异。确切地说，技术图像依赖于孕育它们的文本。事实上，它们不是一种表面，而是由粒子组合而成的马赛克"④。技术图像"并不是传统意义上的人类想象，也不是我们的构想"，因为技术图像有一种不透明性，"源于技术图像是从概念中被制造出来的，源于我们当前的意识维度还没达到与技术图像符号对应的维度"，因此，"即使技术图像是由我们创造出来的（如拍摄照片和拍摄电影），但我们仍无法理解这些技术图像是如何被制造出来

---

① 指1983年的《摄影哲学的思考》，1985年的《技术图像的宇宙》，1987年的《书写还有未来吗》。

② ［巴西］威廉·弗卢塞尔. 摄影哲学的思考［M］. 毛卫东，丁君君，译. 北京：中国民族摄影出版社，2017：5.

③ ［巴西］威廉·弗卢塞尔. 摄影哲学的思考［M］. 毛卫东，丁君君，译. 北京：中国民族摄影出版社，2017：15.

④ ［巴西］威廉·弗卢塞尔. 技术图像的宇宙［M］. 李一君，译. 上海：复旦大学出版社，2021：2.

的"[1]。这种"无法理解"实际上来自"黑盒子"问题，这也是数码控制论机器普遍存在的问题。在谈及摄影的姿势时，弗卢塞尔认为表面上是人在拍照，实际上却是机器在召唤人按下快门，去执行已经设定好的程序。[2]正因如此，技术图像具有一种危险性，即其"客观性"只是一种错觉。[3]

弗卢塞尔认为摄影是第一种技术图像，而"影像—装置—程序—信息"就是技术图像的发展脉络。弗卢塞尔的媒介理论著作都完成于20世纪80年代，但其对技术所做的深刻的哲学思考，却似乎在预言着我们当下正在经历的机器智能化与有机化的数字时代，充分显现出了其媒介理论的前沿性与预见性。此外，弗卢塞尔将传统图像、文本与技术图像对应于人类的前历史、历史与后历史三个阶段的说法也有很大的启发性，可以与上文提到的德布雷的三个媒介域联系起来对人类的图像史进行宏观的考察。

（3）马诺维奇的《新媒体的语言》

列夫·马诺维奇的这本书被誉为"21世纪数字媒体革命的理论奠基之作"，对新媒体艺术创作、视像叙事与结构等领域产生了巨大影响。作者跨越人文学科与自然科学之间的界限，运用跨学科的理论资源，并结合新媒体实践，展示了新媒体作品如何制造幻想、呈现空间并与观众交互。作者认为20世纪90年代末以

---

① 　［巴西］威廉·弗卢塞尔. 传播学：历史、理论与哲学［M］. 周海宁，译. 上海：复旦大学出版社，2022：141-142.

② 　［巴西］维兰·傅拉瑟. 姿势现象学07：摄影的姿势［EB/OL］.（2022-11-07）［2023-02-22］. https：//mp. weixin. qq. com/s/55vysEI5fLhbWua-tKNSqQ.

③ 　［巴西］威廉·弗卢塞尔. 摄影哲学的思考［M］. 毛卫东，丁君君，译. 北京：中国民族摄影出版社，2017：16.

来，文化的计算机化改变了所有的信息技术，迫使我们不得不去思考这种改变到底意味着什么。作者以亲身经历的"个人编年史"为开端，将对新媒体的普遍法则与逻辑的考察置于视觉文化史与媒介文化史的框架之下，在揭示新媒体的技术与文化渊源的同时，为我们呈现了一个让我们既惊奇又战栗的前所未有的世界①。

（二）国内研究综述

国内的视觉文化研究，大致走过了一条从"读图时代"大讨论到文化研究视野中的视觉文化研究，再到技术哲学视角与媒介理论视角下的视觉文化研究之路。

1.关于"读图时代"的大讨论

自20世纪90年代以来，视觉文化在中国大地迅速崛起：全球化背景下的"图像转向"构成了视觉文化崛起的社会文化基础，电子媒介和数字技术的发展与广泛普及为其提供了技术支持，而大众文化与消费文化则为其创造了不断扩张的市场基础。视觉文化的崛起不仅在一定程度上改变了中国文化的原有版图，也成为考察中国社会现代转型的一个重要参照点。国内学界立足于在地性的视觉文化经验与全球性的理论视野，视觉文化的相关研究不断拓展、深入。作为一个带有典型的跨学科色彩的前沿研究领域，中国的视觉文化研究由"读图时代"与"文学图像化"的讨论开启，并迅速席卷从大众文化到消费文化，从先锋艺术到城市景观，从影视艺术到数字媒介，从日常生活到赛博空间的一

---

① ［俄］列夫·马诺维奇.新媒体的语言［M］.车琳，译.贵阳：贵州人民出版社，2020.

切领域。从整体上看，中国本土视觉文化研究，是围绕"读图时代""视觉文化""图像转向"这三个关键概念展开的。

　　一方面有感于文学生存境遇遭受的挑战：文学越来越受到漫画、图文书以及影视等大众文化的挤压，另一方面也是受到了J. W. T. 米歇尔等人的"图像转向"理论的感召，20世纪90年代末期，中国学界开始卷入一场声势浩大的"读图时代"的大讨论，并在21世纪的最初几年迎来了讨论的高峰期，涌现出大量的学术研究成果。

　　"读图时代"的概念最初是中国出版市场的一个商业炒作口号，"其实是出版商凭借媒体而制造出来的文化幻象"①。伴随着《老房子》《老照片》《黑镜头》②等系列图文书与漫画书籍的热销，"读图时代"的概念迅速在社会上流行起来。这一概念提出后，首先受到了新闻界的关注，21世纪的最初三四年，有关"读图时代"的学术探讨主题主要集中在如何运用摄影图片强化新闻报道的吸引力问题，刊发阵地也高度集中在新闻传播类学术期刊上，如《"黑镜头"里的动荡世界——新闻进入"读图时

---

① 曾军，陈瑜. 传媒时代的学术生产——"读图时代"批判［J］. 探索与争鸣，2008（3）：31-34.

② 《老房子》由江苏美术出版社出版，江苏美术出版社拍摄了中国一百多个县镇的约两万张"老房子"图片，可谓中国"老房子"建筑图片档案库；《老照片》由山东画报出版社出版，强调"把照片置于观照的中心，让照片自己来诉说"（历史的真实）；《黑镜头》由中国文史出版社推出，其照片主要有两类：一类是西方摄影记者眼中的世界风云，另一类是世界新闻摄影比赛大奖中的世界单幅新闻摄影经典作品。

代"的思考》①《进入读图时代用照片激活版面》②《感悟"读图时代"——浅谈报纸新闻图片的运用》③《读图时代的"大图片编辑"理念》④等论文，这些探讨都是相当功能主义的，着眼于新闻实践问题，往往学理性不强。此后，"读图时代"的概念很快延伸到了文学研究和艺术研究领域，不仅关注中国在地性视觉经验，学理性也明显增强。

2. "图文之争"与文化研究视野中的视觉文化研究

进入21世纪后，视觉文化热已经成为一个不争的事实，视觉文化的影响力不断扩张。影视研究与艺术史研究也加入了视觉文化研究的大潮中，但学术研究成果并不丰富，尤其是在21世纪的第一个十年只有零星的一些文章，在第二个十年则明显有所好转，不仅学术论文数量增加，质量提升，也出现了一批与视觉文化研究相关的丛书。《读图时代电影影像与剧作的关系》一文认为，影像与剧作在图像逻辑的影响下，会出现一种新的互文、互为修辞的方式⑤；《视觉文化与电视剧叙事指向》一文认为，伴随着视觉文化霸权的出现，电视剧更应立足于视觉文化语境来进行叙事⑥；《读图时代中国雕塑的审美价值取向》一文则强调读

① 秦刚. "黑镜头"里的动荡世界——新闻进入"读图时代"的思考［J］. 新闻记者，2000（09）：46-47.

② 林楠. 进入读图时代用照片激活版面［J］. 新闻战线，2001（01）：50-51.

③ 张振兴. 感悟"读图时代"——浅谈报纸新闻图片的运用［J］. 兰州学刊，2001（05）：75-76.

④ 胡颖. 读图时代的"大图片编辑"理念［J］. 中国记者，2002（05）：54-55，60.

⑤ 艾冰. 读图时代电影影像与剧作的关系［J］. 电影艺术，2006（03）：93-94.

⑥ 蒋梅. 视觉文化与电视剧叙事指向［J］. 中国广播电视学刊，2007（11）：60-62.

图时代激化雕塑图像化，图像化已成为中国雕塑的基本表征，而这也导致了中国雕塑审美价值的裂变[1]；《读图时代的书法创作》一文，作者从自身作为书法家的艺术创作体验出发，认为读图时代文化固然解放了书法艺术的创作思想与观念，但过于迎合市场对图像的需求，也导致了书法品格的下降，书法仍需紧抓书法之"线"的艺术灵魂[2]。

在21世纪的第一个十年，国内视觉文化研究的成果主要还是集中在文学研究与文化研究领域，尤其是一批原先做文学研究的学者转而进入文化研究领域，着眼于"文学图像化""图文之争"等视觉文化现象，开启了中国视觉文化的研究之路，其中的典型代表即为周宪。2000年7月，周宪发表《文化研究的新领域——视觉文化》一文，向国内学界介绍了以米歇尔的《图像理论》等为代表的西方视觉文化研究的兴起，并强调了建构中国本土的视觉文化研究模式的紧迫性与必要性[3]。随后，周宪围绕着"视觉文化"的研究主题，在文艺研究、文学评论等权威学术期刊陆续发表一系列论文[4]，讨论了"图文之争"、主体视觉行为

①　于俊峰.读图时代中国雕塑的审美价值取向［J］.美术研究，2012（03）：108-110.

②　梁文斌.读图时代的书法创作［J］.美术观察，2016（07）：77-79.

③　周宪.文化研究的新领域——视觉文化［J］.天津社会科学，2000（04）：98-101.

④　周宪较有代表性的论文有：符号政治经济学视野中的"视觉转向"［J］.文艺研究，2001（03）；读图，身体，意识形态［C］//文化研究第三辑.天津：天津社会科学院出版社，2002；视觉文化：从传统到现代［J］.文学评论，2003（06）；视觉文化的转向［J］.学术研究，2004（02）；图像技术与美学观［J］.文史哲，2004（05）；"读图时代"的图文"战争"［J］.文学评论，2005（6）；从形象看视觉文化［J］.江海学刊，2014（04）；视觉建构、视觉表征与视觉性——视觉文化三个核心概念的考察［J］.文学评论，2017（03）.

的过度重负、视觉文化的转向、技术进步对视觉文化的影响、视觉文化的研究路径等问题。2008年，周宪出版专著《视觉文化的转向》。在这本书中，周宪在肯定"视觉文化的来临"这一基本判断的基础上，"广泛地讨论了视觉文化复杂的社会文化意味"，聚焦于当下的视觉文化的转向，"解析了视觉消费、虚拟现实、读图时代、时尚设计、奇观电影、老照片、身体审美化等问题"[①]。

金元浦等人也围绕"文学图像化"以及当代文艺学的文化转向与重构问题，开始反思视觉文化的影响力。金元浦认为"视觉文化的转向成为世纪之交西方文学的'文化的转向'的重要内容"，我们已然生活在一个视觉图像的时代，其影响力遍及文化的每一个层面，对此，"我们不能无视，也无法回避"[②]；吴圣刚[③]认为面对读图时代文学生存环境的巨变，文学的疆界、文学的创作与生产、文学的传播、文学的价值判断等一系列基本理论问题都可能发生变革。

2007年，《学术月刊》组织了一次"视觉文化的基本问题"的笔谈，刊载了周宪、金元浦、倪伟、曾军4人的文章。在这组笔谈中，周宪认为在图像对文字的"征服"中，"我们应该关注视觉文化强势所造成的阅读文化困境，并采取相应的策略和立场，重建阅读文化"[④]；金元浦认为当代视觉文化遇到的最具建设性的问题是语言文字与图像的关系问题，因为视觉文化转向

---

① 周宪.视觉文化的转向［M］.北京：北京大学出版社，2008.

② 金元浦.当代文艺学的"文化的转向"［J］.社会科学，2002（03）：71-75.

③ 吴圣刚.读图时代文学理论的变革［J］.宁夏社会科学，2008（06）：194-198.

④ 周宪.重建阅读文化［J］.学术月刊，2007（05）：5-9，19.

是在当代高新科技的基础上发生的人类划时代的媒介革命的表征，具有建构的后现代性[①]；倪伟特别强调了视觉文化研究应抓住中国的现代性经验不放，认为"看"的方式根本就是社会和文化建构的产物，而视觉文化的核心是探讨与"看"的实践相关的种种问题[②]；曾军则分析了视觉文化研究的意向主义、构成主义和"现实主义"三种路径，但源于20世纪西方文化理论思潮的这三种路径却各有研究的困境[③]。这一组笔谈正如编辑在编者按中谈道的："尽管近年来围绕'视觉文化''图像转向''读图时代'而展开的讨论非常热烈，但仍然有一些基本问题，如视觉与阅读的关系问题、当代中国文化的视觉经验问题以及视觉理论资源的辨析问题等，并没有被认真理清。本组笔谈即围绕'视觉文化的基本问题'展开学理的反思，以期深化视觉文化的研究。"[④]这样的讨论充分显示了学术界的学术自觉与文化意识。

　　从整体上看，这一阶段的研究主要在"视觉文化转向"的逻辑下，将关注焦点集中于所谓的图像主因型文化替代文字主因型文化的背景，讨论文学的命运与视觉文化崛起所引发的文化范式变革问题，较少关注技术变迁与视觉文化之间的关系，而从媒介演化向度来讨论"从图像到视像"的这种演化趋势的更是少见（尤其是国内文化研究学者往往将目光聚焦在所谓的"图文之争"这个整体框架之中）。

①　金元浦.视觉图像文化及其当代问题域［J］.学术月刊，2007（05）：9-12，19
②　倪伟.视觉文化，现代性与中国经验［J］.学术月刊，2007（05）：12-15，19.
③　曾军.观看研究的路径与困境［J］.学术月刊，2007（05）：15-19.
④　视觉文化的基本问题（专题讨论）［J］.江海学刊，2007（05）：5.

3. 技术哲学与媒介理论视角下的视觉文化研究

最近十多年以来，随着技术环境与文化环境的变迁，以及我们大体上越来越生活在屏幕之上的现实，使得视觉文化研究不再是文学研究视角的一家独大，技术哲学视角、媒介研究视角下的研究逐渐增多。正如吴琼所说，今天的视觉经验大都是一种技术化的视觉经验："称今天的时代是一个奇观化的时代或图像时代，还有更深的一层意思。那就是我们今天的视觉经验大都是一种技术化的视觉经验。世界通过视觉机器被编码成图像，而我们——有时还要借助机器，比如看电影的时候——通过这种图像来获得有关世界的视觉经验。"①也正因此，从技术与媒介层面出发研究视觉文化的路数逐渐发展了起来。

詹琰的《虚拟空间中的"读图时代"——技术引发的美学变革》一文，是较早从技术角度关注虚拟空间的视觉文化问题的研究②；祁林认为"在传播学的发展脉络中，贯穿着视觉文化研究的谱系"，并认为这主要包含两层意思：一是关于摄影、电影、电视等视觉媒介的研究都有自己相应的理论位置；二是"视觉"是大部分现代媒介得以有效传播的感觉基础③；吴琼认为在当前的技术语境中，在视觉文化研究的四个主要领域：视觉文本、视觉话语、视觉建制和视觉机器，机器研究已越来越成

---

① 吴琼. 视觉性与视觉文化［C］//吴琼，杜予. 上帝的眼睛. 北京：中国人民大学出版社，2005：12.

② 詹琰. 虚拟空间中的"读图时代"——技术引发的美学变革［J］. 自然辩证法通讯，2007（05）：8-13，110.

③ 祁林. 传播学视野中视觉文化研究的谱系［J］. 国际新闻界，2011（06）：6-12，27.

为不可或缺的部分①；谭雪芳从德布雷的媒介学理论中的三个媒介域理论出发，认为在圣像的、艺术的和视像的三个阶段的图像发展的基础上，由于虚拟技术的发展，图像将演进到一个新的阶段——图像场景阶段，并从图像媒介演进史的角度确立虚拟现实的独特地位，从技术、媒介和诗学三个维度来分析其技术智力美学特征②；林少雄基于电影的技术特性，以电影艺术的技术文化为背景，对技术叙事的缘起、特质、影响及其意义进行了探索③。闫晓蓉从技术现象学的视角出发，借用弗卢塞尔的"技术图像"概念，探讨了技术图像的物种生成和演化问题④；陈定家、王青认为网络时代的视觉文化的发展得益于其审时度势的吐故纳新，形成了一种图文共生与视听互补的"媒介诗学"新范式，强调在以"抖音"为代表的图像叙事日益成为"悦读"时尚的时代，新兴"媒介诗学"必将把读图文学和视像美学纳入自己的研究视野⑤。最近五六年技术文化语境中出现的技术哲学视角与媒介理论视角的理论话语与研究成果，对本书的研究有较大的触动。

此外，进入21世纪以来，国内学术界对西方图像理论与视觉文化研究成果的大量译介，不仅为国内研究者提供了丰厚的理论资源，也进一步拓展了研究者的学术视野。

① 吴琼.视觉机器：一个批判的机器理论［J］.文艺研究，2011（05）：5-13.
② 谭雪芳.从圣像到虚拟现实：图像媒介学视角下虚拟现实技术智力美学［J］.福建论坛·人文社会科学版，2017（06）：169-176.
③ 林少雄.视像时代的技术叙事［J］.当代电影，2018（12）：99-102.
④ 闫晓蓉.技术图像的物种生成：穿透性同构、手势投射与软现实［J］.现代传播，2022（11）：37-45.
⑤ 陈定家，王青.论"读图时代"的媒介诗学［J］.当代文坛，2023（01）：176-183.

三、研究思路与研究方法

（一）研究思路

如果说，相对于当下的社会生活和视觉环境，海德格尔的"世界图像时代"更像是有着某种预见性的深思，相对于眼前的网络化虚拟现实，鲍德里亚的"仿像与拟像"仿佛是一种纯理论的想象，那么毫无疑问，他们所描述的这一时代以及关于它的想象已经彻底走到我们面前。正是基于这样的现实，本书立足于媒介演化的视角，在梳理西方理论界视觉研究传统的基础上，探讨现代图像学从传统图像学研究走向视觉文化研究，视觉生产从机械复制走向数字传播，视觉媒介技术从数字化走向虚拟化。从反思W. J. T. 米歇尔的图像学理论入手，聚焦于从图像到视像变迁的发展脉络，探索这种演化的成因与具体表现，并在此基础上分析图像美学从静观美学到介入美学的变迁，探索了数字时代视像媒介的视觉体验，在当前的技术语境中，指出数字时代的现代图像终将依赖技术哲学走向媒介学领域，从而完成其本体论的理论构想和体系演化。

图像学研究的传统思维总体上是一种"转向"思维，这一点在图像学理论最初的倡导者W. J. T. 米歇尔那里就已经明确了，1992年，W. J. T. 米歇尔在法国学者理查·罗蒂的"语言学转向"的提法中受到启发，指出了当代文化的又一次转变，并将其命名为"图像转向"[①]。另一位视觉文化研究领域的代表性学

① ［美］W. J. T. 米歇尔. 图像理论［M］. 陈永国，胡文征，译. 北京：北京大学出版社，2006：2.

者米尔佐夫，虽然秉持的是与米歇尔的"图像学"有所区别的
"文化研究"路径，但也肯定"转向"之说："如果文化研究想
作为一种知识策略而拥有未来，那它就必须接受视觉转向，而这
种转向已经遍及于日常生活之中。"①

　　事实上，"图像转向"这一概念本身就具有一定的可疑
性，正如概念的提出者米歇尔本人，在其后来的研究中也承认
"图像转向"是一个在人类历史上不断发生的过程。其最初提
出这一说法，是源于当代文化经验中图像对语言权力的僭越这
一基本事实，以及由此所引发的维特根斯坦的"形象恐惧"
（iconophobia），"这种想维护'我们的言语'而反对'视物'
的需要，正是图像转向正在发生的可靠标志。"②姑且不论从传
统图像走向视像，再走向控制论机器的生成性图像，是否可视为
再转向与再再转向，我们回到语图或文图的关系，"转向"的提
法似乎导向了一场语言（文字）与图像为争夺文化霸权而进行的
战争，并最终是由图像获得了胜利，由此，这种说法实际上忽略
了语言（文字）与图像之间所具有的结构性的耦合关系。也正因
此，本书将摒弃"图像转向"而采用媒介演化的视角。

　　（二）研究方法

　　第一是观察研究法。数字时代图像生成技术和媒介虚拟技
术的发展，使得图像到视像的媒介演化过程中，出现明显的阶段
性和独特性。严格来说，"图像"一词的专业化或者说其现代意

① 　［美］尼古拉斯·米尔佐夫. 视觉文化导论［M］. 倪伟，译. 南京：江苏人民出版社，2006：8.

② 　W. J. T. 米歇尔. 图像转向. 范静哗，译.［C］//文化研究·第3辑. 天津：天津社会科学院出版社，2002：15.

义的产生，也与这一发展过程密不可分。在这样的时代背景下，人类的视觉呈现样态明显趋于一种多样化、多元化、媒介化的整体趋势，大量在技术层面、审美层面和媒介使用层面标新立异、大胆创新的视觉艺术形式层出不穷，对于这些作品、文化、现象的观察、审视、梳理是研究图像学媒介演化过程中必不可少的重要组成部分。

第二是文献研究法。正如在文献综述中指出的，虽然视觉文化研究的崛起大约是20世纪60年代，但是，随着其研究热度的不断扩散，研究者在重新审视人类艺术史、文化史和媒介史时，都或多或少地介入了图像学的研究。因此，米歇尔也强调了视觉文化研究的跨学科性和跨媒介性。尤其是在2000后，数字技术和媒介技术将人类的视觉感知和呈现带入了新的时代。各种理论研究上至笛卡尔下至马诺维奇，从理念到现实，从二元论到本体论，研究领域不断扩大，理论思考和学术成果也表现为一种井喷的状态。因此，只有对这些文献进行分析、对比、研究，才能真正地理解图像学研究的理论来路，才能真正地实现对其媒介演化的本质性论述和诠释。

第三是跨学科研究方法。上文已经谈到米歇尔认为图像学研究或者说视觉文化研究在新的时代呈现出一种跨学科、跨媒介的态势，图像学研究本身横跨了艺术史研究和文化研究两大领域，而随着媒介研究逐渐开始重视对图像的研究，如弗卢塞尔和德布雷等人，实质上图像学也进入了媒介研究领域，因此，图像学研究必然需要采用跨学科的研究方法。本书还涉及美学、技术哲学等内容的讨论，更有助于我们理解新媒介和新技术对观者的潜在影响以及产生的视觉行为的变化。总之，跨学科研究方法有助于全面地了解图像学的媒介演化问题，能够多角度、多层次地剖析和研究数字时代图像及图像学的发展变化。

四、基本框架及内容概述

全书主要由七部分组成。

1. 绪论

这一部分主要着眼于数字时代视觉体验的变化，从而引出本书试图探讨的核心问题，并在回顾图像学相关理论与研究文献的基础上，厘清研究思路，明确研究意义。

2. 第一章　现代图像学体系的建构——米歇尔的理论贡献

本章主要围绕米歇尔的图像学理论展开分析。米歇尔看到了"维特根斯坦的形象恐惧和语言哲学对视觉再现的普遍焦虑"[1]，因此，米歇尔辩证地将这种对形象与视觉的惶恐视为图像转向发生的证明。本章首先梳理了西方视觉文化研究的学术谱系：从理性主义时代笛卡尔的视觉二元认识论到以本雅明的"机械复制时代"与海德格尔的"世界图像时代"为代表的现代图像观的形成；在回顾西方视觉中心主义传统的基础上，围绕米歇尔的"图像三部曲"——《图像学：形象、文本、意识形态》《图像理论》《图像何求：形象的生命与爱》，分析了米歇尔的图像学理论，在肯定其理论贡献的同时，着眼于视觉文化与图像媒介的关系，从三个维度对米歇尔的图像学理论进行了反思：首先，指出视觉文化研究存在着两条路径，即以米尔佐夫为代表的文化

---

[1]　［美］W. J. T. 米歇尔. 图像理论［M］. 陈永国，胡文征，译. 北京：北京大学出版社，2006：4.

研究路径与以米歇尔为代表的图像学研究路径（包括艺术史叙事），其理论的差异焦点即在于对视觉型的反思；其次，强调要通过批判视觉霸权，重新理解"图像时代"；再次，以麦克卢汉、基特勒等人的媒介理论为资源，强调只有通过对视觉媒介进行批判，才能理解并进入一种当代的媒介美学。

3. 第二章　数字时代视像媒介的技术嬗变

本章从视觉技术媒介的嬗变入手，界定并凸显视像不同于图像的媒介特性与技术特性，并试图说明媒介演化在图像走向视像的演化过程中所起到的决定性作用。本雅明所说的"技术性观视"从他所处的机械复制时代带来的有关现代性体验的最初"震惊"效果，以及塑造的一种"技术无意识"，经历电视时代，再到当下的数字时代，已经成为一种普遍现象——我们今天就生存在这种"技术性观视"的文化语境当中。本章首先从雷吉斯·德布雷基于其媒介学研究路径的图像研究出发，尤其是其"三大媒介域"的提法，对于从媒介演化角度来研究图像学具有很大的启发性，当下仍处于其所界定的"视像域"，视像与视像域可以成为我们当下理解图像学的新维度；接着目光转向视像时代的视觉技术逻辑本身，对作为视像重组的技术本质的数字化技术与马诺维奇的"新媒体语言"进行了初步探索，并着重分析了界面、交互、合成、远程在线等数字视像的核心技术语汇；并沿着这一技术逻辑，对视像艺术的技术实验场——网络与数据库等新媒体视像及其对视像空间的延展做了相应分析；在此基础上，围绕弗卢塞尔媒介理论的核心概念——"技术图像"，再次重返米歇尔的图像学理论现场，反思图像生产的自动化问题。

4. 第三章　从静观到介入：数字时代的视像技术美学

本章侧重于视像媒介带来的视觉结构的开放性特性，分析了从图像到视像演化的审美演化，这种演化最为集中地表现为从静观美学走向了介入美学。这也是图像与视像在审美层面最本质的差别，介入美学充分彰显了视像的数字技术美学特性。20世纪以来现象学中关于意识与想象、可见性与不可见性、视觉二元论与身体知觉等问题是这一变化和特征的理论根源，因此，研究数字时代的视像美学首先应该回到它的源头。本章首先分析了现象学理路上的"可见性"审美观，认为这是跳出图像"静观美学"的理论根基，在此基础上，以自拍、物化视觉的图像消费等具有数字时代特性的文化现象为例，批判分析了数字时代的视觉拜物教现象，并从视觉与统觉之间的关系入手，探讨介入美学的核心问题。

5. 第四章　交互与场景：数字时代视像传播的媒介体验

本章首先从延森的交互性分型模型入手提出数字时代媒介的可供性问题。延森认为，数字媒介可以分为三型，而我们现在正处于交互性Ⅲ阶段，这一阶段人与人、人与机器、人与媒介的复杂关系指向了媒介可供性的理论研究方向；媒介可供性理论明显受到拉图尔的行动者网络理论的影响，拉图尔认为源于吉布森的"可供性"理论研究恰好可以用来说明当代社会中人与物体系同构的"异质网络"，而"异质网络"在数字媒介中则具体体现在图像化社交的网络物质基础的转变，即数据库向数据流的转变；在可供性的视野下，数字媒介时代，人与屏幕呈现为三种不同状态或关系，屏幕与界面在概念上的重合，也更加强化了交互体验的穿透性和视像化的变化；而由标签主义形成的图像流和自我流，则加速了网络空间与现实社会的重叠和连接，此时，数字媒介时代的媒介传播和媒介体验表现为一种场景化与沉浸式的发展变化；数字网络媒介领域中的场景概念不同于梅罗维茨对场景化的思考，互联网场景明显带有更强烈的技术性和物质性，因此，其产生的知觉体验也更具沉浸感，也意味着一种身体知觉整体性意识的回归，如果说，克拉里关于注意力的问题讨论旨在说明现代社会发展存在着一种对视觉感知和视觉能力的独立、孤立、批判的倾向的话，那么在移动互联网时代，哈桑所谓的注意力的分散则恰好说明了身体感官的统合，进而形成从单一感官到整体知觉的沉浸式媒介体验的演化，而这正是"第三媒介时代"视像传播的交互性、碎片化、流动性所产生的"可供性"的媒介环境特征。

6. 第五章　走向虚拟——数字时代技术图像的新物种

本章主要分成三个部分，从拟像理论、媒介技术新概念和具身化理论的角度，分析了数字媒介下一个可能的发展阶段和可能的视觉呈现形态。首先，从鲍德里亚的"仿像理论"的角度出发，结合罗德维克关于数字电影生产过程中影像的非物质性问题的讨论，阐述了虚拟数字视像或者说虚拟现实在某种程度上可以视为是基于人类想象力的自动化再复制所演化而来的技术图像的"新物种"；作为最早只出现在科幻小说中的各种虚拟现实的理念和技术，随着几十年的不断发展，已经日臻成熟，尤其是借助各种新的媒介技术如VR/AR等虚拟或增强现实技术，以及NET、元宇宙等新的媒介理念，不断加快互联网的虚拟景观化及其与现实的深度重叠化；我们在网络虚拟空间中的各种化身，既呈现出唐·伊德所指出的人与技术的具身关系，又说明了虚拟现实为代表的下一个媒介时代将不断深化人与技术与媒介的具身关系，进一步实现新的视觉形态的演化生成，并最终形成了再造现实的新的"技术图像宇宙"。

7. 结语

结语部分重新回顾了贝尔廷、米歇尔、德布雷对于图像学的深刻思考，并重申了米歇尔的"图像演化"的观点。从图像到视像，并不仅仅是视觉呈现形式和样态的演化，更是在一系列数字科学技术的发展和支持下图像媒介化的过程，并且在虚拟现实媒介时代，视觉呈现已经从现代性语境下的视觉体验转型为媒介整体的视像化、景观化、虚拟化，图像学也不应仅仅是米歇尔等视觉文化研究者们的唯一阵地，更将在大数据算法、虚拟现实和人工智能等一系列技术系统的建构下完成向媒介学的演化。

五、研究意义与创新点

（一）研究意义

本书着眼于数字时代的视像生产与消费的现实，从图像学的媒介演化向度，讨论了从图像到视像的演化进程，不仅能在理论上丰富数字时代的图像学研究，也能进一步深化我们对视像与媒介的认知，并引导我们反思数码控制论机器的有机化与自动化所引发的一系列问题。具体来说，本书的研究意义大致可以归纳为以下几个方面：

1. 较为系统地梳理了图像学的研究谱系，为我们提供了一幅较为容易理解的图像学与视觉文化研究的理论图景。

由于笛卡尔以来确立的"视觉中心主义"，视觉问题研究在西方有着悠久的传统与丰厚的理论资源，而20世纪后半叶以来，致力于批判并解构这个传统的学者们的研究，则从另一个角度提供了更为辩证的理论观察点。本书在梳理这一理论谱系脉络的基础上，也对米歇尔的图像理论进行了系统辨析。

2. 探索了数字时代视像域中存在的人与技术等非人行动者之间的关系，有助于我们反思"视觉中心主义"与二元对立思维。

通过考察数字时代的视像域，我们可以发现，虽然同样还是用着人类的眼睛，但却有了越来越多的技术假体作为中介，而且更为强调身体的参与而非仅仅依赖于眼睛这个器官，这不仅意味着我们的视觉经验在不同时代的差异，也提醒我们注意技术等非人行动者对视像的建构力量，重新考察人与技术的关系。

3. 从当前的媒介物质性转向出发，将媒介研究中的相关理论与概念引入到图像学研究领域，进一步丰富了图像学研究的理论向度。

本书强调图像学的媒介演化向度，因此，除传统图像学与文化研究理论资源外，本书也高度关注媒介研究领域的前沿研究成果。麦克卢汉、基特勒、齐林斯基、维利里奥、弗卢塞尔（傅拉瑟）、彼得斯等人都被视为媒介研究的前沿人物，媒介生态学、德国媒介理论（德国文化技艺研究）、媒介考古学、媒介现象学等也都是前沿媒介理论，这些人物与理论作为本书的理论资源，与物质性、可供性、具身性、可见性、生成性、自动化等概念一起，作为相关现象与问题进行分析。

4. 循着数字时代的"技术趋势"，尝试性探索了图像与图像学未来的发展方向。

本书认为，在当前的技术语境下，随着AI技术与数字虚拟技术的进一步发展，我们终将在"非物"的侵入下走向虚拟化。数字时代的数码控制论机器正在变得有机化，并且组成了一个个开放的庞大技术系统，"机器的这种新状况首先表明，有机体与机器、主体与客体、动物与环境之间对立的二元逻辑已经被递归运作——反馈、结构耦合等——克服了。其次，机器的有机化正在通过指数级增加的强连通性和算法产生一个新的全体"①。这意味着我们应该将更多的目光投向诸如维利里奥所说的"统计型影像"等机器自动生产的图像，而非一味地只强调与关注作为主体的人生产的图像。

（二）创新点

1. 本书基于图像学的媒介演化向度而非"图像转向"展开学理分析，认为应该着眼于认识论而非符号类别的角度理解语言（文字）与图像之间的关系，基于这种认识有可能为图像学或视觉文化研究提供新的学术生成点或研究入射角。

图像学研究的传统思维总体上是一种"转向"思维的路径②，与这一路径相比，媒介演化向度可以更充分地去考虑语言（文字）与图像之间的关系，也能更从容地在理论上去应对伴随技术不断发生的图像变迁，使图像学更具有理论解释力与生命力。事实上，米歇尔本人也强调"图像转向"呈现出具体形式的重复性叙述，并对"转向"一词容易让人误解为"视觉时代"与"文字时代"的一种断裂与对立的看法进行了批评，认为这是

① 许煜. 艺术与宇宙技术［M］. 苏子滢，译. 上海：华东师范大学出版社，2022：54.

② 无论是图像学理论的最初倡导者米歇尔本人还是文化研究路径下视觉文化研究的代表性人物米尔佐夫，都肯定了"转向"这一说法。

"图像转向的谬误"①。

图像学的媒介演化向度充分肯定语言（文字）与图像之间在人类文化经验中具有一种结构性的耦合关系，两者相互影响，相互生成，也可以相互结合。这种关系也更符合两者在人类文化发展史中的角色定位，因为，语言（文字）中一直就蕴含着形象因素，图像离开了语言（文字）也就无法得到有效的阐释，也就失去了传播的生命力。人类历史上的语言（文字）主因型文化与图像主因型文化是一种认识论，而非传播符号类别的差异，硬要将两者对立，我们的研究只能走入死胡同。海德格尔的"世界图像时代"强调的也是这种认识论上的："世界图像并非意指一幅关于世界的图像，而是指世界被把握为图像了。"②

2. 本书强调媒介技术变迁与人类的感知方式与感知经验变迁之间的关系，试图超越图像学或视觉文化研究中传统的艺术史叙事与纯粹的文化研究视角，为数字时代的图像研究赋予更为坚实与牢固的媒介物质性基础。

数字时代从图像到视像的演化，由于处在一个高科技化社会，更能让人感受到技术的决定性力量。某种意义上可以说，这种演化并不是所谓的人类主体有意识引导的结果，而恰恰是技术自身的"召唤"，是技术变迁的必然结果。正是传统机械到数字时代的有机化机器的转变，催促着我们去关注由此所带来的人类感知能力的增强以及传感器等技术带领我们进入的一个前所未有

---

① ［美］W. J. T. 米歇尔. 图像何求：形象的生命与爱［M］. 陈永国等，译. 北京：北京大学出版社，2018：xi.

② 海德格尔. 海德格尔选集（下卷）［M］. 周德兴，编译. 上海：上海三联书店，1996：899.

的新经验世界。

3. 注重日常生活视角，结合日常生活中的审美经验考察从图像到视像演化的具体表现、审美体验，试图绘制一幅能粗陋地呈现数字时代视觉文化生活史的素描。

正如米尔佐夫所强调的，必须认识到视觉文化已经广泛深入到日常生活之中这一现实，接受文化的视觉转向这一基本书化趋势，才能让文化研究摆脱危机。离开日常生活层面，不仅会让理论凌空高蹈，也会让图像学研究在研究对象的迷失中陷入理论的迷茫，从而丧失其现实解释力。尤其在一个深度媒介化社会，数字媒介在基础设施主义的意义上影响着日常生活领域视像的生产、呈现、互动参与、消费等各个层面，从而表现出与前数字时代迥异的视觉文化生活。这种迥异不唯在视像的数量级层面上，也在视像的"观察者的技术"上。

4. 对图像与视像之间的差别从视觉感知方式、审美经验、物质性基础、技术可供性等角度进行了初步探索，并认为基于观察者视角的静观美学与介入美学的差异构成了两者间最本质的区别。

正如前文曾提到的，齐林斯基强调了"电的运用"使媒体世界不一样了，因为它活了起来。"活了起来"事实上就具有了现代意义上的"媒介界面"的含义，那么，媒介的数字化又让媒介世界为之一变，为我们提供了一个可供观察者介入并具有高度可探索性与生成性的视像媒介世界。从麦克卢汉"媒介是人体的延伸"角度而言，我们还必须进一步认识到，同样是延伸，不同媒介的延伸其功能和意义是可以完全不一样的，一支笔的延伸和一部智能手机的延伸，对我们分别意味着什么？静态图像就如一支笔的延伸一样，拥有强烈的物质性，也就意味着明确的凝固性，这种凝固性也就决定了作为观察者的静观美学体验；而视像则如智能手机的延伸，其界面背后是一个拥有着自身时空逻辑的完整世界，拥有着诸多可能性。而且，这个介入美学的、可供探索的、生成性的视像世界，正如维兰·傅拉瑟（又译威廉·弗卢塞尔）所言，正在遭遇着"非物"的入侵，这些"非物"名之为"信息"："在当下，非物（Undinge）正从四面八方侵入，进入我们的环境，排挤着物。我们将这种非物称作'信息'……当下侵入我们环境并排挤物的这种信息，是以前从未存在过的：这是一种非物的信息。电视机屏幕上的电子图像，存储在计算机中的数据，所有的电影卷带和微缩胶片，全息投影和程序，都是如此之'软'（软件），以至于所有用双手去抓握（ergreifen）的尝试都会以失败告终。"[①]既然"非物"的入侵不可避免，那我们所能做的，就是牢牢抓住身体这个脆弱的物质性存在，通过介入美学去创造、生成那个可供探索的视像世界，并以此对抗自动机器对"非物"的生产。虽然这最终也可能只不过是自动机器预设的程序。

---

① ［巴西］维兰·傅拉瑟. 非物（一）［EB/OL］. （2022-11-02）［2023-02-22］. https://mp.weixin.qq.com/s/55vysEI5fLhbWua-tKNSqQ.

第一章 现代图像学体系的建构与米歇尔的理论贡献

在进一步讨论图像学之前，我们首先应该认识到西方哲学传统和美学体系中对观看和视觉的重视。事实上，视觉比其他感觉具有更强的审美能力的这一观念在西方文明的历史长河中源远流长，视觉在各种感官感觉中享有崇高地位：赫拉克利特认为眼睛（视觉）比耳朵（听觉）更可靠，柏拉图时代视觉认知的二分模式非常盛行，亚里士多德在《形而上学》中称赞了视觉，在另外一些作品中也肯定了视觉的认识作用；中世纪的经院派哲学家、神学家托马斯·阿奎纳从理性认知的角度，指出视觉的价值和作用；文艺复兴艺术家达·芬奇认为眼睛是人类的知解能力，是完成欣赏自然的主要器官，W. J. T. 米歇尔以挪揄的口气提到达·芬奇："尽他最大所能搜集了所有有关知觉的传统偏见：眼是最高贵的感官，灵魂的窗口；它的视野广远；它是最有用的和科学的，因为它'沿着基于对象而建构金字塔的、并指引目光的那些直线'而自然地建构一种视角观点；它比'其他任何感官都少具欺骗性'……"[①]；而写就《屈光学》的笛卡尔更是声称视

---

① ［美］W. J. T. 米歇尔. 图像学：形象、文本、意识形态［M］. 陈永国，译. 北京：北京大学出版社，2014：151.

觉是我们最全面、最高贵的感觉器官；黑格尔也肯定视觉作为
认识性器官的"高贵"："视觉（还包括听觉）不同于其他感
官，属于认识性感官，所谓认识性感官意指人们可以通过视觉
自由地把握世界及其规律，不像唤觉、味觉或触觉那样局限和
片面。"①

　　总之，正如当代媒介考古学的代表性人物之一的齐林斯基
在对西方古典社会的视听装置的媒介考古中分析得出："自从亚
里士多德以来，在感知世界的器官系列中，视觉器官已经被抬高
到居于首位了。科学之语言，充满着视觉和可见事物的隐喻，它
将视觉知识奉为主导。"②

第一节　从视觉二元论到现代图像观的诞生

　　从古希腊时期柏拉图的"洞穴寓言"到圣·奥古斯丁的
"光照说"，从"笛卡尔透视主义"到启蒙运动将光与可见性的
隐喻推向极致，美国历史学家马丁·杰伊认为西方文化——尤
其是17世纪以来的近现代文化——呈现出一种视觉中心主义的
特征③。正如其代表作《低垂之眼——20世纪法国思想对视觉的

---

① 　［德］黑格尔. 美学·第三卷·上册［M］. 朱光潜，译. 北京：商务印书馆，
　　1979：331.

② 　［德］西格弗里德·齐林斯基. 媒体考古学［M］. 荣震华，译. 北京：商务印书
　　馆，2019：87.

③ 　［美］马丁·杰伊. 低垂之眼——20世纪法国思想对视觉的贬损［M］. 孔锐
　　才，译. 重庆：重庆大学出版社，2021. 可参见此书第一章《最高贵的感觉：从
　　柏拉图到笛卡尔的视觉》。

贬损》所强调的："对视觉的推崇，在西方文化中早已根深蒂固——从柏拉图、笛卡尔直到启蒙运动，视觉往往与清晰、秩序和理性相关联。随着摄影、电影的出现，视觉更晋升为现代感官王国的领主。"[①]不唯哲学的认识论上如此，在17至18世纪，西方的科学家与艺术家也一直着魔般地致力于研究视觉问题，做了一系列"视觉物理学"的科学实验，并发明了诸多今天看起来过于简陋却充满想象力的视觉装置与光学媒体[②]：视错觉画、移动全景画、小孔成像、双凸透镜、暗箱、投影描绘仪、克洛德玻璃、西洋镜、魔灯秀、鬼影秀……而在摄影等"技术图像"崛起之前，绘画艺术一直被视为视觉中心，画家在促成了视觉中心主义的同时也深受其影响，保罗·克利坚信绘画"使不可见者可见"，并将之作为自己一生追求的目标[③]。哪怕是作为古典主义绘画叛逆者的印象主义者，"他们一般声称自己是对所看见的事物的被动记录者。即使塞尚也可以抗议道：'作为一个画家，我首先把自己依附在视觉感官上'"[④]。

一、视觉二元认识论：笛卡尔的透视主义

马丁·杰伊在回顾和梳理西方形而上学的视觉思维脉络的

① ［美］马丁·杰伊. 低垂之眼——20世纪法国思想对视觉的贬损［M］. 孔锐才，译. 重庆：重庆大学出版社，2021.

② ［德］西格弗里德·齐林斯基. 媒体考古学［M］. 荣震华，译. 北京：商务印书馆，2019.

③ 苏梦熙. 使不可见者可见——保罗·克利艺术研究［M］. 上海：复旦大学出版社出版，2020.

④ ［美］马丁·杰伊. 低垂之眼——20世纪法国思想对视觉的贬损［M］. 孔锐才，译. 重庆：重庆大学出版社，2021：18.

同时，指出笛卡尔是典型的视觉哲学家。他认为笛卡尔改变了普遍认识中透视法的艺术造型能力和象征性功能，为其赋予了一种客观地、理性地认识世界的能力，将机械暗箱的单眼机制视为是统一性、系统性、科学性的正确观看，并由此更加接近进而规训客观世界①。那么所谓的笛卡尔透视主义是通过怎样的方式获得认同，成为西方近代社会在视觉理论上的思想源头，甚至被看作现代视觉中心主义基石的呢？

　　首先，正如上文提到的西方形而上学自古希腊起就意识到视觉的独特性，隐喻性地提高了视觉在诸感官感觉中的地位。尤其是柏拉图的一些观点，在杰伊看来与笛卡尔大为相似，比如对于眼睛及其结构的重视。在《蒂迈欧篇》中，柏拉图指出，眼睛是被最先创造出来的感觉器官，因此，神认为视觉观看与人的灵魂有巨大关联，它象征着心灵之窗②。与笛卡尔一样，柏拉图也极具实验精神，并保持着对自然现象的好奇和敏感，他对镜子的变形和光线的镜面反射很有兴趣，很大程度上影响了笛卡尔对透视原理的思考。

　　其次，笛卡尔试图在更为理性的、科学的逻辑框架中，利用光学和数学去超越"感觉论"的模糊和限制。在笛卡尔看来，从古希腊晚期到中世纪关于"感官认知"描述方式混杂和模糊，正是笛卡尔的透视主义的反抗对象，柏拉图虽然肯定了眼睛的作用但并未把视觉认为是人类唯一的、绝对的认知方式，甚至在理

---

① ［美］马丁·杰伊. 低垂之眼——20世纪法国思想对视觉的贬损［M］. 孔锐才，译. 重庆：重庆大学出版社，2021：38-41.

② ［古希腊］柏拉图. 蒂迈欧篇［M］. 谢文郁，译. 上海：上海人民出版社，2005：31-32.

想国中诗人和艺术家都是被排除在外的①；亚里士多德虽然认同视觉的重要性，但更强调多感官协调统一的认识模式，即感觉论，在肯定听觉的同时抑制视觉感能的绝对地位。笛卡尔尝试以更为理性、科学的方式批判和否定了亚里士多德的感觉论，通过《屈光学》中讨论光的折射、反射问题，通过亲自切割牛的眼睛来检查眼睛的功能构造，从生理科学和机械科学层面揭示和解释了小孔成像、牛眼解剖与人眼构造之间的关系（见图1-1），进而从生理科学角度彻底说明了透视法视觉运作的原理和人文价值。

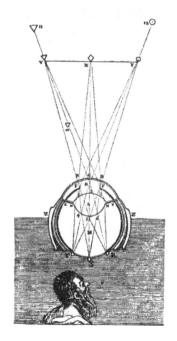

图1-1 笛卡尔的屈光学理论图示

---

① 可参考《理想国》第十卷。参见［古希腊］柏拉图. 理想国［M］. 张竹明，译. 南京：译林出版社，2015.

笛卡尔的方法论既不是科学的演绎法也不是归纳法，而是基于现代视觉技术装置的类比法。正如约翰·伯格所指出的："透视法……以观看者的目光为中心，统摄万物，……使那独一无二的眼睛成为了世界万象的中心。一切都向眼睛聚拢，……可见世界万象是为观看者安排的，正像宇宙一度被认为是为上帝而安排的。"①通过数论和光学界定，透视法被赋予"上帝之眼"或"纯真之眼"的称号，这使得西方理论界认为视觉主体（即观看者）通过观看获得主体地位，将客观世界改造为眼中之物，以主体的认知标准建构新的秩序，确立了以人为观察主体、以唯心的方式认识和把握客观世界的视觉中心论。有学者认为："哲学家笛卡尔的'我思故我在（是）'可转换为艺术家的'我看故我在（是）'。"②

再次，马丁·杰伊认为19世纪欧洲城市的现代化改造，对于视觉中心论的理论实践起到了至关重要的作用。马丁·杰伊以巴黎为例，从三个方面分析了巴黎城市景观的现代化改造：一是，19世纪末，巴黎埃菲尔铁塔的建立，在备受争议之后，埃菲尔铁塔成为19世纪欧洲城市前所未有的一种视觉奇观，因此，引发了当时欧洲现代都市建设快速步入一种现代的、机械主义的艺术美学狂潮之中；二是，巴黎城市街道人工照明的更新与完善，使得几乎所有的城市居民都能够体会到超越日与夜、明与暗等自然光线节奏的新都市视觉生活，是完全建立在视觉上的具体的感

---

① ［英］约翰·伯格．观看之道［M］．戴行钺，译．桂林：广西师范大学出版社，2009：11.

② 谢宏声．图像与观看［M］．桂林：广西师范大学出版社，2012：201.

官感受；三是，巴黎城市拱廊街式的建筑设计和街道布局，极大地满足了百货公司巨大玻璃橱窗内琳琅满目的商品展示，以及遍布大街小巷或手绘或印刷、形式各异的巨幅招贴画（图1-2），致使19世纪末的现代都市中，视觉生产规模越来越扩大化，视觉产品类型越来越多元化，处在世纪之交的现代诗人——波德莱尔，将这一阶段的都市文化称之为"图像崇拜"（The Cult of Images）。

可以说，基于笛卡尔透视理论的视觉中心主义，与西方社会发展的现代化进程、与现代影像技术的发明与应用、与西方近现代艺术美学思想的变革，密不可分。

图1-2 拱廊街街景

二、机械复制时代现代图像观的诞生

针对欧洲现代城市生活中的"图像崇拜"，马丁·杰伊认为摄影术的发明是透视主义的机械灵魂，它的操作方法和科学原理都更具隐喻性，因此也被弗卢塞尔视为是技术图像的源头[①]。瓦尔特·本雅明曾经这样解释摄影术与视觉中心论的关系，他说："随着照相摄影的诞生，原来在形象复制中最关键的手便首次从所担当的最重要的艺术职能中解脱出来，而被眼睛所取代。由于眼看比手画快得多，因而，形象复制过程就大大加快，以至它能跟得上讲话的速度。"[②]本雅明通过手与眼的关系解释了摄影技术与传统绘画的区别，并进一步指出现代社会对于形象的理解和塑造即将发生巨变。约翰·伯格借本雅明的观点，也谈到了照相复制绘画作品的问题："照相机复制图画时，即破坏了该画的独特性。结果，图画的意义也起了变化。或更确切地说，图画的意义增加并裂变成多重含义。"[③]

我们可以看到这样一种变化，即在视觉中心主义现代化的前提下，随着各种新技术的发明与应用，西方理论界对于视觉和形象的理解产生新的思考，此时，现代图像因其复制性开始慢慢脱离传统造型艺术的理论研究范畴成为新的研究对象，西方理论

---

① ［巴西］威廉·弗卢赛尔. 摄影哲学的思考［M］. 毛卫东，丁君君，译. 北京：中国民族摄影艺术出版社，2017：15.

② ［德］本雅明. 摄影小史、机械复制时代的艺术作品［M］. 王才勇，译. 南京：江苏人民出版社，2006：50.

③ ［英］约翰·伯格. 观看之道［M］. 戴行钺，译. 桂林：广西师范大学出版社，2009：15.

界已经认识到了现代摄影术对视觉生产带来的巨大变革。这一变革尤其体现在图像的性质和价值方面，本雅明指明了传统艺术品与现代图像的区别，他认为，传统艺术品是独一无二性和持续有效性的，而可复制的现代图像则是可重复性的和短暂有效性的，并且现代复制技术将复制对象或拍摄对象从其原有的环境中撬出，对其"光韵进行肢解"，从而达成一种一致性。

　　同时，本雅明还解释了技术复制与手工复制的区别，区别有二：一是技术复制更贴近原作，反而消解了原作的权威性，二是技术复制具有原作没有的广泛的传播功能和作用。因此，"复制技术把所复制的东西从传统领域中解脱了出来，由于它制作了许许多多的复制品，因而它就用众多的复制物取代了独一无二的存在；由于它使复制品能为接受者在各自环境中去加以欣赏，因而它就赋予了所复制的对象以现实的活力。"[1]约翰·伯格将这一过程解释为："它成了某种信息，……信息本身不带任何特殊的权威。"[2]威廉·弗卢塞尔将本雅明的机械复制图像归结为"技术图像"，并指出了技术图像与传统图像的区别所在，他认为传统图像是"人类最初面对世界后退一步的结果"[3]，而技术图像是"面向文本（特别是光学与化学文本）后退一步的结果"[4]。

①　［德］本雅明. 摄影小史、机械复制时代的艺术作品［M］. 王才勇，译. 南京：江苏人民出版社，2006：53.

②　［英］约翰·伯格. 观看之道［M］. 戴行钺，译. 桂林：广西师范大学出版社，2009：15.

③　［巴西］威廉·弗卢赛尔. 传播学：历史、理论与哲学［M］. 周海宁，译. 上海：复旦大学出版社，2022：78.

④　［巴西］威廉·弗卢赛尔. 传播学：历史、理论与哲学［M］. 周海宁，译. 上海：复旦大学出版社，2022：78.

论及现代图像就不得不提到与本雅明同一时期的德国存在主义哲学家海德格尔，尤其是那篇著名的《世界图像的时代》。在这篇文章中他谈道："'图像'一词，我们首先想到的是关于某物的画像。据此，世界图像大约就是关于存在者整体的一幅图画了。但实际上，世界图像的意思要多得多。我们用世界图像一词意指世界本身，即存在者整体，恰如它对于我们来说是决定性的和约束性的那样。'图像'在这里并不是指某个摹本，而是指我们在'我们对某物了如指掌'这个习语中可以听出来的东西。这个习语要说的是：事情本身就像它为我们所了解的情形那样站立在我们面前。'去了解某物'意味着把存在者如其所处情形那样摆在自身面前，并且持久地在自身面前具有如此这般被摆的存在者。但是，对于图像的本质，我们还没有一个决定性的规定。"①之后文中他进一步指出："从本质上看，世界图像并非意指一幅关于世界的图像，而是指世界被把握为图像了……世界图像并非从一个以前的中世纪的世界图像演变为一个现代的世界图像；而不如说，根本上世界成为图像，这样一回事情标志着现代的本质。"②

在这段经典论述中，海德格尔颠覆了图像一词在传统意义上的解读③。海德格尔在文中指出，"世界图像"并不仅指通常意义上具象的客观的视觉形象，而是"世界本身"，是"存在者整体"，是认知、解释、掌控客观实在的一种方式和手段。

---

① ［德］海德格尔.林中路［M］.孙周兴，译.上海：上海译文出版社，2004：90.

② ［德］海德格尔.林中路［M］.孙周兴，译.上海：上海译文出版社，2004：91.

③ "世界图像"一词源于德语"Bild"，其本身含义比较丰富，在德语中还有着世界观、宇宙观的意思。

"世界图像"意味着"存在者的存在是在存在者之被表象状态（Vorgestelltheit）中被寻求和发现的"①，换言之，表象状态是存在的活动领域，正是由于主体间的表象化，产生各种不同的辩证关系才使得世界图像化和被把握，因此，"世界图像的时代"，主要是从存在主义的角度考察人和世界或曰存在的关系，并在关系的转换中完成了现代化的过程。简言之，海德格尔的图像观可以总结为：世界图像时代可以理解为人将客观存在即存在者整体，变为或者技术性地"看"为客体对象，而这一"把握为图像"的过程标志着"现代的本质"：世界成为图像，人成为主体，从而决定了现代，揭示了现代历史的根本进程。

通过这样一种"世界图像观"，海德格尔旨在论证现代的本质，认识现代科学的形而上学基础。海德格尔追溯到笛卡尔那里："最早是在笛卡尔的形而上学中，存在者被规定为表象的对象性，真理被规定为表象的确定性了……整个现代形而上学，包括尼采的形而上学，始终保持在由笛卡尔所开创的存在者阐释和真理阐释的道路上。"②由此，从"世界图像"一词的生成逻辑来看，首先是以笛卡尔的数论、屈光学、我思主体的视觉中心主义为前提，在盛行的透视主义哲学根基之上，以定点凝视、小孔成像等基于透视法的暗箱机械原理的现代摄影术促使技术复制下的现代图像的诞生，可以说"世界图像"的现代存在观为现代图像打通了关键脉络，图像时代的到来是现代社会的必然走向。

当"世界被把握为图像"是"现代的本质"时，也预兆了

---

①　［德］海德格尔.林中路［M］.孙周兴，译.上海：上海译文出版社，2014：98.

②　［德］海德格尔.林中路［M］.孙周兴，译.上海：上海译文出版社，2004：88.

现代社会的一个基本书化现象，即从语言主因型文化向图像主因型文化的深刻转型。本雅明在《讲故事的人》中感叹口语交流文化的衰败，在其他文章中则暗示了以机械复制技术为前提的现代图像所带来的视觉震撼必将使之成为现代文化核心。法国学者柯莫里认为："19世纪下半叶是一场视觉的狂热。当然，这是社会的图像增殖的结果：大量带有插图的报纸广泛传播，印刷品和漫画等掀起狂潮。不过，这也是视觉范围和表现范围的地理延伸的结果：借助于旅游、探险、殖民活动，整个世界变成可见的，同时也变成可控的。"[①]在弗卢塞尔看来："由于对文本的想象变得难以实现，所以我们更应该发明允许将文本变得更有意义的新图像。"[②]此时，世界与图像的关系形成了：世界←图像←文本←技术图像。利奥塔在《话语，造型》中直抒情怀称此书是"对眼睛的辩护"，批判传统思想中"观看"被轻视，始终被"话语"笼罩和管辖，利奥塔认为话语比造型更理性、更抽象、更单一化，而造型是开放性的、流动性的、感性的、向无意识伸展的。现代图像不仅是对话语的解构，也是对话语的权力机制的反抗，并由此确立自身文化主导性地位。至此，西方理论界对于现代社会和对于视觉和图像的研究改变了印刷时代以来的"单文本中心主义"，图僭越文成为文化主因。

进入当代社会，图像的文化主导性地位得到进一步加强，计算机从诞生到普及、数字影像技术的高速发展、多媒体产品的

① 罗岗，顾铮. 视觉文化读本［M］. 桂林：广西师范大学出版社，2003：327.
② ［巴西］威廉·弗卢赛尔. 传播学：历史、理论与哲学［M］. 周海宁，译. 上海：复旦大学出版社，2022：77.

极大丰富和日常化、网络媒介和相关技术的全面渗透，使得视觉文化彻底成为当代文化的主导性力量。美国著社会学家丹尼尔·贝尔在《资本主义文化的矛盾》一书中认为当代社会不再以印刷文化作为文化主体，正在过渡为以视觉文化为主导，他说："视觉为人们看见和希望看见的事物提供了许多方便，视觉是我们的生活方式，这一变化的根源与其说是电影电视这类大众传播媒介本身，莫如说是人类从世纪中叶开始的地域性和社会性流动，科学技术的发展孕育了这种新文化的传播形式。"①

尼尔·波兹曼也指出，电视时代的文化中心已完成了从文字向形象的转换，因为公共话语的内容和意义在电视时代不得不改变，"随着印刷术影响的衰退，政治、宗教、教育和任何其他构成公共事务的领域都要改变其那内容，并且用最适合于电视的表达方式去重新定义"②，而在电视上，"话语是通过视觉形象进行的，也就是说，电视上会话的表现形式是形象而不是语言"③。图像取代文字几乎达成共识，当代社会已经步入视觉文化时代。

我们看到当代社会的文化生活仿佛是一幕精彩的戏剧演出，图像取代文本成为这目剧的主角，时空转换位置，表面消解深度，整体化为片段，线性结成网络，这正好契合了现代生活追

---

① ［美］丹尼尔·贝尔.资本主义文化矛盾［M］.赵一凡，译.北京：三联书店，1989：156.

② ［美］尼尔·波兹曼.娱乐至死·童年的消逝［M］.章艳，吴燕莛，译.桂林：广西师范大学出版社，2012：9.

③ ［美］尼尔·波兹曼.娱乐至死·童年的消逝［M］.章艳，吴燕莛，译.桂林：广西师范大学出版社，2012：9.

求视觉快感的审美需求。此刻，图像生出诡魅触角，触碰和包围着人们进入这个时代，享受这种文化。

第二节　我们时代的图像理论——米歇尔图像学理论的贡献

"图像学"一词最具有影响力的命名源自文艺复兴晚期意大利学者切萨雷·里帕创作的一本关于文化艺术隐喻的经典巨作，书名就叫作《图像学》[①]，书中用了大量象征性、拟人化的手法对西方传统中抽象的艺术概念进行了视觉化的阐释，此后图像学开始与图像志融为一体通用于艺术品的主题辨认。直到阿比·瓦尔堡建立现代意义上的图像学分析，后经霍格尔夫等艺术史家的进一步归纳及区分，将图像志与图像学作出比较明确的方法界定，图像志用来描述主题，图像学则致力于作品内在意义的诠释。

笛卡尔以来西方理论界对视觉与图像的理论阐释，以及西方现代社会发展过程中逐步呈现的图像化特征，使得图像学理论在其传统的研究领域迎来了新生。艺术史学家潘诺夫斯基将图像学（iconology）与圣像学（iconography）做出了区分，在《图像学研究》的导论中将图像学明确为："是通过弄清那些能够反映一个民族、一个时期、一个阶级、一种宗教或哲学信仰之基本态度的根本原则而领悟的。"[②]至此，现代图像学概念逐渐形成，

---

① 北京大学出版社2022年版将其译为《图像手册》，在艺术史界一般仍称之为《图像学》。

② ［美］潘诺夫斯基.视觉艺术的含义［M］.傅志强，译.沈阳：辽宁人民美术出版社，1987：36.

初期主要指用来解读艺术品背后的文化价值和精神内涵的图像理论。随着图像学理论概念的不断演化，对于其学术体系和研究范畴的理解和诠释也发生了新的变化。而就影响力而言，美国学者W. T. J. 米歇尔始终处在这一新变化的中心。

2018年9月，米歇尔受邀在北京OCAT研究中心做了关于图像理论的系列讲座，讲座中明确地将自己80年代以来的学术研究成果归纳为图像学的三个阶段，之后2019年他又在克罗地亚的《新理论》（*New Theories*）杂志发表了《图像学3.0版：我们时代的图像理论》一文，将北京讲座中谈到的部分内容进一步明确化[①]。在2018年的讲座和这篇论文中，米歇尔指出这三个阶段的研究重点和理论成果分别是什么："对我来说，我的图像研究第一阶段是'图像学1.0版'，这是研究摄影的出现和跨文化图集的合成，例如阿比·瓦尔堡的《记忆女神图集》便是对图像世界进行统合的杰出范例。这一阶段的研究，要求复兴古代图像学（iconology）这一学科，并像帕诺夫斯基那样为图像阐释的学科愿景而努力，从而通过跨媒介的追溯来探求图像的意义。……关于图像学2.0版，……这是指信息科学和数码拟像同生命科学发生辩证融合，从而出现第一批'活图像'并成为流行文化和科学实验室图像的明显特征之时。这个版本的图像取代了本雅明所说的机器（械）复制时代的图像，但取代者并非数码图像，而是生物控制复制的图像，这是一种使克隆成为可能的综合性复制，是能够复制活物的活图像，我们称之为'生物图像'。……

---

① 该篇文章的中文版是由段炼教授翻译并发表在《世界美术》杂志2020年第4期。后文的关于该篇文章的所有引用都将标注为中文版的文章出处。

至于图像学3.0版，……这当中的部分原因，使3.0版并未同过去一刀两断，将其全盘抛诸脑后，而是汇集了过往诸时代的所有化石遗存，将其同我们的生活条件连接起来，从而赋予其新的生命。"①

一、图像学1.0：以"词与象"为核心的早期图像学理论

所谓图像学1.0版可以理解为是对米歇尔早期著作《图像学：形象、文本、意识形态》一书的理念总结，是米歇尔沿着传统图像学的理论脉络，重新对于现代一般性视觉形象泛滥所形成的一系列视觉文化现象，尝试建构的新艺术史学和图像学角度的理论创想及其基本架构。这一架构首先体现在米歇尔图像学理论中贯彻始终的"文本与形象"的思考。

米歇尔在他的成名作《图像学：形象、文本、意识形态》中有这样的表述："如果语言学有它的索绪尔和乔姆斯基，那么图像学有它的潘诺夫斯基和冈布里希。"②贡布里希在《木马沉思录：论艺术形式的根源》一文中提到他对于图像学的理解："图像学这个刚出现的研究学科跟艺术批评的关系就相当于语言学跟文学批评的关系。"③对于贡布里希而言，当时对于图

---

① W. J. T. 米歇尔. 图像学3.0版：我们时代的图像理论［J］. 段炼，译. 世界美术，2020（4）：2-10.

② ［美］W. J. T. 米歇尔. 图像学：形象，文本，意识形态［M］. 陈永国，译. 北京：北京大学出版社，2012：8.

③ ［英］E. H. 贡布里希. 木马沉思录——艺术理论文集［M］. 曾四凯，等，译. 南宁：广西美术出版社，2015：28.

像学的理解是将其视为形象的语言学，其主要研究对象和内容是形象与文本以及形象之间的符号关系。因此，在贡布里希看来，图像学是形象的符号学，是形象的语义学。此后在《艺术与错觉》中贡布里希又稍做补充，进一步明确了此时的图像学即视觉图像语言学："我认为艺术研究也会由于探索视觉图像（visual image）的语言学而日益得到丰富完善。我们已经看到图像学（iconology）的要点，它研究图像有寓意（allegory）和象征（symbolism）用法中的功能，研究它们跟可称为'不可见的观念世界'（invisible world of ideas）的指称作用。艺术的语言对可见世界（visible world）的指称方式既是那么明显，又是那么神秘，迄今仍有许多奥秘，除能像我们运用语言一样熟练地运用它——无须通晓它的语法学和语义学——的艺术家自己外，无人知晓。"①

米歇尔初期的图像学理论更接近于贡布里希的"视觉形象的语言学"，他在《图像学：形象、文本、意识形态》一书中有专门的章节讨论贡布里希在《艺术与错觉》中的观点。米歇尔在书中开篇即指明了他要诠释的图像学是什么："我还是用'图像学'这个术语把本研究与有关形象的观念的理论和历史反思的悠久传统联系起来，就其狭义而言，这个传统……以厄文·潘诺夫斯基对图像学的著名研究为巅峰。从广义上说，对图像的批评研究以'人类依其造物主的形象和相像性'而创造这一思想开始，以广告和宣传中'形象—制造'的现代科学而告终，……本书探

---

① ［英］E. H. 贡布里希. 艺术与错觉——图画再现的心理学研究［M］. 杨成凯，等，译. 南宁：广西美术出版社，2012：7.

讨的问题就在广义的图像学和狭义的图像学之间的某处，即狭义或字面意义上的形象（画、雕塑、艺术品）与诸如精神形象、词或文学形象等观念以及人作为形象和形象之创造者的概念相关的方式。……本书的目的就是通过思考关于这样一种形象的观念而进一步概括图像学的阐释雄心。"①

因此，米歇尔的图像学概念与传统的图像学理论并不完全一致，并未完全限制在艺术史研究领域，或者说是传统的艺术性形象领域。米歇尔借用了潘诺夫斯基区别于图像志的现代图像学术语体系，融合了贡布里希的视觉形象语言学的图像理论雏形，形成了他自己的基于广义形象概念的图像学研究。他甚至很明确地指出与传统图像学的区别："如果传统图像学压制了形象，那么后现代图像学就压制了语言。"②他将形象的概念放大为"诸如精神形象、词或文学形象等观念以及人作为形象和形象之创造者的概念"的现代视觉形象，这与传统图像学的艺术学或曰艺术性的视觉形象有明显区别。

与贡布里希一样，米歇尔也试图从文本的角度论证图像。在《图像理论》一书中，米歇尔用专门的章节讨论了"艺格敷词"，试图用传统的修辞学概念连接文本与形象。在他看来，艺格敷词是"对视觉再现的言语再现"③，其过程可以分为三个阶

①　［美］W. J. T. 米歇尔. 图像学：形象，文本，意识形态［M］.陈永国，译.北京：北京大学出版社，2012：2.

②　［美］W. J. T. 米歇尔. 图像理论［M］.兰丽英，译.重庆：重庆大学出版社，2021：29.

③　［美］W. J. T. 米歇尔. 图像理论［M］.兰丽英，译.重庆：重庆大学出版社，2021：145.

段，即"冷淡阶段""希望阶段""恐惧阶段"。他说："艺格敷词不再是言语或口语再现中的一个特殊或例外时刻，这在修辞学理论和诗学理论中，就是调动'诗如画'和姊妹艺术等学说，致力于让语言为视觉服务之时。……克服艺格敷词之'不可能性'的渴望一旦付诸实施，对视觉再现进行言语再现的可能性与希望就几乎要无穷无尽了。……形象/文本这种疏远区分被克服了，一个缝合的、合成的形式，一个语象（verbal icon）或者说形象文本（imagetext）出现在它的位置上。"①米歇尔利用"艺格敷词"使图像学成为文本和形象的黏合剂。马格里特的艺术创作恰好被用来佐证他的观点（图1-3），米歇尔在马格里特的作品中发现了图像的这种黏合作用，他指出《形象的背叛》"'将一个图像插入视觉和再现的话语'中，……反映图像和词语之间的关系，既包括我们谈论图像的方式，也包括图像对我们'说话'的方式"②。

图1-3　马格利特的油画——《图象的叛逆》，并注明"这不是一只烟斗"

---

① ［美］W. J. T. 米歇尔. 图像理论［M］. 兰丽英，译. 重庆：重庆大学出版社，2021：147-148.

② ［美］W. J. T. 米歇尔. 图像理论［M］. 兰丽英，译. 重庆：重庆大学出版社，2021：58.

在尝试拟合文本与形象的过程中，米歇尔借用了C. S. 皮尔斯的符号学理论。他先是用福柯的话指出"在词与图之间，有一个悬而未决的灰色地带"，接着又称赞皮尔斯将此化为指示符建立他的符号体系："皮尔斯也理解这一地带，将其视作具有移动指示功能的指示符，能将其符号理论中的三元素缝合起来，从而构成像似符/指示符/规约符的合体，并将我们所能制造的符号也统合起来，进而揭示可能的含义。"①在皮尔斯的符号学体系中，像似符并不具备意图性，但是可以借助指示符，以再现的形式呈现意义，米歇尔认为图像"不能仅仅象征或代表着某物，它还必须具有他所说的'第一性'——一种天生的品质，……这些品质必须能让人们想到它与别的东西的相似"②。规约符则隐藏在特定的一种社会指称关系中。简言之，规约符和像似符没有视觉意义上的差别性，只有依靠指示符的转义才能生成符号价值。

在之后的《图像何求：形象的生命与爱》一书中，米歇尔再一次探讨了形象与言语的关系："在我看来，活的形象既是语言的又是视觉的转义，是言语、视觉、图案设计和思想的一种比喻。"③这里他又借用了"转义比喻"，试图把视觉性形象转化为任意媒介的语言形式，打破传统形象的不可化约性。可以说，米歇尔在皮尔斯的符号学三分法中发现了图像符号化的理论建构

① W. J. T. 米歇尔. 图像学3.0版：我们时代的图像理论［J］. 段炼，译. 世界美术，2020（4）：2-10.

② ［美］W. J. T. 米歇尔，马克·B. N. 汉森. 媒介研究批评术语集［M］. 肖腊梅，等，译. 南京：南京大学出版社，2019：39.

③ ［美］W. J. T. 米歇尔. 图像何求：形象的生命与爱［M］. 陈永国，等，译. 北京：北京大学出版社，2018：10.

的可能性，并借此实现了形象"符码化"的过程，就此宣称："图像是某物的符号或象征"①。实际上米歇尔的"形象"（或图像）是建立在符号学体系下的新的图像学概念。

在新的历史阶段，在新的媒介环境和审美文化中，脱离艺术形而上学的艺术性形象与一般性的视觉性形象差异化程度越来越小，尤其是在后现代主义艺术思潮的滋养下，在数字时代新媒介技术的影响下，艺术性形象已经转化成为与当代社会的政治经济发展、文化生产、日常审美等领域的人类行为活动息息相关的视觉符号，并由此抹平或融合了艺术与生活之间、传统与现代之间、再现与呈现之间的传统艺术思维界限。因此，所谓1.0阶段的图像学正是米歇尔试图通过图像符号的理论建构，论证一种统一的形象科学（或图像理论）是如何既作为符码化的视觉性形象普适于现代媒介技术，又作为艺术性形象的后现代形态来映射时代的新美学思维和艺术创作语汇。

二、图像学2.0：从"图像转向"到"形象科学"的理论进展

1994年《乡村之声》（*The Village Voice*）的文学副刊（*Voice Literary Supplement*）发表了一篇《图像理论》的书评，杂志编辑建议将《图像理论》的副标题替换为"图像想要什么"，这项建议对米歇尔而言无异于醍醐灌顶，由此产生了图像生命化的想法。米歇尔指出："人类克隆繁殖的可能性现已提到

---

① ［美］W. J. T. 米歇尔. 图像何求：形象的生命与爱［M］. 陈永国等，译. 北京：北京大学出版社，2018：39.

技术层面，这个可能性又使人想到关于形象制造的传统禁忌，即最隐在的和令人不安的形式，人工生命的创造。……'以我们自己的形象'复制生命形式和创造活的有机体的观念把神话和传奇中的预言的一种可能性变成了现实，从科幻小说的电子人，到机器人，到弗兰肯斯坦的叙事，……接受了生命的气息的。"①这也促成了"图像三部曲"的最后一部《图像何求：形象的生命与爱》的诞生。书中米歇尔对于他的图像学理论涉及的核心问题进行了总结，即"形象科学的四个概念"——"图像转向""形象/图像之区分""元图像"和"生物图像"。

（一）图像转向的语言学渊源

"图像转向"（the pictorial turn）甚至可以说是米歇尔早期最重要的理论观点。米歇尔通过对维特根斯坦和罗蒂的揶揄、讥讽，旨在说明"图像转向"的发生，正体现在文化研究领域中对视觉中心论和形象主导地位的批判或诋毁的基础上。他认为："知识和学术话语中的这些转变之间彼此相关，更与日常生活和普通语言相关，这一点并不是不言而喻的。但是，我们似乎可以清楚地看到哲学家们所讨论的东西正在发生另一种转变，也再次在人类科学的其他学科和公共文化领域引起了相关的复杂转变。我想将这种转变称为'图像转向'（the pictorial turn）。"②在《图像理论》一书中，米歇尔明确地指出"图像转向"是继"语言学转向"之后的又一次理论方法的转向。

---

① ［美］W. J. T. 米歇尔. 图像何求：形象的生命与爱［M］. 陈永国等，译. 北京：北京大学出版社，2018：xvi.

② ［美］W. J. T. 米歇尔. 图像理论［M］. 兰丽英，译. 重庆：重庆大学出版社，2021：12.

在引述了罗蒂的关于哲学史上的一系列"转向"后，他认为"图像转向"是西方哲学在当代理论发展的重要延续，指出"图像转向"与"语言学转向"一样，是对转变学术研究对象方法的号召。"在英美哲学中，这种转向的各种变体可以追溯到查尔斯·皮尔斯的符号学以及后来的纳尔森·古德曼的'艺术的语言'，二者都探讨作为非语言象征系统之基础的习俗和代码，而（更重要的是）他们都没有事先假设语言是具有固定范式的。在欧洲，人们可以把这看作是现象学对想象和视觉经验的探讨；或德里达的'文字学'破除'语音为中心'的语言模式，把注意力转向可视的物质的文字踪迹；或法兰克福学派对现代性、大众文化和视觉媒体的研究；或米歇尔·福柯对历史和权力/知识的坚持，揭示了话语与'可视'之间、可见与可说之间的分裂，认为这是现代性'景观'的一条重要的错误路线。"①

　　米歇尔继续谈到皮尔斯的符号学以及古德曼的"艺术语言"与"图像转向"有着历史性的关联，这实际上再次回到了米歇尔对形象的符号化的理论借鉴，如果说皮尔斯的符号学是使形象实现了"符码化"的转变的话，那么米歇尔借用古德曼的"艺术语言"试图建立一种更加纯粹理论描述，即对于文本或形象而言，其更原始的价值及状态都可以从句词语法或言语意义上的含有一定密度的符号予以体现或还原。

　　米歇尔进一步指出"图像转向"并非我们时代所特有，是某种具有历史性的形象艺术现象，并在不同阶段或环境中反复显

---

① ［美］W. J. T. 米歇尔. 图像理论 ［M］. 陈永国，胡文征，译. 北京：北京大学出版社，2006：3.

现。他认为"图像转向"出现的原因是："一方面，很明显，录像和控制论技术时代、电子复制时代以前的力量制造了视觉模拟和幻觉主义的新形式；另一方面，人们对形象的恐惧，对'形象的力量'最终甚至可能会摧毁创造者和操纵者的焦虑，这些恐惧和焦虑都和形象制造本身一样古老。……图像转向、完全由形象所支配的文化的幻想现在已经在全球范围内具有了真实的技术可能性。"①这意味着"图像转向"理论可以用于批评任何一种新时代的媒体或技术，抑或与视觉生产相关实践行为及成果，诸如摄影、电影、动漫、人造景观、游戏、虚拟现实等，从视觉和文化的角度重新审视这些新方法、新形象、新视觉的历史位置。

米歇尔的"图像转向"理论对西方艺术史学及相关领域的研究者们启发很大，甚至有人结合当时流行的"读图时代"一词的兴起，认为"图像转向"是这一时代的特征和标志，进而提出"视觉转向""视觉文化转向"等相似的概念，"转向"一时成为理论研究领域的重要术语。但是，在米歇尔的角度，他并不认同"读图时代"这一概念，也不认为"图像转向"是其标志性口号。

在《图像何求：形象的生命与爱》一书中，米歇尔再次强调了应该如何理解"图像转向"："图像的'转向'的说法并不局限于现代性，或当代视觉文化。它是一个转义或思想形象，在文化史中出现过无数次，通常在新的再生产技术或一些形象与新的社会、政治或美学运动相关的事或到来。……图像转向常常与

---

① ［美］W. J. T. 米歇尔. 图像理论［M］. 兰丽英，译. 重庆：重庆大学出版社，2021：15-16.

形象的'新统治'有关，……图像转向通常激发词与象之间的区别，……因此，图像转向是从词到象的转向，并不是我们时代特有的。然而，这并不是说图像转向都是一致的：每一次都涉及一种特殊的图像，在一个特殊的历史环境中出现。"①总之，将读写时代与现代图像时代清晰割裂，将读写能力的下降视为读图的结果，米歇尔并不认同，他宣称："以这些转折点中的一个为中心来建构一个宏大的二元模型，并宣告出现了一个'文字时代'（举个例子）和'视觉时代'的'大分水岭'，这是错误的。"②

对米歇尔而言，"图像转向"仍然是建立在他的文本与形象的理论思维体系下的，在米歇尔的想象中，通过将图像纳入当代哲学的"转向"体系下，从而使其获得类似于语言在"语言学转向"中的主体地位，图像学将与语言学平等，摆脱其以往的从属、被动、边缘的理论地位。因此，米歇尔认为："一个更有意思的选择是提出视觉艺术对语言学转向的抵抗。如果说，人类科学中的确发生了图像转向，艺术史就会发现自身在理论上已经不再边缘化，而是以一种挑战的形式进入学术的中心位置……这个对象将会被应用于人类科学的其他学科中。"③在他看来这是一种"后语言学"和"后符号学"。图像学反抗语言对图像的控

---

① ［美］W. J. T. 米歇尔. 图像何求：形象的生命与爱［M］. 陈永国等，译. 北京：北京大学出版社，2018：x.

② ［美］W. J. T. 米歇尔. 图像何求：形象的生命与爱［M］. 陈永国等，译. 北京：北京大学出版社，2018：xi.

③ ［美］W. J. T. 米歇尔. 图像理论［M］. 兰丽英，译. 重庆：重庆大学出版社，2021：12.

制，颠覆语言学的霸权，其理论价值并非体现在与语言的决裂，而是"作为由语言和形象共同构成的存在进入了人类主体的基础建构之中"①，因此，"图像转向"是米歇尔文本与形象研究即图像学1.0阶段的一个延续。

（二）形象与图像之辩

米歇尔对于"图像"②一词的反复，一直不断引发争议。在《图像学：形象、文本、意识形态》中米歇尔用形象树的方式建构了所谓形象家族，此时"图像"是形象的一个重要的分支；而在《图像理论》一书中，米歇尔对"图像"的界定发生转变，米歇尔用图像代替了形象，首先"图像"不是"图画"，它是非物质性的；其次，它也并非传统意义上的"形象"，它与形象是一种克隆关系，借助维特根斯坦的图像与形象的论辩，这里，图像实际上是形象的"新替身"。

之所以做出这种改变，某种程度上是为了解决图像转向带来的一系列问题，即图像学和图像理论最终是由文字语言还是由图像或形象来建构。米歇尔想用图像连接形象与图画，从而解释和解决这一根源性、本质性的逻辑问题，米歇尔指出："如果图像转向表示词与象的关系，那么，形象/图像的关系就是回归物

---

① ［美］W. J. T. 米歇尔. 图像理论［M］. 兰丽英，译. 重庆：重庆大学出版社，2021：12.

② 在《图像学：形象、文本、意识形态》一书中米歇尔详细地归纳了形象家族，Image包含了Graphic、Pictures，他关于图像一词的应用比较复杂，图像学中用Iconology这一传统图像学术语命名，后面的《图像理论》和《图像何求》则用的是picture一词，而我国对于图像一词的翻译也多有歧义，比如詹姆斯·埃尔金斯著名的*The Domain of Images*就翻译为《图像的领域》。因此，虽然米歇尔在用词上多有混乱，但本质上都指向图像学研究。

体性的转向。……图画是物质性的物，你可以烧掉或破坏的物。一个形象出现在图画中，图画坏了但形象依然存在——在记忆中、在叙事中、在其他媒介的拷贝和踪迹中。……因此，图像是以某种特殊支撑或在某个特殊地方出现的形象。"①因此，对于米歇尔而言，图像站在文本与形象之间。

进而，米歇尔想到了在《图像学：形象、文本、意识形态》一书中创造的一个概念"超形象"，即"形象叠合自身"，在《图像理论》中，米歇尔将"超形象"重新形塑为"元图像"。用他自己的话说，所谓元图像"是一种可移动的文化设备，既可以在边缘充当说明装置作用，又可在核心发挥一种概括图像的作用，后者即我所说的'超图像'，它包括了完整的知识型，一种知识理论"②。如同图像转向源于语言转向，元图像的模型自然就是元语言。米歇尔设想图像"或许可以自我反思，可以提供一种二级话语，告诉我们——或者至少是向我们展示——关于图像的某些东西"③，如同"柏拉图的洞穴，亚里士多德的蜡板，洛克的暗箱，维特根斯坦的象形文字，……除了通俗的'自然之镜'的比喻外，还为我们提供了思考各种形象——精神的、语言的、图画的和感知的形象——的模式"④。继而解决了

① ［美］W. J. T. 米歇尔. 图像何求：形象的生命与爱［M］. 陈永国，等，译. 北京：北京大学出版社，2018：xii.

② ［美］W. J. T. 米歇尔. 图像理论［M］. 兰丽英，译. 重庆：重庆大学出版社，2021：41-42.

③ ［美］W. J. T. 米歇尔. 图像理论［M］. 兰丽英，译. 重庆：重庆大学出版社，2021：30.

④ ［美］W. J. T. 米歇尔. 图像学：形象、文本、意识形态［M］. 陈永国，译. 北京：北京大学出版社，2012：6.

图像转向诞生之初的语言学困扰。

借用克莱门特·格林伯格和蒂埃里·德·迪弗的观点，米歇尔指出现代图像具有自我指称的能力，他的野心是试图构建"一种内在于绘画再现的重要潜力：在这里，图像揭示和'认识'自己，思考视觉、语言和外观的交集，对自身的本质和历史进行推测和理论化。……对于图像理论探索的最好方法是把问题颠倒过来，即考察理论的图像"①。

总而言之，元图像是"关于图像的图像"，既是图像的自我分析、自我指称的叙述，又可以用来"图绘"艺术及图像理论。米歇尔用索尔·斯坦伯格的作品（见图1-4）更为形象地指明："这是元图像，其中，以一种媒介（绘画）体现的形象包容了用另一种媒介（雕塑）体现的形象。……元图像并不是特别罕见的物。当一个形象出现在另一个形象之中时，当一个图像呈现一个描绘的场景或形象时，……元图像就出现了。"②元图像既为之后的生命图像开辟了阵地，同时又似乎有着一些本体论性质。

图像替换形象，解决了图像转向的语言学阴影，并进一步使图像学获得独立平等的地位，更重要的是通过对图像的生命化，米歇尔以生命克隆的方式将形象的非物质性转变为物质性生产，因而"形象的剩余价值"也就得以呈现出来。

---

① ［美］W. J. T. 米歇尔. 图像理论［M］. 兰丽英，译. 重庆：重庆大学出版社，2021：75.

② ［美］W. J. T. 米歇尔. 图像何求：形象的生命与爱［M］. 陈永国，等，译. 北京：北京大学出版社，2018：xiv.

图1-4　索尔·斯坦伯格《螺旋》

（三）生命图像：形象的剩余价值

我们可以看到米歇尔对图像学的态度表现为两重性：一方面，他反对传统图像学对艺术形而上学的过分沉迷，并通过拟合文本与形象的图像理论，建构一种符号化的形象体系；另一方面则在图像和形象的辨析中体现为对图像的艺术性、绘画性的重视和推崇，并再一次肯定它的物质性："图像是形象加支撑；是非物质性形象在物质媒介中的表象。"①在米歇尔看来，基于艺术性的形象价值判断没有可取之处，并且指出当我们试图打破偶像或惧怕偶像时恰恰证明了形象的生命力，而只有将形象/图像视

---

① ［美］W. J. T. 米歇尔. 图像何求：形象的生命与爱［M］. 陈永国，等，译. 北京：北京大学出版社，2018：92.

为活的生命体时，才能更为客观和整体地理解它，这也是形象的剩余价值所在。

米歇尔认为在西方理论话语中对于形象的价值评价可以细分为：偶像崇拜、物崇拜和图腾崇拜。其中，偶像崇拜历史最久、价值最大，它的最终能指链末端指向了上帝的形象；物崇拜仅次于前者，当形象的物质性成为显性时，其商品属性就得以加强，人类集体的拜物行为也随之而来；而图腾崇拜则是形象剩余价值的一种特殊形式，"比偶像崇拜和物崇拜更深刻更古老"[①]，带有意识形态性质，以及将社会与文化化为形象的能力，可以视之具有活的生命："图腾是人造物，人造形象。但它们具有独立的生命。它们似乎创造了自己，也创造了它们所指代的社会构型。"[②]米歇尔利用偶像、物和图腾构建了形象的历史人格，认为可以将图腾崇拜视为是人们亲密的朋友，以一种暧昧的辩证修辞将形象与人类的主体世界连接起来，由此构成"第二自然"，并指明其形象的价值来自人类意识在"第二自然"上的投射，借用拉图尔的观点，将现代图像观延伸到古代，"在形象的问题上，我们从不是、也许将来永远不会是现代人"[③]。

综上所述，米歇尔的早期图像学理论即1.0阶段，旨在将西方理论界的研究重心从语言学转移至图像学，通过对图像学与语

① ［美］W. J. T. 米歇尔. 图像何求：形象的生命与爱［M］. 陈永国，等，译. 北京：北京大学出版社，2018：107.

② ［美］W. J. T. 米歇尔. 图像何求：形象的生命与爱［M］. 陈永国，等，译. 北京：北京大学出版社，2018：114.

③ ［美］W. J. T. 米歇尔. 图像何求：形象的生命与爱［M］. 陈永国，等，译. 北京：北京大学出版社，2018：115.

言学、符号学的理论融合，将图像学从传统的艺术学研究领域释
放出来，并借助马克思主义尤其是阿尔都塞的意识形态理论赋予
图像以理论厚度和批判武器，形成所谓的"批判图像学"，并将
其视为"图像学复兴的另一个关键步骤"①，在反思和批判18世
纪以来的艺术形而上学的同时，扩大了图像研究的理论范畴和现
代价值，确立图像学研究的理论主体地位。在图像学2.0阶段，
米歇尔则通过对图像转向的详细论证，以及对于形象与图像的意
义解析，试图以元图像的概念摆脱图像学的语言学阴影，以"关
于图像的图像"实现"图绘"理论，意味着一种后语言学、后符
号学的重新发现，进而利用生命图像和生控复制时代的概念，将
形象生命化，旨在进一步连接人类历史上的形象概念，以形象的
剩余价值来自人类意识投射，来否定或批判对形象的贬低和破
坏，由此完成其整体的形象科学的理论主体的建构。因此，"图
像何求"意味着在米歇尔这里，形象从它的修辞学、符号学走向
了诗学和它的本体论。

三、图像学3.0："我们时代"形象科学理论体系的完成

至于"图像学3.0"，实质上米歇尔并没有很好地做出解
释。从他后期各种文章中的线索我们也能感受到，所谓的"图像
学3.0"实际上是图像学2.0的延续，代表着他的形象科学理论体
系的完成。2000年，米歇尔应库珀联盟学院人文学院院长哈灵顿

① ［美］W. J. T. 米歇尔. 图像理论 ［M］. 兰丽英，译. 重庆：重庆大学出版社，
2021：17.

要求写了一篇名为《生控复制时代的艺术品》的文章，并最终收录在《图像何求：形象的生命与爱》一书中，文中米歇尔以生控复制替代了本雅明的机械复制，认为在新的历史阶段，随着生物技术和媒介领域的不断发展和扩大，图像可以通过生命克隆实现形象的拟态化，这是他试图从技术角度对生命图像做出的进一步诠释。

米歇尔指出："在我们这个时代，形象的生命具有了决定性的转变：由于各个层面出现的新的媒介丛。用人工技术创造活形象、智慧生物的古老传说在理论上和操作上都有了可能性。"[①]在2015年出版的《形象科学》中，米歇尔将其形容为"一门'甜蜜'的科学"，并将其描述为尼采美学中的一个具体的符号"音叉"，或者"扳手"，以震颤或扳扭的方式来产生生命的、物质性的、拟态化的视觉价值、作用和意义，而不是对它简单粗暴地"崇拜"或"破坏"。"甜"即表现为与我们时刻相伴的类似于宠物、友人、亲人的"准生命的实体"[②]。

可以看出，米歇尔认为形象科学解决了形象的物质性与非物质性问题，以生物拟态的概念整合历史上对于形象或崇拜或破坏的意识形态，从而以更客观和更主体化的方式审视无论是自然的还是文化的、传统的还是现代的、艺术的还是通俗的整体人类历史的视觉形象和视觉文化。

---

① ［美］W. J. T. 米歇尔. 图像何求：形象的生命与爱［M］. 陈永国，等，译. 北京：北京大学出版社，2018：340.

② ［美］W. J. T. 米契尔. 形象科学［M］. 石武耕，译. 台北：马可孛罗文化事业股份有限公司，2020：216.

第三节　关于米歇尔的再思考：视觉性、视觉霸权与媒介美学

在《图像理论》一书中，米歇尔用专门的章节比较系统地论述了"图像转向"，文章首次出现了"视觉文化"一词，用来解释潘诺夫斯基的理论贡献，他说："潘诺夫斯基的论述至今仍然是新鲜的、具有挑战性的，……是如此多维度、如此凝练、如此复杂而广博，……其目的朝向的是一种批判图像学，一种有关视觉文化的自我理论化解释。"①虽然当时他在书中没有进一步解释"视觉文化"一词的理论来源，但从文中看应该是受到克拉里《观察者的技术》的影响。

关于"视觉文化"一词的理论起源众说纷纭，比如1913年匈牙利电影理论家巴拉兹被认为是最早使用"视觉文化"来概括新的以电影为主的文化形式；再如，有学者认为布列逊关于"视觉性"的讨论是视觉文化研究的理论始点；以及脱胎于传统图像学领域的视觉形象研究，正如米歇尔对潘诺夫斯基的评价。在这一阶段，无论是米歇尔还是其他的视觉文化研究者都没有充分地意识到"视觉文化"的语义间性价值，往往是用更原始的意义——对研究对象的视觉及文化——来进行理论论述和概括，忽视了"视觉文化研究"的意义所在，当"视觉文化"本身成为研究对象时，这个词的语义外延无疑获得极大的扩张。因此，米歇

---

① ［美］W. J. T. 米歇尔. 图像理论［M］. 兰丽英，译. 重庆：重庆大学出版社，2021：15.

尔慢慢意识到视觉文化的语义扩张价值，开始更愿意用这个词来描述自己的理论，甚至从学科和专业的角度论证其价值和意义。与此同时，西方理论界对米歇尔提出的"图像转向"产生浓厚兴趣，并对视觉文化研究的理解也产生了新的思考。

　　20世纪90年代中期，米歇尔曾经专门撰文详细分析了他对"视觉文化"的理解，并指出"视觉文化"的最大特征和价值是其研究范畴所具备的"学科间性"，尤其是可以辩证地从"视觉领域的社会建构"和"社会领域的视觉建构"诠释视觉形象的主体性和社会意义。对米歇尔而言，传统图像学的艺术史根性使其更热衷于视觉对象的符号化分析和历史阐释学，而传统美学则是从感知经验的角度出发探讨艺术审美及审美艺术，二者都忽视了视觉的社会建构属性和作为主体的自我指称。而视觉文化的出现恰好"起到了内部补充、填补空隙的作用"[①]，既可以用来讨论视觉的自然属性即图像，也可以用来讨论其社会属性即文化，虽然这带有着潜在的危险，即导致艺术史和美学因此边界模糊丧失独立的主体地位，但是这一"危险增补"也同样会带来视觉研究领域思维的活跃与创新。

　　实际上艺术史学界正在面临着这场"去技术化"的危机，在米歇尔看来这一研究领域需要重塑一门新的视觉研究学科，而视觉文化的"学科间性"刚好能够满足图像学研究领域的扩大化诉求，并在一定程度上既保留艺术性形象的形而上学的特殊性，即视觉对象的艺术性批评，又可以通过"批判的图像学"

---

① ［美］W. J. T. 米歇尔. 图像何求：形象的生命与爱［M］. 陈永国，等，译. 北京：北京大学出版社，2018：370.

消解这一特殊性，从而实现对一般性的、普遍性的视觉对象的视觉性赋能。

一、反思视觉性——视觉文化研究的两条路径

美国学者美基思·莫克西对于当下视觉文化的研究方法和理论谱系做出了细致分析，他指出其一是源于文化研究领域，以美国学者尼古拉斯·米尔佐夫为代表，受英国伯明翰学派的影响，侧重于传统理论思维下对形象的社会、文化和政治功能的意识形态及权力话语分析；另一体系则是以米歇尔为代表的图像学研究学者群，比如美国学者米歇尔、埃尔金斯，以及德国图像学派的波姆、布雷坎普、贝尔廷，严格说他们虽然先后提到了图像转向，并试图从本体论的角度出发——米歇尔的生命图像和布雷坎普的图像行为理论——注重形象的在场与缺席、物质性与非物质性，但是稍有不同的是，米歇尔的理论底色是语言学和符号学，而德国学派则更多的是传统图像学和人类学的理论根源。总之，米尔佐大式的视觉文化更倾向于把对象看作再现或表征，米歇尔为首的图像学式的视觉文化更倾向于把对象视为呈现。

在《什么是视觉文化》一文中，米歇尔将视觉性与元图像连接起来，指出前者是后者的哲学隐喻。米歇尔将视觉性解释为元图像的哲学隐喻，一方面说明了他试图将视觉性从纯理论话语结构中拉回到具体的图像学研究，另一方面也试图通过这种类比再次重申元图像的理论价值，用以说明形象的自我指称和自我呈现，使之在人类文明的历史长河中始终拥有在精神、记忆和认知层面的重要理论地位，也就实现了将他的图像学扩大为视觉文化

的雄心壮志。[①]

米尔佐夫对于视觉性的理解与米歇尔不同,有着更为激进的文化研究的批判色彩,这也与他的学术经历有很大关系。新千年后在与迪科维茨卡娅的一次访谈中,米尔佐夫详细地描述了他与斯图亚特·霍尔的邂逅。从霍尔的表征理论可以看到,在20世纪六七十年代伯明翰学派已经开始关注关于视觉性的研究。他们认为视觉文化是文化研究的一个重要延伸,从马克思主义的批判思维出发,面对大众化的通俗视觉现象,可以发掘现代视觉文化中隐藏的意识形态问题,尤其是随着电视等新兴大众媒介的崛起,视觉图像高度发达,对于视觉文化的研究有了更广泛的研究价值,并且从霍尔的表征理论逐渐地发展为对视觉性的研究。这就是米尔佐夫对于视觉文化在学理上与米歇尔等人存在的分歧,在他看来,不能简单地在艺术史学中融合一些文化批评的理论观点就构成视觉文化的研究范畴和理论体系,而应从视觉性的角度重新审视艺术、历史、文学等传统人文领域的视觉表征。由此就形成了上文提到的莫克西对于两种路径的划分。

具体来看,米尔佐夫借用芝加哥大学的印度裔历史学家迪佩什·查卡拉巴提的历史分型观念,将视觉性分为Ⅰ型和Ⅱ型。视觉性Ⅰ象征和代表着中央集权或独裁统治式的权力集中模式,利用视觉形象实行现代化管理,从而营造出秩序井然的现代社会图景。不难看出,米尔佐夫一定程度上也受到了德波的"景观社会"的影响;视觉性Ⅱ则表现为个体或普通集体

---

① 尼古拉·米尔佐夫. 什么是视觉文化 [C] //文化研究·第3辑. 王有亮, 译. 天津: 天津社会科学院出版社, 2002.

对中央集权的反抗，往往被视为低俗的、野蛮的、原始的，总之，米尔佐夫对视觉性是持批判态度的。他认为视觉形式是现代权力机构用以完善和组织社会结构，并隐藏起权力控制本性的一套视觉机制，其本质是视觉化统治，而反视觉性则意味着普通民众阶层通过扭转"看的权利"从而获得其在政治主体性上的精神诉求。

因此，米尔佐夫无法认同艺术史学家们在视觉性问题上的暧昧和犹豫，更希望通过文化研究的意识形态批判传统，建构一种新的视觉文化的符号表征系统，从而消解美学和艺术史学在视觉研究领域的领导地位。可以看出，米尔佐夫的视觉性和视觉文化的批判思维，深受伯明翰学派的影响，而对艺术史和美学的消解可能会导致传统艺术与大众媒介的融合，是艺术终结论的直接、具体、理论性的总结，由此，关于艺术性形象的历史将被解构为关于视觉性形象的历史。

很明显，艺术史学家也不能接受米尔佐夫对视觉性的诠释，埃尔金斯认为米尔佐夫的观点会导致传统艺术史与美学中符号性和艺术性的视觉形象的崩塌。这也是米歇尔所担忧的"去技术化"的问题，也是所谓"危险增补"的根本问题，即视觉文化与艺术史和美学研究的关系发生扭转，不再安于子集或子学科，进而彻底模糊艺术与非艺术、高雅艺术与通俗艺术之间的差别。

米歇尔更希望从学科间性或学科建设的角度将二者缝合起来并一定程度上保留其差异性："事实上，只有当我们同时观察这个变幻不定的边界两边，并追溯二者之间的交流和阐释时，艺术和非艺术的边界才会变得清晰。……研究领域的开放并不代表取消这些区别，而是将它们变成可供探究的对象。"①换言之，视觉文化在米歇尔的角度来看，其学科融合和建设的意义远大于作为一种观念批评理论的价值，而这正是米尔佐夫对米歇尔批评的起点。米尔佐夫2011年在《观看的权力》一书中指责后者在视觉文化问题上的摇摆不定，并且从视觉权力机制的角度将"视觉转向"解读为实质是权力机构新的阶级控制策略。由此可见，米尔佐夫在视觉形象中艺术性是否保留的问题上是十分决绝的，否则就意味着在视觉性问题上的优柔寡断。在他看来，这正是米歇尔的症结所在，米歇尔仍试图用"元图像""生命图像"为艺术史保留通往下一历史阶段的理论路径，在米歇尔看来是为了避免"图像"陷入资本主义的文化批判语境中而失去其自身的价值。

如上所述，米歇尔对视觉性的思考仍然建立在他的图像学理论基础上，并将其视之为一种心灵模型，即元图像，旨在重塑艺术作品的视觉本质属性，从而摆脱对艺术形而上学和审美传统的依赖和延续。同时，源于20世纪六七十年代的艺术终结论，即约瑟夫·博伊斯所谓的"人人都是艺术家"的时代，以及文化研究带来的艺术形象与非艺术形象边界的消失，也需要在新的历史阶段、在视觉文化中重新建构基于图像本体论的视觉性，这是米歇尔等艺术史学家更希望去解决的时代问题。

二、在批判视觉霸权中重新理解图像时代

正如前文已经提到的关于视觉中心主义的历史性讨论，应

---

① [美] W. J. T. 米歇尔. 图像何求：形象的生命与爱 [M]. 陈永国，等，译. 北京：北京大学出版社，2018：380.

该说其始终存在于西方哲学思维理论中，从柏拉图到笛卡尔，西方形而上学对视觉的研究基本形成了完整的理论谱系，并从19世纪以来，自海德格尔的"世界图像时代"、本雅明的"机械复制时代"、福柯的"全景敞视主义"、德波的"景观社会"、鲍德里亚的"仿像"完成了现代视觉文化的理论构建，从某种角度来说米歇尔的"图像转向"也被视之为其中的一环，在米尔佐夫们看来，这些理论共同书撰了全球化视野下视觉权力的理论框架，可以被看作是视觉霸权的经典文本。不难想象，米歇尔并不认同将视觉文化与视觉霸权联系起来，并试图从两个方向化解和批判这一问题。

首先是对于"图像转向"理论的进一步诠释，尝试与视觉霸权脱钩。米歇尔认为导致二者联系起来的症结在于图像与视觉技术的关联。

米歇尔并不否认当代视觉技术在图像学领域的影响巨大，他说："图像转向、完全由形象所支配的文化的幻想现在已经在全球范围内具有了真实的技术可能性。"[①]这也意味着图像转向与视觉技术的发展密切相关，视觉技术革新往往会引发并代表着与之相关联的各个领域发生的变革。图像转向是在此基础上与媒介视觉生产技术引发的政治经济文化、艺术审美等领域的一系列变革的一种转义修辞，而这也正是它难以摆脱的理论困境。从目前的视觉媒介技术发展的态势而言，视觉技术看似已经拥有了绝对的控制力量，并看起来已经达成某种共识性："视觉媒介和景

---

① ［美］W. J. T. 米歇尔. 图像理论［M］. 兰丽英，译. 重庆：重庆大学出版社，2021：8.

观统治了如语言、写作、文本性和阅读之类的语言活动；这通常与另一种说法联系在一起，即在视觉性的时代，其他官能如听觉和触觉将萎缩。"①韦尔施甚至高呼："在视觉称霸两千多年后，听觉理当得到解放；……因为在技术化的现代社会中，视觉的一统天下正将我们无从逃避地赶向灾难。"②因此，米歇尔不得不面对的是图像转向被视为是这个视觉形象高度发达时代的重要象征，以及被视为当代视觉霸权产生的关键节点，当它象征着一切视觉形象的差异性的消解，也就意味着视觉性超越其他官能获得统治地位，也就意味着上文提到的历史终结论的到来。

为了避免这种倾向，米歇尔特别强调这是对于图像转向的一种谬误，并试图通过对托马斯·库恩的"范式转型"理论来解决这个问题。"图像目前的地位处于托马斯·库恩所谓的'范式'和'反常'之间，就像语言一样以人类科学讨论的中心议题的方式出现。"③在1962年出版的《科学革命的结构》一书中，托马斯·库恩解释了他的"范式转型"观念，在他看来任何科学变革的出现都不是单一的、个体化的行为，而往往代表着整个"范式结构"的演变，而媒介技术的飞速演进也必然引发社会整体结构的变革，因此相应的思想、文化、艺术、审美等范式结构也随之改变，但这种改变并不意味着彻底消失或清除，实际上往

---

① ［美］W. J. T. 米歇尔. 图像何求：形象的生命与爱［M］. 陈永国，等，译. 北京：北京大学出版社，2018：378.

② ［德］沃尔夫冈·韦尔施. 重构美学［M］. 陆扬，张岩冰，译. 上海：上海译文出版社，2006：173.

③ ［美］W. J. T. 米歇尔. 图像理论［M］. 兰丽英，译. 重庆：重庆大学出版社，2021：6.

往还呈现为在历史的不同阶段的某种回归。

　　米歇尔之所以反复强调图像转向是"一个转义或思想形象"，就是试图以历史性的眼光消除图像转向的决定性和绝对性。他指出："当以色列人从看不见的神'转向'看得见的神像时，他们就身处图像转向之中……当柏拉图用洞穴比喻警告人类，不要让形象、外表和意见控制的时候；当莱辛在《拉奥孔》中要人们警惕文学艺术模仿视觉艺术效果的倾向……维特根斯坦在《哲学研究》中抱怨'图像俘虏了我们'时。"①总之，米歇尔指出图像转向的历史维度，反复强调其"并非我们这个时代独有"和"自古以来就反复被提出"，并用以色列人、柏拉图、莱辛以及维特根斯坦指明图像转向是存在于历史不同情境下的形式原理。正像他在《图像学：形象、文本、意识形态》中谈道的，图像的历史始终在偶像崇拜和偶像破坏间不断重复与发展，也即是说，当代视觉文化不可能也不会真正实现对其他官能文化领域的彻底征服和霸权统治，图像转向更应该被视为是形象历史的一种诊断工具，而非某种关键性的时间节点或历史转折，进而展现其媒介属性，"用来分析一种新媒介、技术发明或是文化实践在对'视觉'的恐慌或欢悦（通常二者都有）中爆发的特定时刻"②。

　　其次，米歇尔认为不能把当下与视觉相关的技术变革理解为视觉霸权主义，特别是在媒介全球化的语境下。

---

① 　［美］W. J. T. 米歇尔. 图像何求：形象的生命与爱［M］. 陈永国，等，译. 北京：北京大学出版社，2018：381.

② 　［美］W. J. T. 米歇尔. 图像何求：形象的生命与爱［M］. 陈永国，等，译. 北京：北京大学出版社，2018：381.

米歇尔的图像学理论的辩证性也由此显现出来。他认为自古希腊以来的西方视觉研究传统是建立在阶级审美伦理趣味的基础上，尤其是笛卡尔以降的视觉中心主义形而上学，视觉二元论决定了主客体的政治地位，因此，视觉霸权观念的出现并非现代视觉技术发展导致的结果，其本质应归于意识形态，即可见和不可见的形象观念分配的问题。这即为米歇尔图像理论中批判图像学的价值所在。

　　但是，批判图像学又该如何解释本雅明和海德格尔的理论观点呢？机械复制和世界图像从某种角度来看正是视觉霸权的理论文本源头，海德格尔关于世界图像与现代社会的因果论辩，是影响至今的经典理论。结合本雅明，似乎视觉技术、现代媒介与视觉霸权形成了天然的同构关系。

　　面对这个问题，米歇尔在2007年发表了《世界图景：全球化与视觉文化》一文，其中详细地论证了海德格尔的"世界图像时代"与视觉霸权的因果性的问题。一方面，米歇尔并不否认"世界图像时代"的真实存在性，而从图像自身的角度认为理论界始终存在着将媒介技术和视觉科学不由分说地与视觉霸权直接挂钩的倾向，使之成为替罪羊。在文章中，米歇尔还谈到了弗洛伊德对世界图像时代的理解，弗洛伊德认为世界图像时代是存在主义哲学的一个形象的类比，人类感知能力的有限性不能表征整体性的图像时代，而海德格尔不应沉浸在某种疯狂的臆测，即将现代世界的视觉霸权或幻灭归咎于科学理性和技术理性对主体的驯化。米歇尔认为，我们可以不必计较或辨析二者之间的观点差异，以及孰对孰错。从他们对于世界图像时代的批判角度能够看到其理论模型的不同，即存在主义与精神分析的不同，二者都试图从自己的理论体系中推导更符合逻辑的话语判断。即是说，在存在的意义上，世界图像正如海德格尔所分析的那样是现代社会的本质特征；而这一现实存在又往往以碎片化的、不连贯的方式呈现在我们面前，这也就是弗洛伊德的理论价值所在，因此，米歇尔强调二者之间的辩证性关系。换言之，正是由于这种理论关系辩证性的存在，我们不应把全球化、科技发展和视觉霸权与人类感知直接联系起来。霸权主义展现出来的野心和焦虑往往使人忽视图像的碎片化的局部想象，表现为在技术理性和全球化的视野下局部区域的民族主义、地缘政治以及宗教等问题，尤其是将视觉霸权与发达国家的资本主义全球化画等号时，更凸显了米歇尔等图像学家试图打造以图像本体论为核心的人类的"想象共同体"，从而以局部的、碎片化的、民族主义的、传统文化的方式重塑当代地缘文化。

在米歇尔的观点中，其不否认世界图像时代和视觉霸权，但是他想强调的是这些不是图像学或视觉性的问题，而是资本主义贪婪发展和帝国主义国家发展野心的政治经济问题。同时，米歇尔也为自己的理论论述找到了一个新的出口，即从媒介技术自身的角度出发展开反思和批判。

三、在批判视觉媒介中走入媒介美学

在谈到视觉媒介时，米歇尔希望将图像转向与新兴的视觉媒介研究区分开来，他认为："首先，纯粹视觉媒介的观念是极不合逻辑的，视觉文化的第一堂课就应该去掉这个词。媒介始终是感觉和符号因素的混合，而所谓'视觉媒介'都是混合的或杂交的构型，把声音和景象、文本和形象结合起来。甚至视力本身

也不完全是视觉的，其操作要求有视觉和处决的协同作用。"①
依据米歇尔的理解，现代媒介整体的范式转型促成了图像学研究
从符码化转向媒介化，技术的不断革新并不意味着单一媒介形象
的消失，现代图像反而以一种混合媒介的方式不断回归，因此，
不存在单纯的视觉媒介，"形象总是以一种媒介或另一种媒介出
现，但也超越媒介，超越从一种媒介到另一种媒介的转换"②。
至此，图像跨越了视觉领域成为人类感官体验的融合体。

　　为此米歇尔不断引用媒介学家的观点和理论，尤其是麦克
卢汉的"感觉比率"一词，无疑为他提供了完美的补充。麦克卢
汉提出"任何发明或技术都是人体的延伸或自我截除"③，为了
达到平衡感觉器官必然生成"新的比率"，从而使媒介和感官在
不同领域相互转化得以协调，感觉比率意味着视觉、听觉或者触
觉始终处于一种媒介性的动态平衡。尤其结合麦克卢汉的中枢神
经与电子媒介的类比，感觉转换为数字媒介，感觉比率则意味着
在不同的媒介技术和媒介环境彼此调和相互转换成为整体，虽然
在不同的文化环境中感觉比率也会呈现不同的类型，但"作为感
知生活的延伸和加速器，任何媒介都立刻影响人体感觉的整体
场"④。

---

①　[美] W. J. T. 米歇尔. 图像何求：形象的生命与爱 [M]. 陈永国，等，译. 北
　　京：北京大学出版社，2018：x.

②　[美] W. J. T. 米歇尔. 图像何求：形象的生命与爱 [M]. 陈永国，等，译. 北
　　京：北京大学出版社，2018：xii.

③　[加] 马歇尔·麦克卢汉. 理解媒介：论人的延伸 [M]. 何道宽，译. 北京：商
　　务印书馆，2000：78.

④　[加] 马歇尔·麦克卢汉. 理解媒介：论人的延伸 [M]. 何道宽，译. 北京：商
　　务印书馆，2000：78.

当然只有麦克卢汉的媒介理论是不够的，米歇尔将皮尔斯的符号学观点引入了"感觉比率"的命名问题上，将形象的符码化与媒介技术进行了概念嫁接。此刻感觉比率不仅仅是用来描述独特的感觉刺激或媒介感受的，它同时也是兼具形象符号意义的媒介复合符号函数，"感觉比率"被米歇尔改造为"符号比率"，即一种将图像符码与电子媒介进行有机调和的全新概念，就此解决和论证了形象的媒介间性及其自身符码的互像性。

　　同时，米歇尔发现了基特勒的价值。基特勒从媒介考古学角度对新的媒介技术的历史价值和物质性贡献做出高度评价："在光纤技术方兴未艾之时……信道和信息的数字一体化抹杀了各种媒介的个体差别。……感觉和各种官能变为一场视觉盛宴。……一切都与数字息息相关。"[①]在米歇尔看来这正是对麦克卢汉的补充，换言之，基于现代媒介技术的现代图像媒介不仅仅作为人的延伸这一传统电子媒介的认识论，更意味着形象进入了数字信息时代。生控复制时代的图像借助"符号比率"将类似于数字游戏中的数字化场景生成，可以在不同的终端平台自由转移，米歇尔的生命图像实现了数字化。

　　但是，某种媒介本体论的危机也渗透到米歇尔的形象科学。基特勒就提醒我们："一旦存储媒介可以处理光学和声学数据，人类的记忆能力就一定会退化。它的'解放'即它的完结。"[②]"电本身终止了一切。一旦记忆和梦境、逝者和幽灵在

①　［德］弗里德里希·基特勒. 留声机、电影、打字机［M］. 邢春丽，译. 上海：复旦大学出版社，2017：2.

②　［德］弗里德里希·基特勒. 留声机、电影、打字机［M］. 邢春丽，译. 上海：复旦大学出版社，2017：11.

技术上可以复制，读者和作者就不再需要幻觉的力量。"①"媒介决定我们的现状。"②米歇尔在肯定了"媒介决定我们的现状"的价值的同时，又反驳道："当我们把'媒介决定我们的境况'放到我们媒介研究发轫点这个位置上，由对事物和技术做经验性收集的媒介转向作为一种理解角度的媒介，这是我们能再次确定调节在社会、审美技术、批评之间所起的关键性的、高度动态化的作用。基特勒的观点似乎到这里就戛然而止了。……这样的刻画必定会让调节参与到我们已经人为分割开来的各个领域之中：社会、审美、技术。这些调节本身又要求另外一种调节——批评调节，……不是媒介决定了我们的境况。媒介就是我们的境况，这样说也许更恰当……媒介自身就是调节的结果。"③米歇尔利用"调节"把主动权又夺了回来，并再次强调图像的生命化可能性。至此，"符号比率"完成了作为一种媒介美学的理论转身，它既不是麦克卢汉式的，也不是基特勒式的，而是一种拟态化的生控技术的形式美学，是媒介化的"生命图像"。米歇尔名为"形象科学"的图像学理论也由始于词与象的图像转向研究转换为跨学科间性的指向媒介的图像媒介美学。

综上所述，我们看到米歇尔的图像理论是不断进化的，从论证图像作为视觉领域的艺术史学的研究价值和未来方向，转变

① ［德］弗里德里希·基特勒. 留声机、电影、打字机［M］. 邢春丽，译. 上海：复旦大学出版社，2017：11.

② ［德］ 弗里德里希·基特勒. 留声机 电影 打字机［M］. 邢春丽，译. 上海：复旦大学出版社，2017：1.

③ ［美］W. J. T. 米歇尔，马克·B. N. 汉森. 媒介研究批评术语集［M］. 肖腊梅，等，译. 南京：南京大学出版社，2019：xvi-xxii.

到了以符码比率为重点的媒介美学研究，宣告了视觉形象将让位于形象符码。在数字媒介时代，不需要单纯的视觉媒介，图像借由"符号比率"形成媒介叠加态的复合变量函数，并最终呈现为感观层面的媒介融合。形象将利用智能技术实现自我生产和繁殖，并最终以生命克隆的方式不断生成它的剩余价值。总之，图像在新的时代将成为所有与视觉相关内容的总称，并且它具有生态属性，是活化的、科学的图像。

但是，正如朗西埃在2008年与米歇尔会面后，就"图像何求"提出的质疑——"图像真的想要生命吗"，以及德国图像学界对于图像转向和图像媒介与米歇尔在认识论上的细微差异，使我们不得不怀疑：数字媒介时代图像本体论建立在所谓生命特征或生控复制的语境下，其根基是否稳固；"图像转向"对下一步的视觉文化研究除形象修辞的意义之外还能够产生怎样的学术价值和理论支撑；米歇尔的"符号比率"将图像与媒介整合起来，那么从媒介学的角度如何理解和解释图像？这也正是下一章重点要讨论的内容：即图像终将迎来媒介演化，视像时代已经来临。

第二章　数字时代视像媒介的技术嬗变

摄影术的发明对于19世纪以来的现代社会和现代图像学而言具有划时代意义，19世纪末或20世纪初的中国也同样深受影响，鲁迅往往被视为是那个时代"现代中国论述观看文化第一人"①。他在多部文集以及与友人的书信往来中提及他早年的一些视觉经历和艺术观念，其中"山海经事件"与"幻灯片事件"往往被学人拿来比较，借以探讨鲁迅的审美接受及其对现代图像和媒介技术的思考。二者分别象征着鲁迅幼时鲜活的乡土图景（图2-1）和青年阶段伴有强烈耻感的现代视觉震惊。也许正是这样的人生经历，使鲁迅极为重视视觉图像的传播作用和美育价值，其晚年对于现代木刻版画不遗余力地推广、宣传，一方面也许是基于鲁迅对于现代中国美育思想的精神追求和具体表达；另一方面，透过他对于自儿时起一幕幕鲜活的图像或视觉事件的细致描述，隐约也使人感到鲁迅在20世纪初对于现代图像视觉技术和图像传播能力的某种敏感（图2-2）。

比如，鲁迅强调木刻版画具有"顷刻能办"的媒介属性，以及那几篇如摄影瞬间般"立此存照"的精短杂文，在一定程度

---

① 谢宏声.图像与观看［M］.桂林：广西师范大学出版社，2012：191.

上都表明了鲁迅对于机械复制时代现代图像所表现出来的现代技术和现代媒介的理性主义与科学主义的某种认同。李欧梵说："中国没有像本雅明这样的人，鲁迅可能是有一点，他是很重视视觉经验的。"①

图2-1 鲁迅绘画作品　　　**图2-2 鲁迅设计作品**

可以说，鲁迅留学期间感受到的电影影像②完美地继承了摄影术的机械复制属性，即"照相本性论"或"影像本体论"，电影以及之后出现的电视彻底排除了人的主观干预，以一种严谨、客观、科学、民主的机械决定论论调来记录和表现现实真实，从

---

① 罗岗，顾铮. 视觉文化读本［M］. 桂林：广西师范大学出版社，2003：12.
② 关于"幻灯片事件"的主体视觉形式争议很多，鲁迅往往将其描述为教学电影放映后的战争宣传短片。

而达成了视觉技术影响下的现代媒介对物质世界客观、逼真的再现，尽管在艺术家看来并非是真实的客观。

机械现代图像的客观和冷静无疑是令人信服且无比真实的，本雅明用"无意识性"来说明现代视觉技术是如何实现利用各种手段比如细节特写或慢速曝光来使人们感受到光线的，他说："摄影机凭借一些辅助手段，例如通过下降和提升，通过分割和孤立处理，通过过程的延长和压缩，通过放大和缩小介入了进来。我们只有通过摄影机才能了解到视觉无意识，就像通过精神分析了解到本能无疑是一样。"[①]这是本雅明"技术化观视"理论的核心观点之一。机器之眼超越了肉体之眼的局限性，机械复制对客观世界的理性复刻进而传播，这也成就其为一种人类无法辨别和验证的超验性的存在，换言之，机械之眼的感官世界看上去是一个充满真实性和矛盾性的辩证空间。因此，鲍德里亚认为，影像并非对现实的真实反映，某种意义上反而意味着背叛，即一种"现代的驱妖术"或者让现实"消失的技法"[②]。

实际上，电影和电视在某种程度上推动了技术化观视对"视觉无意识"的诗化表现，尤其是相对于静态摄影而言，电影、电视的动态影像中蕴藏着更多可能性和表现力，"形象本性论"的艺术家们大胆地利用蒙太奇手法丰富电影影像的叙事模式，影片中的时空关系可以任意重组、压缩、拼贴、延展，一幕幕魔术般使人错愕、目不转睛的逼真幻象使动态影像产生了本雅

---

① ［德］瓦尔特·本雅明. 摄影小史、机械复制时代的艺术作品［M］. 王才勇，译. 南京：江苏人民出版社，2006：89.

② 罗岗，顾铮. 视觉文化读本［M］. 桂林：广西师范大学出版社，2003：76.

明所说的"惊颤效果"。动态影像的美学表现力和图像叙事能力最终促进了人类视觉呈现的主体样态从静态图像向动态影像的转化。

尤其是来到数字时代，动态影像的媒介形态越来越复杂和多元，"被称为艺术影像的客体则是多义、模棱两可的"[①]。阿尔温·托夫勒指出："第三次浪潮人民对这种连珠炮式的瞬息即变的文化的袭击，却泰然自若：92秒钟的新闻，中间插入30秒的广告，半首歌曲，一则头条新闻，一幅漫画，一幅抽象派的拼贴画，一则短讯，或一张计算机印出结果。他们对平装书，专业性杂志，感到多多益善，随看随丢，从不满足。他们能在很短的时间内，吞阅大量信息。他们也非常注意把这些瞬息即变的文化，总结和组成一个完整的新概念，新形象。"[②]他预见了未来社会的文盲主要是文字文化文盲、计算机文化文盲和影像文化文盲，让我们充分感受到当代社会数字技术和视觉文化惊人的发展速度。

第一节　图像学的新维度：视像与视像域

在法国媒介学家德布雷看来，我们不能简单地限定动态影像，因为影像"它无穷无尽，难以捉摸，是连接诸多可能的枢

①　[法]雷吉斯·德布雷. 媒介学宣言[M]. 黄春柳，等，译. 南京：南京大学出版社，2016：133.

②　[美]阿尔温·托夫勒. 第三次浪潮[M]. 朱志焱，等，译. 北京：生活·读书·新知三联书店，1983：227.

纽"①。德布雷从媒介学角度出发将人类媒介发展历程分出三大阶段：书写、印刷、音像，并分别对应图像学意义上的偶像、艺术、视像②。他指出："首先我们可以分出三个阶段。字符领域（logosphère）对应着广义的偶像时代（源自希腊文eidôlon，图像之意）。它从文字发明一直延续到印刷术的发明。图像领域（graphosphère）则对应艺术时代，其中包括从印刷术一直到彩色电视的时代（一下可见彩电比照片或电影更准）。视像领域（vidéosphère）则对应视像的时代（根据塞尔日·达内提议的'视像'一词）。我们现在就到这个时代。"③

一、视像的领域：进入后图像时代

德布雷强调了三个时代各领域间的内部联系，即是说媒介时代之间并非相互取代，而是相互重叠和交织。不同的时代，图像的领域和意义各有不同。偶像时代即书写媒介阶段，图像的意义源于通灵的、宗教性的偶像崇拜；艺术时代是印刷术的时代，当宗教性向历史性过渡时，图像的物质性和艺术性就成为时代特征。德布雷认为，在这个时代，艺术性的图像贯穿了从14世纪的文艺复兴到20世纪60年代的电子图像时代的数百年历史，19世纪

---

① ［法］雷吉斯·德布雷.媒介学宣言［M］.黄春柳，等，译.南京：南京大学出版社，2016：133.

② 视像一词有多重含义，对应的英文也包括video，vision，visual image，visual等，这里不采用影像一词，原因主要在于德布雷原文采用的即是video一词，即视频、录像，而影像往往与形象共用image一词，易引发歧义，因此，本书采用视像一词，而不用影像来作为其中文翻译。

③ ［法］雷吉斯·德布雷.图像的生与死［M］.黄迅余，等，译.上海：华东师范大学出版社，2014：184.

以来的摄影术、电影以及黑白电视这些机械论的视觉形式在其视觉象征性、审美风格和艺术本质上仍属于印刷时代、图形领域。而音像时代视像领域的出现也有其标志性的分界点：彩色电视，尤其是依靠电子信号进行的电视转播。

德布雷强调："据我们看来，进入新的图像世界不在1839年，也不在1859年巴黎美术沙龙举办的首次摄影展。也不在1895年，吕米埃兄弟首次放电影；也不在1928年电影回应广播，首次出现有声电影《爵士乐歌手》（le chanteur de Jazz）；也不在1937年，彩色片推出；也不在1951年，推出彩色电影胶卷（Eastmancolor）；而是在1970年代使用彩色电视之时。我们将视频天地的源头归于1968年左右。正是那一年，在格勒诺布尔（Grenoble）的冬季奥运会上，法国测试并推出了彩色图像的电波传输，1992年则在阿尔贝维尔（Albertville）的冬运会上，测试并推出了高清图像。"[1]

1968年和1992年在德布雷看来是重要的时间节点，这两个节点　是从彩色电视的角度，电视出此能够呈现更真实的效果，并且是这种效果日常化、普遍化了，即"图像将自己不表现为图像，而表现为充分、具体的世界""偶像和艺术时期的图像运作以现实为原则，而视像则以娱乐为原则，它有属于自己本身的现实"[2]；二是信号传播层面的技术性演化。这意味着"视像"不同于传统意义上的"图像"或"影像。"德布雷进一步解析了从

---

① ［法］雷吉斯·德布雷. 图像的生与死［M］. 黄迅余，等，译. 上海：华东师范大学出版社，2014：238.

② ［法］雷吉斯·德布雷. 图像的生与死［M］. 黄迅余，等，译. 上海：华东师范大学出版社，2014：250-268.

电视图像向视频视像的技术转变，在他看来视像时代也隐藏着一条不可见的分界线："就体现在化学胶卷和磁带之间、移动镜头和聚焦之间、纪录片和大型报道之间。"①

德布雷指出，由于录像技术的出现和完善，相对于摄影和电影，视像生产已经不需要实物图像了，转而通过电子扫描和读取而变成可以分解重组的信息符号，"电视电影播送机里，从光的图像转到电符号是从点到点（影片录像的手段）。随后分析管通过按线条和半帧对元素进行分析来分解图像-录像。每一元素或录像符号构成一个信息。录像-图像不再是物质而是符号，必须通过录像头读取才能看见。"②而这意味着视像内容的生产和制作更加便捷、省时、省事，并且能够实现快速的远程传送，由此带来的变化是改变了视像时代人们的时空感知方式，视像的即时性使得所有具有延时性的图像都失去了视觉价值。电视直播或真人秀就是力证。

如上所述，相对于图像学而言，"视像"这一术语的媒介学维度和视觉技术角度的开创性无疑具有更大的价值和意义，德布雷对于"视像"细致入微的挖掘和辨析实际上是在试图描绘今日以及未来的视觉呈现主体。通过他对媒介发展历史的划分和相应时代图像在文化、象征性和技术上的细化—— 一个后图像时代清晰地展现在我们眼前。

---

① ［法］雷吉斯·德布雷. 图像的生与死［M］. 黄迅余，等，译. 上海：华东师范大学出版社，2014：246.

② ［法］雷吉斯·德布雷. 图像的生与死［M］. 黄迅余，等，译. 上海：华东师范大学出版社，2014：247.

二、从凝视到瞥视：视像时代观看的满足

对应于三个不同的阶段或领域，从媒介的角度看，德布雷认为"人工图像"呈现出三种模式：临场、再现、模拟。在他看来，书写时代，图像是通灵的、偶像体系的，此时的观看与图像的关系表现为一种"临场感"，"图像的实践不在于观看……而在于它本身的呈现"[①]，即由巫术引领的某种超自然的神明以具体可见可感的视觉方式呈现在观看行为当中，也即本雅明所说的艺术品的膜拜价值；印刷时代，图像是人的、是艺术性的、是物质性的，实体化的图像意味着从"宗教性"向"历史性"的演化，画家的目光回到了自然世界和世俗社会，以透视主义的方式"再现"现实世界，"世上只有一位神明了，那就是艺术家"[②]。因此，摄影和电影的图像性质也属于这种客观再现式的视觉表象；而视像时代"录像已经没有实物的图像了，而是本身不可见的电符号，以每秒25次的速度扫过监测器的线条，由我们来重组图像。"[③]图像从电影时代的"投影"变为电视时代的"播送"，而彩色电视的出现进一步加强了视像的"模拟性、具体性和幻想的能力"[④]，此刻，事件不再是事件，而是信息化的

①　［法］雷吉斯·德布雷. 图像的生与死［M］. 黄迅余，等，译. 上海：华东师范大学出版社，2014：198.

②　［法］雷吉斯·德布雷. 图像的生与死［M］. 黄迅余，等，译. 上海：华东师范大学出版社，2014：208.

③　［法］雷吉斯·德布雷. 图像的生与死［M］. 黄迅余，等，译. 上海：华东师范大学出版社，2014：247.

④　［法］雷吉斯·德布雷. 图像的生与死［M］. 黄迅余，等，译. 上海：华东师范大学出版社，2014：249.

媒体展示，图像不再是图像，而是一个模拟化的、媒介化的视像世界。在光与电的视像领域，人类的观看行为也必然得到充分的满足。

美国学者萨缪尔·韦伯说："我们所看到的，或者更重要的是，我们看的方式，在今天要比以往任何时候更加依赖于媒体，特别是电视。一旦我们超越我们无助的感觉所能及的经验领域，电视就过来补充我们的眼睛和耳朵——事实上，它几乎取代了它们。"①如今，按照德布雷的划分，彩色电视、数字信号构成电视电子媒介时代以来，视频视像已经成为人类视觉经验的主要来源，某种程度上也印证了麦克卢汉的感官"自我截除"论断，转而沉浸在技术延伸的感官幻境，甚至获得虚幻的视觉快感，如麦克卢汉所言："所谓'断裂界限'，……包括图像世界中由静态到动态的界限，由机械状态到有机状态的界限。……静态照片加速为动态之后，它给全球的穷人提供的是虚幻的富有。"②

如果说机械复制带走了传统图像的"灵韵"，使我们进入现代图像时代的话，那么当下极度充盈的视觉视像和生态媒介则使得本雅明称赞的电影的"官能的惊颤效果"随着镇定的注视或凝视的消失而消亡，随之而来的是某种充满娱乐性的视觉满足。正如美国学者尼尔·波兹曼所言："人们看的以及想要看的是有动感的画面——成千上万的图片，稍纵即逝然而斑斓夺目。正是

---

① HENT DE VRIES, WEBER S. Violence, Identity, and Self-determination. Stanford: Stanford University Press, 1997: 81.

② ［加］马歇尔·麦克卢汉. 理解媒介：论人的延伸［M］. 何道宽，译. 北京：商务印书馆，2000：70-71.

电视本身的这种性质决定了它必须舍弃思想，来迎合人们对视觉快感的需求来适应娱乐业的发展。"[①]

鲍德里亚对于电视视觉文化方面的理解可算是麦克卢汉的知音，二者都关注了视像对人类视觉的影响甚至改造。鲍德里亚认为："电视之眼不再是绝对凝视的源头，而是理想性的控制不再是透明性的源头——这仍然预示着一个客观的空间（例如文艺复兴时代的空间），以及某个全方位掌控的凝视。……可能更加微妙，但总还是外在的，把玩着看与被看的对立，即便全景敞视的焦点是个盲点。……'再也不是你在看电视，而是电视在看你（现场直播）！'……通过这个模糊的面容，要去定位模型、权力、凝视、媒体自身的情况变得不可能了，因为你总是处在矛盾中。不再有主体，不再有焦点，不再有中心或边缘，只有纯粹的流动或循环的不动。……只有'信息'、神秘的病毒、连锁反应、缓慢的内爆和拟像的空间……"[②]本雅明认为电影是不容放松、无暇思索的一种观看，但电视不是，"电影至关重要的是个'看'字，观众看着银幕，而看电视则是看世界。电视观众的看只是一种'瞥'，而不是向电影观众那样的受控'凝视'。"[③]因此，如果说本雅明式的"惊颤"之眼是源于艺术的凝视，是意向性的、积极的、高度集中的、固定的；那么鲍德里亚式的"视

---

① ［美］尼尔·波兹曼. 娱乐至死·童年的消逝［M］. 章艳，译. 桂林：广西师范大学出版社，2009：80.

② ［法］鲍德里亚. 拟像的进程［C］//吴琼. 视觉文化的奇观：视觉文化总论. 北京：中国人民大学出版社，2005：111-112.

③ ［美］约翰·菲斯克. 电视文化［M］. 祁阿红，等，译. 北京：商务印书馆，2005：81.

像"之眼就是漫不经心的"瞥视",是非意向性的、被动的、涣散的、流动的。

德布雷更是从听觉的角度尝试说明"第三时代的吊诡之处",即视像不仅是视觉的,更是听觉的,我们的观看角度从"身处图像前"变成"而今身处视像内"。"流动的形式已不再是一种观看的形式,而是背景的噪声,是眼睛的噪声。……从前'风景'仅属于眼睛,而'环境'属于声音。但现在视像也成为几乎与声音一样的环境氛围,从前的'风景'变成了联觉的和报过一切的环境。"①这也正是为什么韦尔施提倡听觉文化,因为这意味着"追求达成参与的结构,追求共生,追求人类和世界的生态整合"②,米歇尔坚持否定视觉媒介的单纯性或单一性,也是源于此类思考。

如此看来,在德布雷媒介学语境下的艺术时代并不完全具备上述特征,艺术时代人们还能意识到图像的存在,而视像时代,人们已经对日常的视觉图像习以为常,从凝视到瞥视,我们被视像包裹着不再将其视为特殊的存在。至此,视像时代的观看——视觉感知——从凝视转变为瞥视,视觉形式从静态过渡到动态,视觉叙事从线性到网点状,"'视像'则从特定的人过渡到全球环境,或者还可以说从人转到了环境"③。我们进入了一

---

① [法]雷吉斯·德布雷.图像的生与死[M].黄迅余,等,译.上海:华东师范大学出版社,2014:250.

② [德]沃尔夫冈·韦尔施.重构美学[M].陆扬,张岩冰,译.上海:上海译文出版社,2006:182.

③ [法]雷吉斯·德布雷.图像的生与死[M].黄迅余,等,译.上海:华东师范大学出版社,2014:186.

个视觉上得到全面满足的视像时代。

但是，如果我们仔细分析德布雷的视像分期，不难发现其形式和内涵演变的变化并未就此结束，如果说1992年的高清数字信号是重要的节点，那么随着新千年后人类社会全面数字化时代的到来、智能化数字媒介技术的高速发展，录像阶段的视像生产彻底从模拟技术过渡到数字技术，这已经不是节点或者分界线的问题了，视像从非实体化向数字量化、算法矩阵的演化，德布雷将之形容为"核爆"或者"基因重组"。彻底数字化之后的视像及其传播必然引发了人类视觉经验史上的重要变革，用德布雷自己的话说："这是'新图像'的乌托邦。"①

第二节 视像时代的视觉技术逻辑：数字化与新媒体的进路

何道宽在《数字麦克卢汉》一书的译者序中表示，书名副标题中"信息化"一词，有些过于陈旧，他指出信息化是始于微电子革命的20世纪60年代，与新千年相去甚远，"数字化"明显是更加适合的名字，"数字化"的概念要比信息化晚出现30年，即20世纪90年代，与微电子时代的信息化已是完全不同的时代，二者不能混为一谈。何道宽还指出信息的出现早远，是古已有之的概念。而"只有用电脑'二进制'表现的信息，才能叫数字信息。只有一切信息都用电脑'二进制'语言表现之后的时代，才

---

① ［法］雷吉斯·德布雷.图像的生与死［M］.黄迅余，等，译.上海：华东师范大学出版社，2014：252.

能叫数字时代"①。所以，准确地说信息时代是数字信息时代，是建立在电脑"二进制"语言基础上的数字信息爆炸时代。

随着世界上第一台通用电子计算机在美国问世，直到20世纪90年代之后互联网的逐步民用化，计算机技术的日臻成熟和网络的兴起，人类现代历史的信息传播方式和媒介形态及文化发展开始发生了翻天覆地的变化，标志着一个全面数字化时代的到来。正如何道宽所言，数字化和数字化时代的界定不应界定在20世纪60年代的信息模拟、电子符号的早期电子媒介时代，而是应该建立在计算机技术广泛应用的基础上的时间划分，在这个时代，信息及其传播方式和技术的数字化实现扩大到社会生活的各个角度、领域、层面的推广和普及，进而从通信领域和传播领域开始逐步过渡到当代社会的全面数字化。

一、数字化：视像重组的技术本质

数字技术（Digital）的词根是Digit，意指手指、脚趾，其内涵为建立在二进制计算基础上相互区分的离散数值；而此前的模拟信号技术（Analog），其词根意指类似物或相似物，是利用模拟音像的电子信号进行传输，相较于数字是连续性的不可区分数值②。数字技术的离散性特征可将任何信息，无论视觉、听觉、图像、文本甚至某种感官感受，都转换成1与0构成的二进制编码计算数据。

---

① ［美］保罗·莱文森. 数字麦克卢汉：信息化新千纪指南［M］. 何道宽, 译. 北京：北京师范大学出版社, 2014：13.

② 闵大洪. 数字传媒概要［M］. 上海：复旦大学出版社, 2003：1.

因此，新媒体学者列夫·马诺维奇认为基于数字技术和算计模块的原理，现在电脑可以将所有数字化的内容转变为数据，并在不同媒体中进行传送和操作，而这一特征又影响到传统媒介文化层，即所谓新媒体的跨码性。他认为："在计算机化的进程中，媒体变成了计算机数据"，因此"计算机可以模拟世界，呈现数据，允许人工操作。所有计算机程序背后都有一套惯例——总之，我们可以称之为计算机的本体论、认识论和语用学。"①

　　就这样数字化信息摆脱了原有媒介的介质限制，文本、图像、声音、体感尽皆数字化，从而也抵抗了传统外界因素的干扰，其存储功能、转播功效、生成速度、合成能力都得以大大的增强。我们可以看到，数字技术不仅在视觉信息的生成、传播、存储等方面实现了质的飞跃，同时也推动摄影、电影、电视等传统视觉媒介和视觉艺术的技术革命，可以说基于数字技术和数字媒介的视觉视像从技术哲学和艺术表现的维度下颠覆了我们对现代图像或者说机械论视野下的影像本体论的认识，从某种角度来看，列夫·马诺维奇的价值在于，用"新媒体语言"解释了数字时代的媒介融合，并建立了以数字技术或计算机技术为基础的视觉文化理论体系。

　　以摄影为例，传统摄影能够比较集中地反映出模拟技术的连续性，我们可以将其理解为光的某种线性表达，爱伦·坡在其《达盖尔银版照片》一文中就指出了这一点。而数字摄影则完全不同，威廉·米切尔曾详细描述了数字影像的像素编码构成，无

---

① ［俄］列夫·马诺维奇.新媒体的语言［M］.车琳，译.贵阳：贵州人民出版社，2020：45.

论单位内像素量的多少，都将以数列矩阵的方式被保存，其与传统照片的区别在于，传统照片越放大细节越多同时越模糊，而数字照片所包含的信息量是固定的，放大到极限时，我们看到的是像素网格（见图2-3），"微笑的细节和平滑的曲线被近似的网格取代，连续的影调渐变被拆分成离散的色阶"[①]。

因此，在数字视像时代，我们不可能像《放大》（见图2-4）中那样去无限追求真相的细节，因为真相或者被清晰记录，或者只是马赛克式的像素拼接。当然数字照片也意味着一定程度上的永不失真，无论经过多少次复制，其精准性远高于传统照片，因此，本雅明关于复制品和原作的差别在数字时代某种意义上已经消解了。

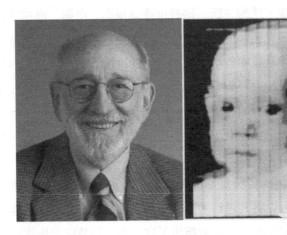

图2-3 像素发明人科学家拉塞尔·基尔希及其1957年制作完成的
世界上最早数字扫描影像之一

---

① ［美］威廉·米切尔. 重组的眼睛：后摄影时代的视觉真相［M］. 刘张铂泷，译. 北京：中国民族摄影艺术出版社，2017：4-5.

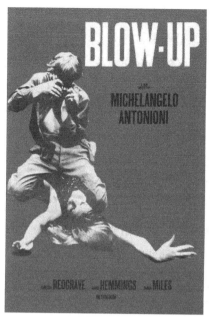

图2-4 意大利导演米开朗基罗·安东尼奥尼执导影片《放大》海报

　　数字化、数值化也使得数字照片和数字视像有了类似于机械复制时代摄影技术的一些特性，比如，新千年前后一段时间风靡全球的"闪客"正是利用数字动画软件"Flash"进行个性化创作和快速传播的青年群体，"闪客"艺术家们往往并不追求传统艺术思维的精英化，甚至也不像20世纪中期形成的具有反抗精神的青年亚文化的艺术风格，比如涂鸦，而更多的是基于私人化的、充满想象的、游戏性的创作快感，某种程度上也影响了今天的动画电影和NFT艺术。

　　作为传统媒体的重要支柱，电视也深受数字化影响，除去上文提到的高清数字信号的现代化普及，数字电视已经可以如电脑一样随意快进、跳转、暂停、回放，我们看到现在的电视已经类似于电脑或网络一样成为综合性的媒介和数字视像平台。传统电影的数字化影像呈现更是翻天覆地，马诺维奇认为对于物理场景的拍摄已经是非必需的选择，数字时代电影影像完全可以依靠电脑及其数字特效完成，"计算机实现了对数字电影图像进行手绘的可能，这也许是电影的新形式中最具戏剧性的一个例子。电影不再被牢牢锁闭在摄影中，而是对绘画开放。……数字技术使得导演可以像处理油画一样修改电影图像，因此数字技术重新定义了电影的可能性。"①活动影像资料在数字时代里只是作为某种视觉生成的原材料，"数字电影中，真人拍摄素材只是动画所包含的诸多元素之一。……电影自动画中诞生，将动画推向电影的边缘，最终电影又成为动画中的一个特例"②。而从这个角度来看电影与刚刚提到的"Flash"无异，因此，马诺维奇将数字电影分解如下等式为：数字电影=实拍素材+绘画+图像处理+合成+二维计算机动画+三维计算机动画③。

　　正如基特勒所言："模块化、变形、同步；延迟、存储、调换；倒频、扫描、绘图：所有这一切都将抹杀传统意义上媒介的概念"④，"不再有浪漫主义，数字成为一切生命的关

---

①　［俄］列夫·马诺维奇. 新媒体的语言［M］. 车琳，译. 贵阳：贵州人民出版社，2020：308-309.

②　［俄］列夫·马诺维奇. 新媒体的语言［M］. 车琳，译. 贵阳：贵州人民出版社，2020：306.

③　［俄］列夫·马诺维奇. 新媒体的语言［M］. 车琳，译. 贵阳：贵州人民出版社，2020：305.

④　［德］弗里德里希·基特勒. 留声机、电影、打字机［M］. 邢春丽，译. 上海：复旦大学出版社，2017：2.

键"①。新西兰学者肖恩·库比特针对数字美学指出，数字时代的影像创作"存在于像素流动的辩证关系当中，没有像素，它就没有可以组织的任何事物，而像素对于它而言却是虚无的"，某种角度来看他的这些观点都与马诺维奇有些异曲同工之处。数字视像艺术的探索，并非"要证实'现有'而是要促进'尚无'的形成"②。

综上所述，无论在哪个媒介领域，数字技术都呈现出超人的控制。与电影而言主要集中在数字特效和虚拟影像的创造，在电视领域则更凸显在传播环节，日趋网络化、流媒体化。尤其在最近几年，电影和电视的区分越来越模糊，短剧集的出现往往带有电影的性质，广告行业中也早就出现所谓的微电影广告。这就是吉尔·利波维茨基所说的"超电影"逻辑③。

在数字技术不断发展的前提下，摄像机已经不满足于简单的再现，而是转身投向更魔幻瑰丽的数字景观生成，我们可以看到，数字虚拟影像已经是电影的主要视觉表现形式，它是非物质现实的，完全由数字编码构成，在算法、程序、软件的辅助下，想象力而非现实才是数字视像的精神内核，没有什么是真实、有序、理性、客观的，胶片时代的那种固定性，摄像机对现实真实性的捕捉再现，在数字时代转换为新媒体的多变性。数字化技术

① ［德］弗里德里希·基特勒. 留声机、电影、打字机［M］. 邢春丽，译. 上海：复旦大学出版社，2017：20.

② ［新西兰］肖恩·库比特. 数字美学［M］. 赵文书等，译. 北京：商务印书馆，2007：5.

③ ［法］吉尔·利波维茨基，让·塞鲁瓦. 总体屏幕：从电影到智能手机［M］. 李宁玥，译. 南京：南京大学出版社，2022.

支持下的数字视像不仅制作便捷、效果逼真、富有想象，而且赋予了影像创作者以随心所欲创造"超现实"的技术潜能。

二、数字视像的技术语汇：界面、交互、合成、远程在线

20世纪60年代末，计算机技术及其文化表述中又出现了一些新的概念：信息空间和界面。1968年，美国发明家道格拉斯·恩格尔巴特阐述了他的几项创新：位映射、鼠标和视窗，这几项创新为计算机技术带来了深远影响。所谓位映射即是将我们通常说到的二进制的1和0由计算机以电子脉冲的方式处理为"开"或"关"，而"位"既可以表现或描述1和0或者开或关，又是计算机屏幕的像素在计算机内存中的映射，此时屏幕就变成了一个由像素网格构成的或开或关、或明或暗的二维空间，因此，我们也常常把计算机中的数字图像称之为"位图"。鼠标和视窗的发明更使恩格尔巴特在人机交互领域声名大噪，被称为"鼠标之父"。其具有分层交互界面性质的桌面隐喻，即"视窗"，最终也被苹果公司的Macintosh计算机完善并普及开来，甚至成为微软公司计算机软件系统的名称。

直到20世纪末，无论从技术层面还是文化表述层面，甚至具体应用层面，新媒介的技术构成都已完成其基本框架。

（一）界面

美国媒介学学者马克·波斯特通过对鲍德里亚的拟像理论和媒介文化观的分析和批判，指出鲍德里亚的观念中仍留着媒介单向性的气息，他认为现代社会已经身处"第二媒介时代"。在这个时代，媒介的传输方式从大众媒介的播放型向数字新媒介的

交互型转换，媒介信息不再是单向的、由点及面的、由高到低的第一媒介时代的权力模式，而转变为一种"双向型、去中心化的媒介"[①]。但是，对于鲍德里亚关于"人与机器的关系的构型问题"的思考，在波斯特看来是第二媒介时代必须要思考的核心问题之一，即如何在后人本主义理论框架下描述人与机器的关系。

波斯特评价了瓜塔里等诸多学者在后人本主义视角下对人机关系的理论阐释，之后指出这些论述是对批判理论的基础性重建，而这也为人们重新理解、接受和批判第二媒介时代提供了理论路径和支持，"因此这些创建摒弃这种'物化'逻辑是很有裨益的"[②]。进而，波斯特建议在第二媒介时代应如鲍德里亚所说的思考主客体位置关系的转换，以更平等的方式理解人机互动，并指出"界面"一词的理论价值。他说："界面介于人类与机器之间，是一种膜（membrane），使相互排斥而又相互依存的两个世界彼此分离而又相连。界面的特点可能更多的是从机器的特点演化而来……早期机器的界面要么是透明的（如冰箱的界面），要么对于外行来说是完全隐蔽的（如机械工具的界面）。在诸如电脑这样的表征性机器中，界面问题尤为突出，因为人/机分野的每一边如今都开始具有自身的现实存在；监视器屏幕的这一边是牛顿式的物理空间，而那一边则是赛博空间。高品质的界面容许人们毫无痕迹地穿梭于两个世界，因此有助于促成这两个世界间差异的消失，同时也改变了这两个世界之间的联系类

① ［美］马克·波斯特. 第二媒介时代［M］. 范静哗，译. 南京：南京大学出版社，2000：17.

② ［美］马克·波斯特. 第二媒介时代［M］. 范静哗，译. 南京：南京大学出版社，2000：18.

型。界面是人类与机器之间进行协商的敏感的边界区域，同时也是一套新兴的人/机新关系的枢纽。"①

实际上，在人机交互的语境下，界面一词早就被用来描述"系统"间的交际之处以及相应的导航指令操作，这也是现在界面往往与导航或设备平面几乎同义的原因。界面，意味着一种方法或设备，允许我们与虚拟空间或某种独特的数字数据系统进行程序指令层面的交互。我们只是已被它包围得太过紧密而往往忽视了它的存在，抛开手机、电脑等有明显的界面属性的机器不谈，比如各种遥控装置、带有交互性质的机器控制面板等等，都是界面，我们始终依靠它与机器以及我们周围的智能环境产生交流。

在马诺维奇看来，数字视像或者说一件数字作品也具有某种界面属性，可以被视为是多媒体数据库的某一个或多个界面。"交互界面剥除了不同媒体的原始特征，将自身的逻辑强加其上。最终，交互界面以特定的方式组织计算机数据，为用户提供了不同的世界模式。……简言之，交互界面绝不仅仅是通往计算机内部数据的透明窗口，交互界面还带来了自身的强大讯息。"②交互界面在数字时代已经具有了"元工具"的性质。界面，用它们的特性、逻辑、结构，与我们的艺术感知紧密联系，微妙地改变着人机交流的范式和数字艺术的视觉文化。数字视像与交互界面连接起来，用户和影像由"看与被看"的关系转换为以界面为引导的交互性感知。

① ［美］马克·波斯特. 第二媒介时代［M］. 范静哗，译. 南京：南京大学出版社，2000：18.
② ［俄］列夫·马诺维奇. 新媒体的语言［M］. 车琳，译. 贵阳：贵州人民出版社，2020：64.

（二）交互

马诺维奇认为在人类历史的不同阶段、在传统与现代艺术当中都隐藏着"交互性"，比如文学作品中的留白，绘画作品中的简化，其目的都是希望唤起人们的好奇心和想象力去填补缺失的信息。这种交互性在现代媒介当中表现得更为突出，比如电影的蒙太奇剪辑，即要求观众从片段和细节入手自己补全线性的叙事情节或影像流程，"对观看者提出新的认知要求和身体参与要求"。如果我们简单将互动/交互赋予计算机媒体，并不是一件新鲜事，甚至是没有意义的，由于界面的存在，人机交互从操作的角度来看是自动的、天然的，因此从交互行为本身去理解"交互性"——"这只不过陈述了计算机最基本的常识"①。

马诺维奇认为计算机时代的交互性不能仅从字面意义去理解和阐释，这种交互不能仅限于身体层面，而忽略心理层面，即在其他媒体阶段出现的补全、想象、假设、回忆和认同机制等心理过程，并认为心理层面的交互性实际上一直是新技术开创者和理论论证者们关注的问题，这些技术具有将心理外化和客体化的趋势。这一点最终由虚拟现实技术的先驱者杰伦·拉尼尔论证成功，拉尼尔认为虚拟现实会带来一个"后象征交流"的时代，即交流者不再通过语言或其他符号，虚拟现实技术将会把心理过程完全在虚拟空间中物化、客体化，当人们去想象或表达的时候，这个场景将会变成实体。

马诺维奇借助拉尼尔的观点，指出在新媒体时代交互性即

---

① ［俄］列夫·马诺维奇.新媒体的语言［M］.车琳，译.贵阳：贵州人民出版社，2020：55.

意味着在某种程度上将心理活动转换为一种行为。他说："交互式计算机适时地赶上了心理活动外化与客体化的历史潮流。超链接的原理构成了交互媒体的基础，而超链接就是把'联想'这一人类最核心的心理过程进行了客体化。……这些心理过程都被外化，通过具体操作（如添加一个链接、切换到另一个页面、选择一幅新的图像或选择一个新的场景）得以实现。以前，我们看到一幅图像时，会在心理上联系到其他图像。现在，情况变成了交互计算机要求我们点击一幅图像，从而跳到下一幅图像。"①

当马诺维奇的观点转移到视像的角度时，我们不难发现，数字视像仿佛存在着某种交互性而且不仅仅是行为意义上的，视像的互动性变得不那么简单。一方面，由于视像的创作是多部门、多工种、多形式的协同创作，因此，新西兰电影研究学者列昂·葛瑞威奇认为："关于数字吸引力跨媒体空间的理解可以从'交易电影'建构转向'互动电影'建构……互动不仅指数字文本与玩家之间的关系，而且也涉及不同视听文化形式之间的互动。"②即视像的交互性首先体现在一种媒介的间性，媒介的互动与融合；另一方面，结合心理外化、客体化以及认同机制的观点，以融合的方式来看视像的互动性，表现为其互动性的综合媒介属性，既是行为上的，也是媒介层面的，更是文化上的交融，这实际仍是马诺维奇指出的跨码性问题。

数字技术的介入，让视觉空间出现"解体"的同时，也使

---

① ［俄］列夫·马诺维奇.新媒体的语言［M］.车琳，译.贵阳：贵州人民出版社，2020：59.

② ［新西兰］列昂·葛瑞威奇.互动电影：数字吸引力时代的影像术和"游戏效应"［J］.孙绍谊，译.《电影艺术》，2011（4）：90.

互动的逻辑性成为这一时期需要重新的问题。数字时代，人不再是简单地被缝合、嵌入进银幕中或屏幕里，而是"可以丰富延展到人的体化存在与屏幕、影像乃至包括虚拟现实在内的建构环境的交互关系层次"①。简言之，我们不再是与计算机——这种传统认识中的机器——进行交互，而是与由数字形式编码而成的文化以及环境进行交互。

（三）合成

虽然不是每件使用了数字技术的作品都能够反映并说明数字时代的技术演变，但是数字作品的某种基本特征还是通过数字媒介被展示出来，其中最基本的一点即数字合成。所谓数字合成，是"指使用专业合成软件，将一组运动影像段落或图片组合起来，构成一个大段落的过程"。"当所有的元素都准备好时，它们就被合成为一个产品。也就是说，它们被组合在一起，经过调整之后，元素各自原有的特性消失不见。这些元素的来源多种多样，由不同作者在不同的时间创建，而这些不同之处都已经被隐藏。"②数字媒介作品允许多种技术操作和多种艺术形式的无缝结合，马诺维奇甚至利用心理学研究——抽象概念形成的心理图像也带有着某种叠加及合成——来形容这一现象。"最后，制作者得到的就是一张无缝图像、一段无缝声音、一个无缝空间，或一段无缝电影场景。"③

---

① 孙绍谊，郑涵. 数字新媒体时代的社会、文化与艺术转型［J］. 文艺研究，2012（12）：73.

② ［俄］列夫·马诺维奇. 新媒体的语言［M］. 车琳，译. 贵阳：贵州人民出版社，2020：138.

③ ［俄］列夫·马诺维奇. 新媒体的语言［M］. 车琳，译. 贵阳：贵州人民出版社，2020：138.

数字合成看起来与蒙太奇类似，也是一种挪用和拼合。蒙太奇技术在影像制作方面试图形成一段或多段完整的叙事线索，即便是简单的图片拼贴也试图将时间性纳入空间之中。但实际上，数字合成的无缝衔接或融合的特性，使其可以完全不用靠拼贴的方式获得时间性和一种超真实性。马诺维奇指出："蒙太奇的目的是在不同元素之间创造视觉、风格、语义和情感上的冲突。合成则与此相反，其目的是将不同元素混合成一个无缝的整体，一个单一的完形（gestalt）。"[①]因此，他认为"连续性美学"是数字合成的主要特征，比如2020年由萨姆·门德斯执导的战争影片《1917》（图2-5），就以其著名的全片一镜到底的长镜头引起了电影界的热议。现在哪怕是一件简单的PPT演示文稿，也常使用溶入或渐隐来形成某种视觉上的无缝感或连续性。

图2-5　2020年由萨姆·门德斯执导的战争影片《1917》，
其无缝的长镜头令人错愕惊叹

---

① ［俄］列夫·马诺维奇. 新媒体的语言［M］. 车琳，译. 贵阳：贵州人民出版社，2020：145.

在日常的数字实践中，哪怕最基本的操作也构成了新的媒体逻辑，或者说从传统的角度看来，那些专业的、复杂的、精确的操作技术已经被数字化简化为一些模块化的、基础化的、便捷化的手段，比如剪切和粘贴。马诺维奇指出这一看似简单的操作"使空间媒体和时间媒体之间的传统差异变得微不足道"。更重要的都是，"它抹平了传统制度的差别：用户可以用同样的方法剪切和粘贴一个像素、一幅图片，也可以剪切和粘贴一整部数字电影……可以应用在文本上，也可以应用在静止图像和运动影像、声音以及三维对象上"。①这意味着一种新的可能性在生成，即传统视觉图像原有的平面维度将被彻底打破，而动态影像也随着编辑和制作手段的简化逐步实现与静态图像的融合。

计算机数字图像的跨媒介性不仅仅体现在媒体的转换，已经渗透和影响到它自身的形态变化，可以按照自我需要搭建属于自我认知的新图像。同时我们必须认识到的是，在数字时代，摄影、电影和录像总是伴随着各种合成技术的操作，在数字媒体中合成、仿拟各种形象，这种技术操作也已经提升到一种"无意识"的状态。保罗·维利里奥指出："在合成图像即计算机制图软件制作的图像之后，在计算机辅助设计的数字图像处理之后，接着到来的是合成视觉的时代，是知觉自动化的时代。"②我们已经不会对"什么是剪切/粘贴"产生疑问了，而更热衷于如何从《1917》中找到那一组纵贯全篇的长镜头的镜头合成之处。

---

① ［俄］列夫·马诺维奇.新媒体的语言［M］.车琳，译.贵阳：贵州人民出版社，2020：65-66.

② ［法］保罗·维利里奥.视觉机器［M］.张新木，等，译.南京：南京大学出版社，2014：122.

（四）远程在场

德布雷认为数字时代的视像艺术不是电影与电视的结合及延续，而是电影与电报的结合及延续，这一观点实际上指向了19世纪以来现代媒体发展过程始终并行的两条轨迹，即"呈现技术"与"实时通信技术"。呈现技术主要指影像、声音以及各种数字视像的制作与存储工作；实时通信技术则是从早期的电报、广播到电话、电视直播，直至数字化的远程在场。而在这个数字时代互联网和数字技术将两种轨迹完美合并，并充分展现了它们的重要性，以及对视像生产起到的决定性作用。

单纯从远程在场的角度来看，数字时代基于网络和数字技术的远程在场主要体现在两个方向的发展，一个方向是通过对物理环境的数字模拟，形成一种置身于虚拟空间的"在场"。另一个方向是远程操控，即借助现场视频传送机器实现在一个真实物理空间或位置的"在场"。

马诺维奇认为远程在场的第二个属性比第一个属性更具有技术上的开创性，因为虚拟空间是由计算机系统模拟出来的，所造成的任何变化也都是在虚拟环境下；但远程操控不同，通过远程操控可以改变真实的物理空间。因此，他认为远程操控的实质在于"反在场"："远程行动可能是一个更合适的名词——实时的、远距离实施行动。"[①]

远程在场或者说远程运动的优势在于实时性和遥控性。从实时性的角度来说，在目前的网络环境下，远程两端的时间已经

---

① ［俄］列夫·马诺维奇. 新媒体的语言［M］. 车琳，译. 贵阳：贵州人民出版社，2020：167.

基本能够实现同步，虽然受限于视频传输的质量、精度和带宽等问题，在实时性方面有时仍会出现各种各样的问题，但是总体上并不足以形成本质上的影响。尤为重要的是这种实时性是建立在视像传播基础上的，与之前实时信息传播技术有较大不同，由于实时性的增强和视像化的呈现，当下的远程在线在互动性上已远远超过了以往的媒体，用波斯特的观点来说，这是一种双向互动，完全依赖于上述技术的更新与变革。

远程在场的双向互动还意味着"距离"的消失。马诺维奇在谈到这个问题时用本雅明和维利里奥二者的理论进行了对比，本雅明从"光韵"的消失揭示了现代摄影术使观看的距离被抹平，进而通过祛魅实现了视觉上的平等；维利里奥则将本雅明时代的光学科学称之为"小光学"，把信息数字时代的光纤电子化传输称之为"大光学"，维利里奥认为在"大光学"技术的主导下，现代社会的现实空间感即将消失，视觉现代化的进程中伴随着物理空间的瓦解，当距离消失时，人类的另一种感知方式将被激活——触觉。虽然，包括马诺维奇在内的上述理论家并不认同二元论的理论框架，但是对于客体而言，触觉意味着是与视觉不同的关系，即视觉使之客体化、他者化进而产生侵犯或规训，而触觉相对可能要柔和得多。

综上所述，自戈尔德·马克（P. Goldmark）提出"新媒体"的概念以来，通过几十年的高速发展，以数字计算机技术为基础的各种媒介技术及其构成语汇使得信息的生产与传播变得更为海量、迅捷、高效，各种新型数字交互设备的智能化，如手机或平板电脑的出现，使我们感受世界和接触事物的方式正在发生潜移默化的变革。

正如上文指出的，新媒介利用其数字技术构成将数字时代的"超真实"视觉逻辑从观看扩展到人机交互的现实体验层面，而数字技术引发的"影像本体论"的危机，也使得本雅明所说的"视觉无意识"转化为一种更深层次的"存在无意识"。同时，在数字时代计算机技术领导下的视觉传播活动往往意味着视觉信息可以在不同的场景、语境下不断生成、传送和回收，可以无限重组各种关系组合和语境重构，这一点与数据库的理论逻辑非常相似甚至有着某种内在的联系，因此，基于数据逻辑的数字化视像形态生成也将成为数字艺术创作的出发点。

第三节　视像艺术的技术实验场：
网络与数据库

1945年，美国军界科学家万尼瓦尔·布什在《大西洋月刊》发表了一篇名为《诚如所思》的文章，这篇文章在计算机科学发展史中产生深远影响。文章描画了一种唤作"Memex"的电子设备，是一种带着半透明的屏幕的书桌。布什想象人们可以利用这种电子平台设备存储和浏览文件，并由此建立自己的文档路径，其内容可以以类似于微型胶片的形式被人随身携带并及时添加或变更，类似于一个微型的图书馆，可以随时进行文本的录入和修改，并以索引标签的方式查找、调出，因此结合它的命名——memory和extender的字母缩写——"记忆的延伸"。

某种角度来看，Memex有着超文本的性质，很多早期的计算机论文都提到这篇文章和Memex的假想，研究者们认为布什关于信息的即时转换可能直接启发了文中关于信息"超文本协议"

（Hypertext）的发明。因此，虽然Memex最终并没有真正地制作出来，但它仍被视为是计算机电子链接概念的雏形，其至是互联网的原型。

20世纪60年代，美国资讯科技和社会学者泰德·尼尔森在布什的想象中创造出"超文本"（Hypertext）和"超媒体"（Hypermedia）两个网络时代的重要概念，并将其描绘成一个独特的读写空间，在这个空间中文本、图像和声音可以实现电子互联，并最终链接成为一个全球共享的网络互联"文献宇宙"（Docuverse）。尼尔森的构想是一种双向读取或双向链接的文档电子库，其链接环境是非线性的、网状分布的，这与互联网的概念不谋而合，二者的出现时间节点也非常接近。

互联网的诞生比较明确的时间节点是1969年受美国国防部"高级研究计划局"（简称ARPA）委托，由加州大学洛杉矶分校与斯坦福研究所共同完成电脑终端传送网络"ARPA网"，初期的"ARPA网"仅仅是几台能够远程互发信息的电脑终端，其研发也是为了信息接发双方能够进行远距离信息交换。一直到20世纪80年代初，随着更为健全的传输控制协议/网际协议，即"TCP/IP"的出现，化解了"ARPA网"和其他封包交换网络的信息交换关卡，实现了整个网络的"网际连接"，此时才出现了互联网的概念。但20世纪80年代初的互联网主要在军方和大学等专业领域应用，普通用户想要上网仍是非常麻烦和烦琐的一件事。直到1993年英国科学家蒂姆·伯纳斯-李免费开放了"万维网"，互联网才开始进入大规模商用和民用的阶段。

实际上，早期的网络视觉往往是文本链接和简单的位图图像，尤其是图像形式，基本上都非常简单，其互动方式也是仅仅围绕界面的一些简单操作，比如闪烁图像，这是Web1.0阶段的重要标志；再比如单选按键、滚动式滑块或下拉式菜单，应该说1.0阶段的互联网在形象上是单调的。

一、H5动画与动图：网络的新媒体视像

所谓H5是指基于HTML第五代互联网文本标记语言的一种动画形式。根据最初的HTML的定义，网页是指由一系列单独的元素按照某种特定的逻辑顺序建构而成的数字列表，这些元素包括文本框架、平面图形、数字视频以及网络超链接。网络用户可以随机在列表中添加或生成新的元素。某种角度来看，网页相当于由上述元素构成的一个微型数据库。而H5动画就是这一阶段网页视觉元素同构的新形式。

之所以称之为动画，实际上仍是来自网页界面的交互性。虽然仍是文本、图片、视频或音频等元素，但与屏幕的横纵轴滚动滑屏相结合，用户可以用各种不同的手势滑动、点击、长按等，触发网页中视觉元素的尝尽变化，由此形成一种类动画的效果，因此，H5因其操作的便捷性（滚动滑屏）、互动的切身性（手势组合）、媒介的跳跃性（动静转换）、叙事的情感化（动画效果），一经诞生便很快迎来各界尤其是广告业界的欢迎和好评，一定程度上成为重要的网络视觉影像之一。比如，2017年百雀羚推出的H5广告《一九三一》（见图2-6），发布之初，好评如潮，其重点并非在于技术层面，而是这则广告利用H5广告的互动性以一镜到底的方式讲述了一个民国故事，以交互性的滑屏将多线叙事纳入看似线性的结构之中，形成了类似于《1917》的长镜头语言，完美地表达了创意和广告信息的前提下，使人们对

H5动画等可塑性充满期待。

图2-6　百雀羚H5广告《一九三一》中的画面

　　另一种与H5动画类似的新媒体图像类型是以图形的动态转换和文字的动态变化为主要表现形式的视觉设计新形态——"Motion Graphic"，可以译为"动态图形"或者"平面动态影像"，一种基于网络发布平台的新型视觉图像形态。从词语构成的角度来看，动态图形似乎更多强调的是"Graphic"（图形），似乎是更倾向于平面图像。但实际上这是一种全新的图形形式，为传统的二维图像加入了时间性的视觉内容，某种意义上说动态图形可以是动画、是视频，是兼具了平面静态和时间动态的新型数字平面图像。

动图的叙述一方面追求高效的信息传播，另一方面往往能够利用相对的时间长度，而突出文本或形象的逻辑性、节奏性和艺术性，并且往往会产生类似于蒙太奇的、多视角的，以及较之静态形式的一种动态诠释。作为一种未来平面艺术设计的范式及样态，动图明显在传播功能和物理介质方面取得了重要突破。尤为重要的是，其本质不是动画式的视觉设计，而是平面图像的动态变化，有些类似于电影片头，但技术上和效果上更简洁、趋于平面化。比如，由设计师刘治治创作的第十届北京电影节的动态海报，虽备受争议，但两种不同样态及其动态演示确实展现出动图的艺术美学（图2-7）。无论是动画还是视频，都是包含镜头语言的，而动图没有，甚至动态的表情包和网络流行的剪辑现成的动图，其视觉语言都不完全是基于电影式的镜头语言，因其产生的动态变化时间过短且仍以基础的平面图形元素为主，所以仍是基于一种二维图形的视觉感。但仍不可否认的是，这种图片类型是对传统平面图像或平面图片概念的颠覆。

在新媒体数字技术的影响下，我们还应该意识到传统意义上静态平面图像观也在发生变化。现在很多图像通过扫描可以轻易地实现数字化，在互联网上实现更快速、更便捷的复制和传播，这也导致数字时代副本的价值被重塑。本雅明曾经提出的"灵韵消退"在数字时代需要重新定义，正如前文所言，数字图像不会因过度复制而失真，并且原作经过扫描变为数字代码，相对于印刷品，其精度不亚于原作，甚至高精度的数码扫描或者数字拍摄已经导致数字时代的视觉表现产生某种自然主义面向的"非物质化",并在21世纪初对艺术创作产生影响,一段时间出现了所谓的"超级写实主义"的艺术风格和流派,从而重新定义了观众、自然与肉体观看的内在联系。

图2-7 第十届北京国际电影节主题海报(设计师刘治治)

现在的数字扫描技术和数字摄影技术的均质性、超清性取代了传统胶片照相机的单一焦点,使得被扫描的图像或自然景象(由数码相机拍摄)中几乎所有细节达到了超越肉眼的超自然水平,一个增强自然或者说增强视觉的数字景观得以呈现。也就是说,数字技术为我们呈现了肉眼难以观察到的细节影像,并且这种超真实的景观是可以重组、合成、编辑、制作的。真实性、权威性和"光韵"这些本雅明时期的概念,是否会因这种实时高清的再造而遭到质疑或者重塑是一件值得思考的问题。

总之，数字视觉技术通过促进替代性的制造或模拟现实模式或"超级写实"的真实感，挑战了视觉领域的现实主义传统。数字图像是由离散的、模块化的像素、数学数列式的位矩阵组成，虽说"位"也是光线的一种反应，但确实没有一种实体化的表象，也并不基于某种现实世界的连续性原则。因此，有人指出数字图像不是表象性的："它并没有捕捉到现实世界，即便看起来似乎做到了"①，它是编码、是数字，并不是再现或者某种记录真实。虽然在内容上，数字图像仍是模拟性的或者"很希望看起来像是模拟照片，而且因此而被接受"②这也恰使艺术家们迸发创作灵感，利用数字媒介的跨码性探索视觉信息的多重可能性，亦如我们看到的那些电影、广告、海报。

二、数据库艺术：数字时代视像的空间遐想

20世纪30年代，德国摄影师奥托·贝特曼构想了一个之后被称为"贝特曼资料库"的项目，主要用来收集、保存各种影像资料。1995年，由比尔·盖茨旗下的Corbis公司收购，当时它已经拥有1600万张照片，是非常重要的20世纪资料库。此后，电影界和一些音频媒体也陆续创立类似的资料库，而使用资料库（或者也可以称为素材库）中的照片、视频和音频拼合新的作品也成为现代媒体生产中的常见创作手段。集合，成为数字时代事物视觉呈现的基本形态之一。

① ［比］吉尔德，［荷］维斯特杰斯特. 摄影理论：历史脉络与案例分析［M］. 毛卫东，译. 北京：中国民族摄影艺术出版社，2013：10.

② ［比］吉尔德，［荷］维斯特杰斯特. 摄影理论：历史脉络与案例分析［M］. 毛卫东，译. 北京：中国民族摄影艺术出版社，2013：9.

随着计算机的普及，信息全面数字化、数据化，数据库的作用越来越突显出来。在计算机科学中，数据库被确定为"数据的结构化集合"，为了实现快速检索、查阅、调取和存储，数据库根据不同需要被分成多种类型，如层级数据库（呈现为树状）、网络数据库（呈现为网状）、关系数据库和对象型数据库等，这些数据库分别采用不同的模型来组织数据。具体来说，比如，"层次数据库用一个树型结构组织库来记录材料。面向对象型数据库中存储着复杂的数据结构，它们被称为'对象'，这些对象通过不同级别的层次进行组织，并且可以继承同一链条中更高层级对象某些特征。"①

在数字时代的计算机语境下，数据库与传统的贝特曼式的集合有很大不同，具体表现为：存取的高速率性、数列的复杂性、组合的多元化、媒介的跨类型性、索引的多层次性，等等。因此，马诺维奇认为计算机数据库正在成为数字时代的某种新的隐喻。它可以把个体的、集体的、数字的、实物的等所有人类文化记忆集合起来，并根据不同的现象和经验进行概念化处理。数据库意味着一种文化领域数字结构的诞生：现实—媒体—数据—数据库，并最终会形成真实的文化样态，从而以数字的、虚拟的三维空间呈现我们的世界和我们的视觉经验，他的这一论断在现在看来部分指向了——元宇宙。

为了论证计算机数据库的结构变化，马诺维奇引入了语言学理论中的"聚合"与"组合"这对概念。这一概念模型最初是

---

① ［俄］列夫·马诺维奇. 新媒体的语言［M］. 车琳，译. 贵阳：贵州人民出版社，2020：223.

由索绪尔提出，用来总结语言学特征，后经罗兰·巴特等符号学家的扩展，这一模型也被广泛应用到关于叙述、时尚、生活等符号系统中。"聚合"与"组合"主要指一个系统元素可以在上述两个维度中产生关联。以语言为例，比如，组合是指说话者一个词一个词地以线性次序表达某句话或词语；而聚合则是将这些单词或语词从一组同类的、相关的词组中选择出来，这也意味着可以把所有的相关名词构成一个聚合，例如同义词类或反义词类。总之，"组合是显性的，而聚合是隐性的；组合是真实的，聚合是想象的。"①

但是，在马诺维奇看来，数字时代这种模型关系发生了变化。尤其是结合数据库的原理进行分析，不难发现：现在数字艺术的创作往往是从数据库开始的，也就是说"聚合"成一个数据库是一切的开始，从创作的角度来看，现在的数字艺术往往是围绕数据库展开的。数据库意味着所有的原始材料或视觉素材比如图像、视频、三维模型等等被汇聚起来，并在创作的过程中不断地添加新的信息到数据库中，从而在元素之间达成了某种特定的连接。看上去艺术作品在元素间构成了一种线性的轨迹，这就构成了叙述性，而这种线性的叙述性只是一条线性轨迹，所有的元素仍保留在数据库中。此刻，一个有趣的变化出现了：在数字化网络时代，数据库作为聚合系统变现为一种具体的具有物质基础的实体，而有着组合性质的线性叙述则变为数据网络中的某种非物质的链条；数据库的聚合作用远大于线性叙述的组合作用；数

---

① ［俄］列夫·马诺维奇. 新媒体的语言［M］. 车琳，译. 贵阳：贵州人民出版社，2020：234.

据库走向真实；线性组合则趋于虚拟。简言之，基于传统符号学，组合是线状的，聚类是点状的，组合是显性的、具体的、能够呈现出来的，而现在二者间的关系和位置发生了互换。

2018年佳士得拍卖会的AI画作充分揭示了数据库艺术的这一模型转换。由三位法国艺术家联合创造的这个艺术项目，是先将从14世纪到19世纪的15000幅传统肖像作品输入一个基于生成式对抗网络技术的大数据算法中，由此完成了一个数据的聚合。之后由人工智能系统在其中进行深度学习，最终创作油画肖像作品，甚至建立了一个虚拟的家族肖像谱系，其树状结构则带有明显的线性叙述的组合关系。最终在本次佳士得拍卖会上，这幅名为《爱德蒙·贝拉米肖像》（见图2-8）的作品成交价是43.25万美元。

三、碎片化与集体智慧：大数据背景下的"选择逻辑"

2020年《中国视频化趋势报告》显示，截止到当年中国短视频用户的整体规模已经达到7.92亿，用户渗透率达到70%。[1]2010年前后中国社会开始进入短视频时代。而短视频的风靡，也意味着视觉传播和视觉浏览的速度进一步加快，短视频、浅阅读、轻传播的盛行，预示着美国学者凯瑟琳·海尔斯提出的"过度注意力"[2]成为数字时代人们的主要认知模式。德国

---

[1]　人民日报中国品牌发展研究院. 中国视频社会化趋势报告（2020）［EB/OL］.（2020-11-25）［2023-01-26］. https：//mp. weixin. qq. com/s/aw Ri Dl Hj V6O9FK1dvlkNig.

[2]　所谓过度注意力是指认知焦点在多个内容间不断跳转，并对多重流动性信息更为敏感，信息接收者们更喜欢追求强刺激，对单调沉闷的信息内容忍耐性极低，在富信息社会的电子文化中表现明显。

学者哈特穆特·罗萨的社会加速理论指出，社会加速是由科技发展、社会变迁和生活节奏变快等三个主要因素造成的，并将导致空间、物、行动、时间和自我的逻辑关系异化。[①]而这也必然导致个体时间概念的碎片化，使得我们无法在这种碎片化的概念下延续传统时间的连续性和持续性，转而表现为一种断裂或弥散的状态，并使时间结构进一步发生异化。对于生活在数字媒介时代的我们来说，生活节奏的加快、注意力的分散，使得传统视觉艺术的缓慢叙事结构越发显得落后，因此，对于短视频的消费和需求，某种角度说明了人们对于新的视觉形式及环境的生理渴望和文化追求。

图2-8　法国艺术家皮埃尔-福特雷尔及其团队创作的艺术项目
《爱德蒙·贝拉米肖像》

---

① ［德］哈特穆特·罗萨. 新异化的诞生［M］. 郑作彧，译. 上海：上海人民出版社，2018：67.

根据计算机数据库模型，马诺维奇提出了"数据库电影"的理论构想，在他看来，小说和电影的线性叙事结构，在数字时代的大数据逻辑下将迎来激烈的挑战，他说："作为一种文化形式，数据库将世界呈现为一个项目列表，并拒绝为这个列表排序。与此相反，叙述是在一系列看似无序的项目（事件）中创造出一个因果轨迹。因此，数据库和叙述是天敌，它们争夺人类文化的同一领域，每一方都声称拥有在世界上创造意义的专属权利。"[1]也即是说传统叙事是以叙述为核心创造线性逻辑，由完整的故事、人物、情节推动，而数据库则是开放的、多元的、任意的，其意义的生成将更依赖于个体的经验与想象。这就是马诺维奇指出的计算机时代的新逻辑——"选择的逻辑"，他说："计算机操作将现有的文化规范编码到自身设计之中……原有的一整套社会经济实践与惯例都被编码到软件之中，其结果是形成了一种新的控制形式，它虽柔和但强而有力。软件并不会直接阻止用户进行从无到有的创作，它通过层层设计使用户'自然'地遵循另一种逻辑，即选择的逻辑。"[2]

数字时代，新媒体中的数字视像制作也必然是一种"选择的逻辑"，数字视像制作与电影和电视区别在于，电影、电视相当于首先自制了一个素材库，即通过提前拍摄大量视觉素材，再进行各种元素的拼凑、镜头的剪辑，是一种半自动化和标准化的创作。但是新媒体的素材往往不需要原创，所用素材基本源自给

①　［俄］列夫·马诺维奇.新媒体的语言［M］.车琳，译.贵阳：贵州人民出版社，2020：229.

②　［俄］列夫·马诺维奇.新媒体的语言［M］.车琳，译.贵阳：贵州人民出版社，2020：130.

定的数据库，或者说目前的原创行为很大程度上是对于素材的原创。因此，作者的权利被进一步的稀释、下放，虽然从语言学的角度来看，"作者已死"这种意味着文本解读最终由读者完成甚至再次创作的观念已经存在了半个多世纪，但是单纯的新媒体式的二次创作将这一行为彻底地呈现出来并使之合法化。最经典的案例就当年引爆网络、引起广泛热议的《一个馒头引发的血案》，全片完全采用即有素材，并对原片完成了荒诞性的解构和重组。

类似于胡戈的这种混剪短片，在互联网上正迅速成长为一种影像类型。并且犹如当年的Flash一样，近几年来各种专业软件的大众普及化程度越来越高，比如Adobe公司研发的各种剪辑软件和后期软件，它们对用户的录音、混剪、动画和多媒体融合等数字视像创作提供了有力的技术支持。并且，一些更为方便、简易甚至是由视频平台推出的微型剪辑软件也正在迅速发展和普及，比如快剪辑、必剪、剪映等完全服务于非专业爱好者的剪辑软件。

美国学者亨利·詹金斯以民族志的社会学研究方法将这种参与性的亚文化称之为"集体智慧"，这是源于法国理论家皮埃尔·列维的思考①。在当下的网络社交时代，从论坛到小组，人们已经完全以共同的兴趣爱好在网络中去寻找同道，一些新的网络社群形式已经逐渐成熟，并成为信息发布或分享的重要平台。尤其是以青年文化为主打形象的一些网络平台，如B站、小红书

---

① ［美］亨利·詹金斯. 融合文化：新媒体与旧媒体的冲突地带［M］. 杜永明，译. 北京：商务印书馆，2015：32.

等。那里聚集了大量有创作热情的青年群体，同样也形成了某种独特风格的视频数据集合，并最终形成弹幕、点赞、转发、投币等一系列粉丝参与式的文化互动和社交礼仪。詹金斯将这种文化特征描述为以下五个维度：特定形式的接受、社会角色的转换、阐释的共同体、特殊的文化生产系统和另类的社群身份。①

　　如果说传统影像创作是对于客观现实的某种再现或改造，那么，眼下这种基于数据库逻辑的、短小的、参与式的、狂欢性的数字视像创作则更像是一种从无到有的想象力的碎片集合，因此，从技术哲学的角度理解数字视像是完全不同于传统影像的视觉形式，是参与者依据自己的想象力和创造力在数据的海洋中大胆选择的结果，而正是由于摆脱了再现、客观和真实，数字视像表现为一种彻底个人化的"真实谎言"和潜越真实的"完美罪行"。

　　综上所述，我们可以看到视像在数字时代借助计算机科学、网络链接技术、大数据算法系统、数据库理论、社交媒体网络等一系列关键技术系统和媒介理论的发展，从模拟信号到数字映射，从客观再现到自创真实，逐步演化为新媒体逻辑下的数字视像艺术。此刻，当我们重新审视"图像转向"时，不难发现米歇尔图像学理论的某种隐疾。

第四节　关于技术图像的思考——再论米歇尔的图像理论

对于米歇尔而言，1994年《乡村之声》杂志对《图像理论》的书评具有重要的转折意义。以怎样的方式进一步论证他的图像本体论，在世纪交际数字时代快速发展的历史阶段无疑是一项关键性的挑战。无论是米歇尔还是其他的图像学理论家们，都已经清晰地认识到数字时代人类视觉必将迎来技术层面的巨大变革，数字网络媒介技术正在以真实可感的方式全面走入人们的生活。此时，图像以及图像学理论或当时已经形成广泛热度和一定程度学科化倾向的视觉文化研究在这一进程中该如何发展，是图像学研究者们都必须面对并亟待解决的课题。

比如，德国艺术史学家汉斯·贝尔廷在2001年英译版的《图像人类学：图像、媒介身体》中提倡回归到瓦尔堡的"记忆女神图集"（见图2-9），将艺术性形象研究从20世纪下半叶以来的后现代主义的日常叙事和审美趣味中转向图像科学（Bildwissenschaft）①、现代媒介学以及身体美学的结合和重新阐释当中。米歇尔明显受到了德国图像学研究的启发开始重新重

---

① Bildwissenschaft一词的中文翻译有多种译法，包括图象科学、图像科学、影像学等，但实质上Bild一词也并不限于图像，有人因此将其翻译为"影像学"，Bild一词在德语中包含画、图，照片、相片，（复制的、描摹的）画、图画，（荧光屏或银幕上的）图象、画面，景象、情景，观念、印象、想象，比喻，雕塑、雕像。在德语语境下是比image和picture更复杂的图像概念。这里为减少歧义，仍采用"图像科学"的译法。

视"Image"一词的学理地位，"形象科学"在一定程度上获利于贝尔廷的"图像科学"。

因此，虽然"图像何求"在某种意义是米歇尔"形象科学"的转义修辞，但对于米歇尔而言也意味着一个重要的理论突破口的出现，由此，"元图像"利用"生物克隆"技术在"生控复制时代"转变为具有生命特征的"生命图像"。毫无疑问，这是米歇尔尝试从生物技术美学层面为他的图像学理论建构新的理论框架，并与贝尔廷一样敏锐地将图像学与媒介学连接起来，利用麦克卢汉和基特勒的观点，结合符号学理论创造性地提出"符号比率"这一新的理论术语，同时重申了对单一化视觉媒介认识论的批判。图像，在新的世纪以符号复合函数的媒介叠加拟态方式重获新生，就图像和图像学而言，也意味着在米歇尔的逻辑框架下完成了数字时代的理论进化。

图2-9　阿比·瓦尔堡的《记忆女神图集》被视为20世纪图像志与图像学分野的标志

可以看出这一阶段米歇尔的观点比较完整且成熟，但也随之也变得有些保守。比如他对"图像转向"再讨论，一方面是对

"转向"一词的某种否定或延展，另一方面也体现出一种保守和暧昧的态度。他试图强调"图像转向"是具有历史性的、"并非我们这个时代独有的"。可以预见，当米歇尔以历史维度重新论证"图像转向"时，"转向"一词其早期的批判力度或理论活力也就消失殆尽了。

应该说米歇尔在不断地完善着他的图像学理论体系，在这一过程中，也沉迷于体系修缮而不能自拔。虽然米歇尔后期转向了媒介美学研究，但就图像学本身而言，其生命力好像就此枯竭了。米歇尔重塑了图像学但在图像转向的问题上带有着模棱两可的模糊性；创造了符号比率，却否定数字媒介和数字图像；将媒介研究引入图像学，却摆脱不了唯名论的遗憾。因此，换一个角度来看，"生命图像"或"形象科学"也变为米歇尔对关键问题的逃避及其对自身理论的小修小补，米歇尔的"生命图像"看上去有些千疮百孔。

德国图像人类学领域的著名学者霍斯特·布雷德坎曾明确指出："每一个人都知道，图像并没有自己的生命，因为它们是由无机的物质构成的。……这些学者应该从探寻图像的特性来发现对一幅绘画真正认可的原因，也应该从图像严格的物质性来搞清楚这种原因。"[1]并结合亚里士多德在《诗学》中对于修辞学的生动描述指出："这种力量……自己产生并长成为的亲和力，亲和的对象就是显露出自身具有物质性的图像。"[2]在图像人类

---

① ［德］霍斯特·布雷德坎. 图像行为理论［M］. 宁瑛，钟长盛，译. 南京：译林出版社，2016：9.

② ［德］霍斯特·布雷德坎. 图像行为理论［M］. 宁瑛，钟长盛，译. 南京：译林出版社，2016：10.

学语境下，图像始终是一体两面的，既是心灵的也是物理的，既是内在的也是外在的。也即是说，图像本体论不能仅以一种修辞学的手段展开诠释，正如德布雷的呼喊："影像不是语言。"[①]对于米歇尔而言，脱离了语言学之后的图像好像只有媒介这一只"隐形的翅膀"，他对于"生控复制"的煽情阐述并不足够使人信服，那么我们又该从怎样的角度为其补充理论厚度以及根除隐疾呢？

　　这里让我们再次回到鲁迅。华裔美国学者周蕾在《原始的激情——视觉、性欲、民族志与中国当代电影》[②]一书中重新解读了鲁迅留学期间遭遇的"幻灯片事件"，并从技术化观视的角度指出"幻灯片事件"中现代视觉技术的关键性作用：对于当时的青年鲁迅而言，作为20世纪新媒介的电影以一种透明、直接、有效的方式放大了影像内容，使鲁迅在现代技术的图像视域中深刻地体会到"看与被看"的视觉权力力量。正如周蕾所言："这种震惊和困惑是通过电影媒介的夸张和扩大的过程才达成了其可能性，它使得景观更为壮观，景象更为怪异，进而强调了已技术化了的视觉的意义。"[③]张历君则引用了竹内好对"幻灯片事件"的判断，在竹内好或一些学者看来，"幻灯片事件"的真实性有待商榷，并不是说鲁迅没有接触到类似的影像，而是说影像呈现的方式和过程充满了复杂性和多义性，这反而使鲁迅对于

---

①　［法］雷吉斯·德布雷.媒介学宣言［M］.黄春柳，等，译.南京：南京大学出版社，2016：132.

②　此书部分观点参见《视觉性、现代性与原始激情》一文，该文收录于罗岗等主编的《视觉文化读本》。

③　罗岗，顾铮.视觉文化读本［M］.桂林：广西师范大学出版社，2003：260.

这段经历的多重描述成了"开放的文本""引出多种不同的阐释"①。

"幻灯片事件"引发的一系列关于"技术化观视"的思考和论争都可以用著名传播学学者威廉·弗卢塞尔的媒介技术哲学加以整合。在1983年出版的《摄影哲学的思考》一书中，弗卢塞尔描述了一种技术性图像，并在之后出版的《技术图像的宇宙》一书中将这一术语体系化。在他看来，技术图像与传统图像存在本质差异："新图像……与前字母时代的图像（传统绘画等）没有任何共同点。从发生学的视角来观察，前字母时代的图像是人类最初面对世界后退一步的结果。借助这种后退，人类才成为人类。……技术图像是面向文本（特别是光学与化学文本）后退一步的结果。……前字母时代的图像指示世界，而技术图像指示的则是文本。"②弗卢塞尔的技术图像隐含着哲学层面的"元图像"性质。弗卢塞尔对技术图像的描述非常接近我们现在常说的数字图像，他指出："技术图像依赖于孕育它们的文本。……它们不是一种表面，而是由粒子组合而成的马赛克。因此，他们不是史前的，二维的结构，而是后历史的、无维度的结构。"③技术图像的后历史维度与本雅明的"后续历史"理论非常接近，都指明了基于技术图像的视觉开放性，在脱离历史主义的线性叙事之后形成的后历史的建构性，这种建构性在某种程度也解释了后

① 罗岗，顾铮.视觉文化读本［M］.桂林：广西师范大学出版社，2003：285.

② ［巴西］威廉·弗卢塞尔.传播学：历史、理论与哲学［M］.周海宁，译.上海：复旦大学出版社，2022：78.

③ ［巴西］威廉·弗卢塞尔.技术图像的宇宙［M］.李一君，译.上海：复旦大学出版社，2021：2.

世的文本演绎对"幻灯片事件"的深刻影响。

　　弗卢塞尔更是借用装置、程序来说明技术图像的自动化属性，并以手势和想象来论证技术图像与"凝想者"的辩证关系。从而在技术性的图像宇宙中确立了图像的主体地位，他指出："在这个宇宙中，图像支配着个人和社会的经验、行为、欲望与认知。"[①]

　　综上所述，现代图像学研究与现代科技史和媒介考古学等技术研究和媒介研究息息相关。数字视像的非物质性和数字虚拟性在某种程度上揭示了现代视觉的核心是建立在技术和媒介的基础上的，而技术图像也并非局限在视觉领域，其后历史的哲学维度涵盖了多个领域，比如X光、核磁共振、显微镜、红外线成像等多种视觉形式和视觉技术都包含在弗卢塞尔的技术图像宇宙中。他这样描述我们的视觉生存环境："我们可以把用指尖敲击装置按键的手势称为'考量与计算'，它可以生产如马赛克般的粒子组合，生产技术图像，生产一个使粒子组合成可视图像的、被计算出的宇宙。这个正在出现的宇宙，即一个由技术图像组成的无维度的、想象的宇宙，试图使客观情况变得可想象、可表现、可理解。"[②]

　　因此，也许技术可以成为图像的另一只"翅膀"，从媒介和技术的两个维度重新思考图像学的问题，似乎可以找到真正的答案。如果说图像（或形象）一词很难概括由米尔佐夫划分的视

---

① 　［巴西］威廉·弗卢塞尔. 技术图像的宇宙［M］. 李一君，译. 上海：复旦大学出版社，2021：89.

② 　［巴西］威廉·弗卢塞尔. 技术图像的宇宙［M］. 李一君，译. 上海：复旦大学出版社，2021：4.

觉文化的第三阶段——1975年以来的当代（后现代）时期——的
图像变化的话，那么毫无疑问，从视觉技术发展的进程来看，视
像可以替代图像作为这一时期的形式主体①。正如德布雷所言：
"属于不同用途的图像不应该取同一个名称。就像我们先得摘掉
'艺术'的眼睛才能接受早期图像那样，也必须忘掉美学的语言
才能发现'视像'的独特之处。"②

---

① 德布雷将媒介领域划分为三阶段，其中第三阶段视像领域或视像时代在时间界
定上明显在1968年以后。

② ［法］雷吉斯·德布雷. 图像的生与死［M］. 黄迅余，等，译. 上海：华东师范
大学出版社，2014：183.

第三章　从静观到介入：数字时代的视像技术美学

　　数字技术赋予视像的"新媒介语言"意味着视觉作品从创作到呈现都将彻底实现数字化，由此构成的媒介空间或平台其内在特质同时也促成了这个时代的基本特征，集中反映为一种波斯特所谓的双向交互性。这种交互性与传统意义不同，带有明显的动态化、参与性和可定制性的复杂作用，因此，数字图像的意义往往来自独特的语境和作为接受者的直接互动。换言之，在欣赏传统艺术作品时，交互性更多的是源自观看者脑海当中的某种精神力量，作品的物质性并没有完全消失，我们仍在保持距离、屏气凝神、心怀敬意地观看。最典型的例子即韩裔艺术家白南准的艺术创作，他在作品《电视佛》（图3-1）中展示了电子媒介时代的互动性，试图说明新媒体艺术的某种非物质性，但是不难看出，白南准的艺术哲思仍是基于传统艺术的互动思维，即某种静观式的单向互动。

　　而对于数字时代的艺术品而言，交互性更多的意味着一件作品可以在不同的形式中被浏览、集合、重组，虽然物质性变为数字化的非物质性，但是借助与机器设备的人机互动，反而超越了传统的那种纯粹的精神性互动。距离的消失，使我们面对数字媒介的远程在线或即时参与的媒介属性时，增加了更多和更复杂的可能性。某种角度来看，反而意味着交互行为的实质化。同时我们还应注意到的是数字时代的视觉艺术其交互性绝非简单的"点击"，那只是初期或者简易的一种观看作品时的简单手势及行为。

图3-1　韩裔美国艺术家白南准新媒体作品《电视佛》

当下的虚拟影像艺术正在发生更为本质性的变化。正如前文所言，它们继承了现代图像的视觉开放性，在信息结构、叙事方式、空间逻辑上都呈现为一种流动性，并最终通过"装置"将对于信息内容的控制交到转移给信息的接受者或者说参与者的手中。虽然这并不意味着数字时代的视像创作是一种协作性的产物，但它无疑是参与式的，尤其在数据库的语境下，更依赖于多用户的即时互动。正如弗卢塞尔所说："技术图像诞生于一种两相矛盾的手势之中，诞生在装置的发明者与操作者、装置和人之间复杂的对抗与合作之中。"①人们看似随意的介入可能就是一次关键性的互动，可能会直接改变视觉信息的叙事方式。总之，数字时代媒介特征表现出来的这种不同以往的交互性说明了我们的观看方式和审美方式的转变，我们的视觉行为已经形成了一种从单向到双向、从静态到流动、从观看到参与的新模式。

这一模式转变也必然带来审美情境的变化，数字时代的视觉艺术明显形成了从静观到介入的技术美学特征。我们如何系统地理解并阐述这一特征？从历史维度来看，20世纪以来现象学理论中关于意识与想象、可见性与不可见性、视觉二元论与身体知觉等问题研究是这一变化和特征的理论根源，因此，研究数字时代的视像美学首先应该回到它的源头。

第一节　跳出"静观"：从现象学中走来的 "可见性"审美观

德国图像学研究者兰伯特·维辛认为现代图像学研究有三个理论取向，即传统的符号学取向、以知觉为基础的现象学取向和颇具德国色彩的人类学取向。根据他的总结，这三种研究取向也代表着对于图像的三种不同理解。

一、符号还是知觉物——论图像学的理论取向

首先，符号学取向倾向于把图像看作表意的视觉符号系

---

① ［巴西］威廉·弗卢塞尔.技术图像的宇宙［M］.李一君，译.上海：复旦大学出版社，2021：13.

统，以索绪尔的结构主义符号学，以及罗兰·巴特的一些有关摄影方面的研究为基础，是一种将结构主义符号学延展到大众文化领域的图像学研究取向。另一视角则是以米歇尔的图像学研究脉络为线索的美国符号学系统，即在米歇尔的研究中反映出来的从皮尔斯到古德曼的研究路径。与索绪尔的"能指"与"所指"的体系不同，皮尔斯的符号类型是以像似符号（icon）、指示符号（index）、规约符号（symbol）三分法的方式进行建构的，因此，图像是在像似性基础上同时具有意指功能的视觉符号。古德曼则强调了图像的符号作用并不一样建立在相似性的基础上，在《艺术的语言》中，古德曼指出，"显而易见的事实是，一个图像要再现一个对象，就必须是它的符号，代表它，指涉它；而且相似的程度绝不足以确定必要的指涉关系。相似性对指涉来说并不是必要的；几乎任何东西都可以代表任何其他东西。一个图像再现一个对象——就像一段文字描述一个对象一样——就是在指涉它，更准确地说，是在指谓它。指谓是再现的核心，并且独立于相似性的。"①这也为米歇尔的图像学研究指引了方向，即图像脱离再现后的符号功能和价值。

其次，以感知为基础现象学或心理学取向则倾向于把图像视为是"可见之物"，其理论源头始于胡塞尔。作为现象学的创始人，胡塞尔对于图像学或者说图像研究的贡献主要体现在，他将我们的图像意识细分为物理图像、图像客体和图像主题。所谓物理图像是指图像的物质性和实体媒介，如传统艺术中的油画、

---

① ［美］纳尔逊·古德曼. 艺术的语言——通往符号理论的道路［M］. 彭锋，译. 北京：北京大学出版社，2013：15.

雕塑等形式实体；图像客体则是指呈现在观赏者意识中的图形形象，白南准的作品即旨在强调这一图像客体如何在我们的艺术感知中发挥作用，从胡塞尔的理论来看图像客体即一个意向对象；图像主题则类似于图像志式的主题分类，是指与图像客体交织的图像的表现对象。

现象学对于图像的理解和把握迥异于符号学取向。在符号学领域中，图像是某种具有指涉作用的意义符号，而在现象学体系下，图像首先是一个知觉对象，是一个可感知之物，因此才能在意识中形成图像。比如在纸上画一个人，这是一种物理图像，当我们只意识到纸忽略了上面的人像，那么图像就并不会出现在我们的想象中。这也就是白南准的新媒体作品试图通过去物质化来强调图像意识中的图像客体。

作为胡塞尔的后继者，梅洛-庞蒂在他的《眼与心》等著作中也论及图像。在他看来，图像（或者视觉呈现）并非对世界的单纯复制，实际上是我们的身体知觉与世界交流的过程中生成的某种整体感受，而艺术家能够将这种身体知觉转换为艺术语言，如线条、色彩、空间，而这种图像上的可见性并不代表或并不等同于实际物的可见性。在梅洛-庞蒂这里，图像变得更为辩证。

再次，人类学取向则强调图像与人的关系，将其视为"有人类制作出来的物品"，与现象学取向有着千丝万缕的关系。维辛将德国哲学家汉斯·约纳斯、弗卢塞尔和贝尔廷视为这一方向的代表人物。

维辛认为，约纳斯是比较明确的从康德体系下的人类学视角来诠释图像的。其主要观点可以简述为：制作和观看图像恰是人类与其他物种的"种差"，是人类的独特性的显现。即是说只有人类才能具有从技术层面实现的视觉能力和创造力，其源泉——与现象学类似——是一种想象力（或图像意识）。在这一点上弗卢塞尔也有同样的认识，只是他的出发点更趋向于历史史观，他用五个层级中的"历史阶段"来界定人类的这种图像意识和艺术创造能力："与动物甚至灵长类动物不同，人类拥有可以对抗世界的双手，我们可以把这种……伸出双手的举动称为'行动'。……人必须通过图像来达到改变事物的目的。人类的掌握与行动依照具有表征意义的图像，……此处的困难在于，图像是不可掌握的，因为它们没有深度，……但人们可以用手指抓住图像的表面，将征像从表面抓取出来以掌握、清点和解释它们。"①

萨特大约也可以被看作是其中最早的一员。虽然他是存在主义理论家，但他对图像的一些观点更亲近人类学。而现象学和人类学的相互渗透恰恰又使德国学界具有某种现代特征。而萨特关于形象的问题思考主要体现为：他认为对图像的感知必然伴随着想象，否则我们的意识就无法区别图像与现实，因此，意识的本质就在于能够想象。对萨特来说，想象力的作用表现在，它能够把一个实际存在的事物当做另一个不在场的、想象中的事物来把握。从人类学的角度来看，如果没有这种能力，我们就只能把所有感知到的东西当作实际存在的事物，也就是彻底陷入"实存事物"之中，这就无异于降低到了动物的意识水平。

通过这种分析，萨特确立了对图像理论中的人类学取向来

---

① ［巴西］威廉·弗卢塞尔. 技术图像的宇宙［M］. 李一君，译. 上海：复旦大学出版社，2021：3-4.

说非常重要的一个原则，这就是：不能把物理图像和心灵图像分开。跟现象学略有不同的是，人类学取向是同时从制作和观看两个方面来理解图像的，无论就哪一个方面来说，图像的产生都离不开想象力这种人类特有的能力，按照汉斯·贝尔廷的理解，这应该被看作是一枚硬币的两面。

如上所述，根据维辛的分析，图像学研究的三个理论取向中，现象学取向与人类学取向基本可以视为同源，只是人类学取向一方面沿袭了德国理论界的传统，更重视从人类学的角度来诠释视觉问题，另一方面也表现为对于图像的物质性的重视，这一点也可以从贝尔廷关于"物理图像"和"心灵图像"或者"外在形象"和"内在形象"的辩证性论述中发现端倪。而无论是物理与心灵，还是想象与知觉，在可见性的问题上仍然无法离开胡塞尔的现象学体系。因此我们有必要将现象学取向进一步放大，观察其隐含的关于"看"的思考和现代图像美学内涵。

二、从胡塞尔到梅洛-庞蒂："可见性"的现象学谱系

西方理论界普遍认为胡塞尔的现象学是对于笛卡尔视觉中心论的一种延续，他自己也将现象学定义为新笛卡尔主义，并且坚持认为现象学是一种本质性的科学，它能够对本质进行洞见性的直观，即"本质直观"，本质直观从字面上可以直译为"看进本质"，突出了视觉观看的能力，以此来把握所视物的本质意义。对于胡塞尔而言，这即说明一切知识的检验标准或方式都是直观，而直观即指观看。这一理论核心也就突显了胡塞尔的视觉中心主义者的形象。

但是，萨特和梅洛-庞蒂却从他的理论中发现了一种反视觉

中心主义的倾向。因为不论是本质直观，还是明晰性或明见性如何具有鲜明的视觉中心主义特征，胡塞尔的意向性理论都打破了笛卡尔透视主义中主客分离的距离感和视觉二元论，胡塞尔认为意识不能脱离感知和对象独立存在，意识是关于某种事物的意识，意向性是意识的意向性，因此，二元论的主客体对立的状态，在胡塞尔的意向性理论中变为了一种融合或交织。而视觉二元论的"后退一步"①的观看方式恰恰是静观美学的根源，胡塞尔的观点意味着对于观看的理论诠释开始发生变化。

对视觉至上的反思在另一位德国现象学大师那里表现得更为明显，海德格尔比较反感自古希腊时期以来以视觉研究为中心的形而上学体系，他认为这一体系强化了某种基于观看的共时性的空间关系，而忽略了源于听觉的、时间性维度的理论发展的可能性。导致的问题是世界在看/被看的过程中始终处在一种分离状态。受胡塞尔的影响，海德格尔也将视线投入视觉问题的现象学研究上，他的观点是不能仅从视觉主体的角度理解观看的问题，还应从事物自我显现或"敞开"的角度理解这个问题。海德格尔称之为"上手状态"，所谓"上手状态"意味着一种无意识，以实物应用为例，比如筷子，当我们每次吃饭时并没有意识到对它的使用，这就是所谓上手，即一种在使用过程中无意识或者非视觉的状态；与之相对的是"在手状态"，即拿在手中或眼前进行观察，是有距离的观看。而这实际上表明了两种视觉模式，"在手"式的模式是认识论的，是旁观的、再现的、有距离

---

① 弗卢塞尔认为线性文本主导的历史阶段正是源于人类面向客观世界向后退所产生的距离感，而技术图像则意味着面对文本的向后退。

的、僵化的、机械的、单眼模式的、不灵活的、静止的和排斥性的；"上手"式的视觉模式是本体论的，是嵌入性的、整体的、多重的、场域性的、包容的，流动的、自然而富有感受的。海德格尔提倡"上手状态"的视觉模式，他因此发明了一种看的方式——"环视"，这是一种具有场域性的概念，观看者在视觉场内与可见或不可见的物形成某种互动和交流，环视并不是冷漠的凝视或有距离感的他者化。本雅明的某些观点也有类似之处，他强调现代视觉技术——尤其是电影技术——会使观者进入"散心"或"分心"状态中，也就类似于进入了"上手状态"或者"知觉的悬置"。

萨特关于视觉问题的思考则是建立在"他者的凝视"，即个体与他者的关系，个体在视觉场域中的存在问题等。对于萨特来说，可见性并不意味着一定被看见，而是个体对于他者凝视的一种感受或者说置身于或曾置身于视觉场域的想象，用他自己的话说："去知觉某物就是去观看；而去理解一种观看行为并不是理解在世界中'作为客体存在的［他者的］的观看'（除非这种观看并非看着我们的时候我们才可以这样做），而是意识到自己被观看。"[①]在他看来，"我"借助"他者"的可见性而存在，而"他者"并不意味着即是主体，甚至也不意味着即是客体，"他者"可以或似乎是一个"可能存在的人"，因此，"我可能被他看到的永久可能性"[②]。这不仅又使我们感受到鲁迅的视觉

---

① ［法］让·保罗·萨特. 存在与虚无［M］. 陈宣良，等，译. 北京：生活·读书·新知三联书店，2014：525.

② ［法］让·保罗·萨特. 存在与虚无［M］. 陈宣良，等，译. 北京：生活·读书·新知三联书店，2014：315.

经历，"幻灯片事件"无论真实与否，在那种异国的场域或视域中青年鲁迅定会意识到作为个体的"他者化"的存在。换言之，无论是否存在看的行为，这种个体与他者的辩证性的看与被看的关系都是自在的，个体的存在依赖于他者的可见性。因此，萨特关于"看"的阐释，实际上并不在于客观世界的可见，而是可见性自身的表露。也即是说，萨特对于可见性的理解体现在一种先在，它并不取决于旁观者的出现。本质上，萨特的可见性是个体内在意识，是某种被看的感受或想象，是一种模糊的状态，实际上意味着观看与眼睛的分离，也就回到了前文提到的想象与意识的问题，反而因此更加抽象和趋近视觉本体。因此，萨特的"他者的凝视"带有着视觉本体论的性质。从某种角度来看，福柯的观看与权力很难说没有受到萨特的视觉观的影响，正如萨特所说："穿上衣服，是隐藏一个人的客体状态；这就是获得能在观看时没有被观看到的权利；也就是说，成为纯粹的主体。这就是为什么圣经中在原罪之后的堕落标记是，亚当和夏娃知道他们是赤裸的。"①

梅洛-庞蒂的现象学研究比较热衷于知觉系统的整体建构，早期明显受到格式塔心理学的影响。格式塔心理学派认为知觉不是单向的因果关系的结构，而是一种经验的循环和互动，是一种关系性的结构。梅洛-庞蒂也从这一角度出发，认为知觉的结构性与我们这个世界所看到的意义相符，结构关系与主观意义是交织的而不是对立的，并且借用胡塞尔的观点，认为结构化的行为

---

① ［法］让·保罗·萨特.存在与虚无［M］.陈宣良，等，译.北京：生活·读书·新知三联书店，2014：354.

是一种意向性的现象。并尝试建立自然知觉与科学理性的某种联系，认为科学源自自然知觉而不是它的对立面。这种认识也随后体现为他在吸收胡塞尔理论时对于"活生生的身体"观念的接受。这种结构性和身体性直接体现在他对视觉的诠释，他并没有将视觉置于其他感官感觉之上，而是以结构性为原则，强调知觉的叠加性，尤其是对于触觉，梅洛-庞蒂认为在我们对颜色的知觉中，触觉也发挥了重要的作用。

这种整体性、结构性最终集中在梅洛-庞蒂对于身体知觉的诠释上。他认为身体感官交错的统一"就像双目视觉融合成自然观看一样，是在心灵与物质区别开来之前，以一种身体性的意向性产生的"[①]。这也正是梅洛-庞蒂与萨特的分歧之一，即身体体验的真实性、自然性和鲜活性使得萨特的他者凝视必然换位为个体对象，也就是说，个人（主体）与他者（客体）在身体体验、身体意识层面是平等的，"那种相互客体化的'非人凝视'只存在于思想层面上，而并非存在于互动的层面上。"[②]由此梅洛-庞蒂就构建了一个人类主体间性相对和谐互补的视觉世界，并利用"遥视"表达了一种共情地进入他人主体性的方式。

当梅洛-庞蒂找到身体知觉这一理论依据之后，他的现象学研究开始发生了一些变化，一是对胡塞尔意向性理论的唯心主义色彩的批判，梅洛-庞蒂认为这会导致主体存在的被忽视；二是重新唤起了对视觉的重视，此时他开始从身体的角度来理解视觉

---

① ［美］马丁·杰伊. 低垂之眼——20世纪法国思想对视觉的贬损［M］. 孙锐才，译. 重庆：重庆大学出版社，2021：255.

② ［美］马丁·杰伊著. 低垂之眼——20世纪法国思想对视觉的贬损［M］. 孙锐才，译. 重庆：重庆大学出版社. 2021：256.

再现。梅洛-庞蒂认为，绘画中的再现不是对客观世界的真实性再现，而是画家通过身体与世界连接、混合，之后呈现出来的形象。"绘画唤醒了精神错乱/谵妄，并且将它推向极端。这样的精神错乱就是视觉，因为去观看就是保持距离地拥有；绘画将这个奇怪的特征传播给存在的所有方面，为了进入艺术作品，这个存在某种程度上必然会变得可见。"①这种可见性也始终存在于各个时期的画作中，比如凡·艾克的《阿尔诺芬尼夫妇画像》，又或者委拉斯凯兹的《宫娥》（见图3-2），这是画家作为视觉主体的个人化的观看。这种个人化的观看并不是被分离出来的，恰恰是身体与世界的融合，在这里梅洛-庞蒂重新描述了他理解的空间："这个空间是从我开始被思考为空间性的零点或零度。我并不根据它的外部样子来观看它。我在它里面生活着；我沉浸在它里面。毕竟，世界在我身边，而不是在我面前。"②

梅洛-庞蒂的身体知觉为可见性在哲学和科学的结合点上找到了新的定位。从笛卡尔以来，近代哲学接受了科学技术的预设，以二元论的方式突出了静观的作用和价值，以视觉的可见性世界代替了整体知觉的可感世界。而梅洛-庞蒂重新论证了视觉的感知维度，使它回到了身体感官系统的知觉性。因此，我们并不是通过静观来认识事物及其存在，而是进入一个整体的可见性的知觉结构，从而实现并感知我们与世界的共生。

---

① ［法］梅洛-庞蒂. 梅洛-庞蒂文集. 第8卷：眼与心·世界的散文［M］. 杨大春，译. 北京：商务印书馆，2019：166.

② ［法］梅洛-庞蒂. 梅洛-庞蒂文集. 第8卷：眼与心·世界的散文［M］. 杨大春，译. 北京：商务印书馆，2019：178.

图3-2　西班牙巴洛克艺术大师委拉斯凯兹代表作——《宫娥》

综上所述，通过对图像学的现象学研究取向的放大，我们可以看到从胡塞尔、海德格尔，到萨特、梅洛-庞蒂，现象学对于视觉/观看的理论阐释和延展，深刻地影响到现代审美意识的体系建构。在意向性和客观性、可见与不可见中表明了图像在物质性与形象性上的同构关系；上手状态和视觉场域则论证了存在的可见性的解蔽和敞开；想象与他者则诠释了他者的在场与缺席；而知觉的结构性、身体性以及视觉观看的个人化、个性化更是进一步指明了视觉的整体性和共生性。总之，现象学理论家们关于可见性的研究，使我们摆脱了笛卡尔以来"看"的唯一性和静观化，为视觉艺术的美学转化打开了一扇大门。

第二节　社交连接与图像狂欢：数字时代的视觉拜物教

出版于20世纪90年代的《观察者的技术》是美国学者乔纳森·克拉里重要的代表作之一。克拉里在序言部分谈到了当代飞速发展的数字技术对于社会的改造，并伴随着时代发展不断与社会各个领域的数字化、可视化需求紧密相连。他认为："人类眼睛在历史上的一些重要机能，绝大多数正被一些新的实践所取代，在这些实践中的视觉影像，不再需要一个观察者置身于'真实'可感知的世界以供参考。"[1]在这样的背景下，传统的视觉观不断发生转变，视觉文化开始形成，并逐渐在这个时代成为主流。这种转变是如何完成的，当代视觉及其文化与传统的图像或影像有什么关联，在这一转变的过程中出现的图像、技术、身体又具有怎样的历史意义，克拉里试图通过回归到19世纪初现代视觉技术的萌芽时期去寻找答案。

克拉里将现代视觉技术诞生初期的观察者看作一种不断被视觉规训并缺乏自主性的主体形象，或者与话语体制、视觉技术以及其他现代元素相互碰撞、纠缠、融合的身份关系，从而试图

---

① ［美］乔纳森·克拉里. 观察者的技术［M］. 蔡佩君，译. 上海：华东师范大学出版社，2017：4.

描述观察者是如何逐步地丧失中立地位而逐渐沦为旁观者的。实际上，克拉里是从技术的角度出发将从暗箱技术到立体视镜以来的视觉相关的科学、技术、艺术、美学等串联起来，揭示了视觉如何成为一个抽象化、理论化甚至不断本体化的概念，以及在这一过程中，在视觉技术的洗礼下，作为观察者的视觉主体如何完成了视觉感知的转化。克拉里指出这种历史回溯性的研究旨在对照数字时代的观察者技术，他将19世纪现代视觉技术初期的现代视觉主体视为"观察者"，将20世纪"景观社会"的视觉主体视为"旁观者"，并通过《知觉的悬置》一书从内在性和理论性的角度论证了知觉的均匀悬置恰是"旁观者"形成的理论条件。

但是，我们不难发现，无论在哪个历史阶段，观察者的位置都不是固定的，不能以二元论的方法简单地诠释"看与被看"之间视觉主体的观看行为。尤其是数字媒介时代，网络技术和虚拟技术的高速发展的前提下，这种"观察者"或"旁观者"的视角以及静观式的视觉活动明显在发生变化。正如前文所述，数字技术支持下的视觉观看往往是参与式的、介入式的。上一节，通过现象学理论中可见性问题的分析，我们已经发现，从图像学理论发展的角度来看也存在着从静观到身体知觉的转变，因此我们必须意识到19世纪以来的静观式的美学观念已经不适用于数字时代的观察者们，数字时代的视觉审美和图像美学是一种以个体为中心的介入式的技术美学。

一、自拍：社交化的自我呈现

2012年12月，日本宇航员星出彰彦在太空拍摄了一张照片（见图3-3），这张照片与一百多年前约翰·亚当斯·惠普尔用银版法拍摄的《月球》（见图3-4）形成了鲜明的对比。1851
年，惠普尔在拍摄《月球》时充分展示出摄影的惊人魅力和科学
技术的严谨性，他利用相机与天文望远镜结合，在计算了地球自
转的偏差后通过轻微摇动拍摄设备抵消了由此造成的模糊感，获
得人类历史上第一幅极具盛名的高清晰度太空拍摄作品，并因此
获得首届世博会（当时称万国博览会）的大奖。而在星出彰彦的
照片中，我们看不到那巨大无比的星体，哪怕是太阳也变为星出
彰彦肩头的聚光灯束，在他的照片里我们只能看到星出彰彦自己
以及他闪耀的面罩中反射出来的国际空间站和渺小的地球，这是
一张标准的自拍照。

图3-3　日本宇航员星出彰彦的太空自拍

　　米尔佐夫认为这看似另类的照片恰恰反映出数字时代可见
性与不可见性的转变。如果说《月球》是利用摄影技术极力呈现
了人类从未体验过的视觉景象，是笛卡尔式的可见性的话；那么
在星出彰彦的这张自拍照中，可见性转变为身体的在场，也就是

梅洛-庞蒂的"世界在我身边，而不是在我眼前"。视觉在此刻从现代视觉技术打造的机械之眼回归到了观察者主体自我操控的"画家之眼"。这一转变，一方面基于观察者自我意识和视觉权利的解放，另一方面也体现在技术的变革，数码摄影和相应设备的出现，使数码自拍得以实现。观看者自我意识的觉醒、数码拍摄技术和相应设备的便捷廉价化、图像后期合成技术的专业下沉、网络空间不断地开放和扩大，使我们在现代图像时代——建立在机械复制的视觉图像时代——之后又一次迎来了视觉影像的大爆炸。

图3-4 1851年惠普尔用银版法拍摄的《月球》

米尔佐夫认为："'自拍'这种现象都与分享密切相关。……这是向他人发出的邀约，请他们参与视觉对话，请他们对你所做的事情表态：喜爱或讨厌。"①而自拍的兴盛与便携式数码相机的出现，尤其是带有前置摄像头的智能手机的诞生密切相关，并且正如米尔佐夫所言，自拍的目的是交流和分享。

　　2004年Flickr网站的出现，被视为之Web2.0时代的一个标志，它可说是互联网上最早的图像社交平台之一。在该网站上，用户们可以随意上传相片，并设置专属于自己的隐私相册，可以通过添加注释或评论来寻找志同道合的摄影爱好者。在这个新网络视觉空间中，人们可以用数字化的方式自主管理图像，可以在别人的相册中针对喜欢的图像评论、留言，还可以建立共享群组对共同喜爱的风格或作品进行讨论，这是继MSN、BBS、ICQ、BlOG之后又一种强调分享的新兴网络社交模式，前几种模式受技术限制以文字交流为主体，而Flickr基于图像社交的全新模式。同时，Flickr作为信息接口，已经聚合了庞大的图像信息，并转变为类似数据库的性质，成为其他平台或软件的数据端口。此时，分享型的视觉图像代表着一种"技术无意识"的参与行为。并且，自拍图像也从强调以个体主体为主导的集体性认知转向网络、算法、技术建构的系统与人的互动的连接认知。荷兰学者何塞·范·迪克认为，这一形势反映了网络社交媒介时代参与式文化向连接式文化的过渡和转变②。因此，分享已经不仅是分

①　［美］尼古拉斯·米尔佐夫.如何观看世界［M］.徐达艳，译.上海：上海文艺出版社，2017：40.

②　［荷兰］阿塞·范·迪克.连接：社交媒介批评史［M］.晏青，陈光凤，译.北京：中国人民大学出版社，2021：5.

享者间简单双向的信息传递，而是由分享主体与技术系统、社交媒介的多方融合的整体性网络化行为。总之，当图片共享成为网络创意与交流行为的核心时，网络社交的图像化，或者说图像媒介功能的网络化，更加明确地指明了数字时代视觉文化从介入参与到互动连接的美学进化。

米尔佐夫指出："每一张自拍照都是拍摄者希望自己呈现在别人眼前的一场表演。自拍采用后现代主义中由机械制造的审美，并进行相应的转变，以适应全球互联网观众。在网络和现实生活中与技术进行互动，这正是我们当下所经历的新的视觉文化，如今，我们的身体既在网络中又在现实世界。"[①]现在这场表演已经彻底智能化，数码手机中各种滤镜和磨皮软件，使人们可以在图像中呈现出各式各样的自我，可以美化也可以丑化，总之，手机和软件可以把你变成任何你想要的样子。如果说萨特的自我呈现是建立在他者的凝视中，那么，在这个人人爱自拍的时代，图像是建立在群中。

二、物化的视觉：图像的消费与狂欢

2012年，美国宇航局发布了一版新的地球照片，在这张照片中人们惊奇地发现，自1972年阿波罗17号之后许久没有显露全貌的蓝色星球在此完全展示出它迷人的、静谧的圆形边缘，以完整的、准确的、精密的蓝色圆球展示在世人面前，这又是数字时代数码技术的高超技艺。这张照片实际上是利用了"排列式成

---

① ［美］尼古拉斯·米尔佐夫. 如何观看世界［M］. 徐达艳，译. 上海：上海文艺出版社，2017：38.

像"原理后期合成完成的一张作品。虽然摄影术的后期合成手段早在胶片时期就已经千变万化，但是其能够达到的视觉幻象的真实感远远无法与当下的数码摄影相提并论。这张蓝色星球的照片明显再次体现了当代数字影像技术的作用，同时也进一步凸显出技术力量在日常视觉消费行为中的巨大价值。数字时代的视觉生产，取决于视觉形态与文化、技术的高度融合，往往越是数字化、日常化，获得的效果越好。现代技术强化了视觉作品的展示功能，正如本雅明曾经评论过的："如今，艺术品通过对其展示价值的绝对推重而成了一种具有全新功能的创造物。"①从这个角度来看，数字技术正前所未有地在人的日常审美领域获得了自己的美学话语权。

不仅是这张照片，包括星出彰彦的自拍，NASA每年会发布大量的照片记录并展示地球的变化，当这些精美绝伦的、从太空视角下拍摄的照片展现在人们面前时，无人不被其震撼和吸引，进而对照片中的各种地球形象产生喜爱和崇拜，这种崇拜是对于图像功能的放大，是对其"魅化"的结果。这一阶段的视觉生产集中于对外观形式的视觉性美化、修饰，它体现出在日常生活中一种审美趣味"物化"的倾向。作为我们时代视觉文化的具体对象和直接结果，图像生产往往注重于对可感形式的极端关注，并直接体现为"物"的形式外观上呈现出的"物（质）化"了的人的特定审美趣味。而随着视觉环境的极度繁芜和日渐充盈的图像形成的视觉围困，现代人的种种审美趣味也正在失去其原有的想

---

① ［德］瓦尔特·本雅明. 摄影小史、机械复制时代的艺术作品［M］. 王才勇，译. 南京：江苏人民出版社，2006：64.

象力和精神力。结合上文谈到的各种图像社交软件，我们不难发现现代社会已经将非物质、无生命的图像神秘化，沉迷甚或崇拜各种各样的视觉之物。比如，打开小红书，我们会发现什么"侘寂风""新中式""极简派""轻奢风"等等各种所谓美学风格的图像标签，令人震惊、感叹、痴迷、沉醉、麻木、厌恶。

在消费主义横行的当代物质社会中，视觉生产和消费的过剩是一个无法逃避的现实。这既表明了视觉的感官魅力和经济潜力，以及网络共享带来的无限资源；又指向了马克思主义商品经济理论中生产与消费的拜物教逻辑。关于这一点，桑塔格的观点非常值得注意。在分析摄影与消费的关系时，桑塔格指出："需要拍摄一切事物的最后理由，存在于消费本身的逻辑。消费意味着燃烧，意味着耗尽——因此需要再添和补充。当我们制造影像和消费影像时，我们需要更多影像和更多更多影像。……拥有相机可激发某种类似渴望的东西。而像所有可信的渴望形式一样，它不可能得到满足：首先是因为摄影的可能性是无穷的；其次是因为这个工程最终是自我吞食的。摄影家们企图改善现实的贫化感，反而增加这种贫化。事物转瞬即逝带给我们的那种压抑感更强烈了，因为相机为我们提供了把那稍纵即逝的时刻'定'下来的手段。我们以愈来愈快的速度消费影像，……影像消耗现实。相机既是解毒剂又是疾病，一种占有现实的手段和一种使现实变得过时的手段。"[1]这也就解释了，为什么米歇尔早期的"批判的图像学"热衷对马克思理论中的"暗箱"和"物恋"进行过度

---

① ［美］苏珊·桑塔格.论摄影［M］.黄灿然，译.上海：上海译文出版社，
　　2010：263-264.

诠释。

我们还应意识到，在数字时代，"看"本身就是一种带有消费性的行为。"我"对于网络中各种形象的浏览、点击，别人对于"我"发布的视觉信息的点赞、评论，已经构成了建构自我身份认同的路径，图像消费或者说视觉消费就建立在这种互动过程中产生的符号价值和意义交换。因此，图像消费也必然成为这个时代消费行为中的一个重要面向。事物视觉化的过程以及图像在网络中的交互性不仅仅在于展示价值，更重要的还在于意义的生产和交流（消费）。

图像消费的价值还体现在意义的扩大化和狂欢性的视觉传播。即是说，图像消费并不在于对某个具体形象的关注，而是在于由此形成的普遍关注以及由此产生的强烈快感。它带来了并反映了在日常生活中的感官享受，这种享受本身就是一种直接的快感。以2012年NASA的地球照片为例（见图3-5），我们看到的不是一个地球的形象，而是由此形成的一系列的视觉想象和图像冲动，并通过分享行为使其迅速传播，这张地球照片在Flickr的下载量已经超过了500万次，是Flickr网站中访问量最多的照片之一。

视觉消费是一种体验性消费。其价值并不止于看的过程和分享的过程，还在于内心的满足。因此，观看行为产生的消费性，既代表着一种"看"的欲望和快感的满足，又是一种自恋式的主体地位的身份展示，更是真实的、具有社会意义的感官愉悦的实践行为。布尔迪厄说："消费是交往过程的一个阶段，亦即译解、解码活动，这些活动实际上以必须掌握的密码或符码为前提。在某种意义上，人们可以说，看的能力就是一种知识的功能，或是一种概念的功能，亦即一种词语的功能，它可以有效地命名可见之物，也可以说是感知的范式。"①

图3-5　2012年NASA发布的卫星数码相片拼合而成的地球照片，

画面中心是北美大陆

　　视觉消费是日常生活审美化的表征。英国社会学家费瑟斯通曾经指出"日常生活审美化"包含三个层面：一是西方现代艺术运动试图消解生活与艺术的界限的思想探索，一种思潮一直延续到20世纪六七十年代的激浪派艺术；二是提倡生活转化为艺术，其思想根源来自尼采对康德的先验形式论的批判，尼采主张现代生活艺术化的思想；三是指"充斥于当代日常生活之经纬的迅捷的符号与影像的双重性"②。即我们这里要强调的视觉消费，通过各种外在的视觉景观所提供的感性愉悦表现出来的视觉快感。

---

① 转引自周宪.视觉文化的转向［M］.北京：北京大学出版社，2008：112.

② ［英］迈克·费瑟斯通.消费文化与后现代主义［M］.刘精明，译.上海：译林出版社，2000：95-98.

总之，在视觉形象生产与消费大量过剩的数字媒介时代，图像在各种高新技术和网络新媒体的推动下，成为人们崇拜的对象，并且随着在使用过程中的符号和意义的生产和交换，与当代的消费主义文化紧密结合，刺激并催生观看者的视觉快感，进而全面渗透到日常生活，从这一角度来看，日常生活审美化在数字时代可以理解为日常生活视觉化、图像化、符号化。

　　综上所述，无论在文化领域还是在日常生活当中，数字时代凸显出的一些现象和问题应该引起我们的进一步思考：图像的过度生产虽然带来视觉文化的繁盛，但也形成了对人的全面围困；图像的物质性消失了，取而代之的是符号化、数字化、虚拟化，数字时代图像社交造成的审美泛化也意味着审美深度的缺失；过于依赖网络媒介，人与人之间的交流更多的是视觉化、图像化的分享与传播，在现实真实中人际间的交流始终在流畅和蔽塞中转换，图像化的社交行为在某种程度上也添加了技术和美学上的门槛；关键性的问题是，对于观看的满足的过分追求也促使视觉物化，一定程度上改变了我们对美好的理解、认知和想象，日常生活审美化或曰图像化实质上更像是一场虚假的魔幻的幸福泡影。这一系列现象直接指向了后现代主义文化，正如米尔佐夫所言："印刷文化当然不会消亡，但是对视觉及其效果的迷恋（它已成为现代主义的标记）却孕生了一种后现代文化，越是视觉性的文化就越是后现代的。"①他认为现代主义向后现代主义

----

① ［美］尼古拉斯·米尔佐夫. 视觉文化导论［M］. 倪伟，译. 南京：江苏人民出版社，2006：3.

转变的根本原因就在于"它们自身的视觉化策略失败了"①。总之，后现代文化是"断裂的""碎片化的"、以视觉性为主体的，而当代图像美学中蕴含着一种后现代性。

第三节　介入美学：后现代的视像技术美学

米尔佐夫从现代性进程对视觉文化做出了阶段性划分。他认为根据图像在历史中不同的呈现方式，可以将其分为三个阶段：一是源于传统绘画刻板逻辑的旧制度时期，所谓"刻板逻辑"即西方绘画传统的特定结构或模式，如透视法等。在这个时期形象更多的是以再现的方式表征客观世界；二是现代时期，其图像的代表呈现形式即为摄影，并表现为一种辩证关系，也就是说摄影术使观看者与过去的某个时空节点产生了联系；第三是后现代阶段，这一阶段图像表现为一种悖谬的逻辑性或某种虚拟性，尤其是进入数字时代，随着计算机数字图像的发展和互联网技术及媒介的不断扩张，图像的非物质性使之不断膨胀、传播、虚化，并透过网络最终构成新的虚拟艺术空间。比如，数字艺术的典型代表之一、新媒体艺术家邵志飞（见图3-6），他的作品所展示的那种事件性、偶发性和行为感，完美呈现了数字时代，视觉个体与数字系统的虚拟互动，新媒体艺术作品的同构逻辑，以及一种参与式、媒介化、环境化、介入美学性的艺术特征。

---

① ［美］尼古拉斯·米尔佐夫.视觉文化导论［M］.倪伟，译.南京：江苏人民出版社，2006：3.

图3-6   1985年新媒体艺术家邵志飞的互动作品《清晰的城市》

维利里奥在《解放的速度》一书中认为，每一次技术革命的结果都意味着速度的提高，比如从步行到坐马车、从汽车到飞机，在传播媒介方面更是体现出速度的变化，因此，他关于视觉文化的阶段划分指向了视觉艺术形态的数字化。这种数字化的过程使得图像的交流传递变得更加迅速快捷，也越来越个体化、私人化，从而造成了现代主义公共表征的逐渐衰弱，网络博客式的私人领域成为接纳信息和认识世界的主要窗口，这一领域在互联网时代又明显地呈现出一种交互性、网络化点状结构，维利里奥称这一阶段为形象的矛盾逻辑时期，其矛盾性就体现在个人领域的崛起，公共领域现代性结构叙事的消亡。

同时，正如上文所言，数字时代视觉生产过剩造成了图像对人的围困，并引发了审美的泛化和表层化，这也恰恰是后现代主义的特征之一。米尔佐夫认为后现代文化就是一种视觉文化，表现为现代性的宏大叙事向后现代的个人化叙事转向，可通约性向不可通约性转变，总体性向宽容和差异转变等。

总之，作为对当下世界的社会景观、经济形态、政治生态、文化构成等总体性描述，后现代不仅仅是阶段性历史概念，更被诠释为一种思维形态：它是积极的，也是消极的；它是创新的，也是颠覆的；它是去中心化的，是块茎折叠的；是深度表面化的，是不确定性的，是反叙述、非历史的，是游戏、荒诞、反美学的，是转喻的、演绎的、多样态的，几乎所有用来形容当代社会文化的词语都与之发生关联。就后现代主义的艺术审美而言，也呈现出几项转折与变异：对于精神的追求转向纯粹的形式快感，对于历史知识性经验的重视转向对后历史的身体感知和体验的关注，从注重静观式的观看转向注重介入式的参与。

一、解构与重组：后现代观念的延续

后现代艺术以及后现代美学因其去中心化和意义消解的文化特征，造成了参照体系的缺失，从而在作品中反映为主体性的缺席和形而上的终极意义的消亡。在其话语构成和视觉呈现上表现为非连续的、分散的、平面化的形式结构，并意味着与能指的决裂。20世纪的后现代艺术，激浪派的艺术家们用噪音替代了旋律（约翰·凯奇），用日常动作替代舞蹈表演（莫尔赛·库宁汉），用电子媒介替代实质艺术（白南准），用行为和现成品替代绘画语言和形式（约瑟夫·博伊斯），这种"时间上的持续性的感觉"的瞬间消失，也延续到数字时代的艺术创作。

数字艺术通过比特信息与物理粒子形成位置互换，结构关系的颠覆使影音图像的美学潜力得到大大增强。数字媒介的交互特征，更使得艺术与生活的边界日益模糊，某种程度上实现了尼采对生活艺术化的审美构想。因此，美学以及审美行为的转变也就顺理成章。传统艺术的固定秩序、静观结构转向后现代式的流动性、动态化、跨界化，我们的审美体验也更显现为一种当下性、瞬间性、即时性的生命交互。并且在数字时代，后现代艺术语言的合理化、日常化，甚至会造成我们审美经验的某种回归，现象学倡导的身体知觉重回数字时代的美学视野，在交互中、在参与中，我们将回归身体、情绪和感受。

维利里奥说："电传出现的 present 是一种消逝的美学，实体存在或实体出现消逝所留下的痕迹。然而，消逝的痕迹却抹去了实体的存在，也抹去了实体存在与电传存在之差别。"[①]数字艺术的非物质性、时空消逝或重组、再现与模拟的解构，反而意味着后现代的美学延伸到新的历史阶段。英国艺术家罗伊·阿斯科特更是将数字时代的美学形容为一种"技术智力美学"。他认为新千年后的艺术是"互动、转换和出现的过程"，数字艺术家们则是"智力航行环境的创造者，开放式网络进化系统的开拓者"，而视觉的呈现意味着"数据的来回穿梭、碰撞、释放出新的合成物以及互相吸收都是量子行为"[②]。YBA艺术家们的世俗化、拜物化、狂欢、乖张甚至带有恐怖色彩的神秘主义艺术美学，在数字技术的美学逻辑中已经失去其先锋性。后现代艺术中重组、解构、拼贴、合成、表皮，在某种程度上可以理解为数字

① ［法］保罗·维利里奥. 消失的美学［M］. 杨凯麟，译. 河南：河南大学出版社，2018：64.

② ［英］罗伊·爱斯科特. 未来就是现在——艺术、技术和意识［M］. 周凌，任爱凡，译. 北京：金城出版社，2012：94.

艺术与生俱来的本质特征。

英国艺术史研究学者保罗·克劳瑟曾经针对阿瑟·丹托的艺术终结史论提出了不同的见解。与米尔佐夫的历史性分期相似，克劳瑟的观点在性质上带有着对旧传统的否定以及对新艺术的阐述。他认为艺术的终结不在于其对自身本质探究的完成，而是由于基于图像再现的某些结构性的程序或逻辑失去了活力。克劳瑟从相似性的语义功能和关联性的类像句法组合的角度总结了艺术创作过程中的程序惯例和逻辑关系，并指出艺术媒介的物理属性限制了其结构性程序的创新。因此，新媒体数字艺术的出现，正是对艺术的结构程序和视觉呈现的传统逻辑的延伸，在克劳瑟看来这也意味着人类视觉艺术新阶段的到来。

二、从看到感："统觉"的感性出场

如上所述，数字时代的视觉艺术和视觉文化往往表现出一种狂欢式、情绪化、互通性、体感化、注重感性交互的文化特征。特别是在社交网络时代，集体性的分享行为，注重个体对于日常生活的关注、感受和记录，感性体验、微观审美和"一期一会"式的美学话语得到全面释放。

从心理学角度来看，我们可以从两个概念来分析人类的整体感知系统：联觉和统觉。联觉一般也称为通感或共感，指的是由一种感觉引发另一种感觉的心理活动，比如在艺术设计训练中有一种方法，是将味觉的酸甜苦辣以视觉的形式表现出来，强调不同感觉的转换和相互作用；而统觉并非是这种转换，它是指人的某种先验性的综合能力，表现为身体知觉的整体性和自发性。正如我们在邵志飞的作品中看到的，数字时代统觉审美将得到激发。

麦克卢汉认为电子媒介时代是触觉的，弗卢塞尔更是强调手势在技术图像宇宙中的重要作用，韦尔施倡议听觉文化应该崛起。在这些言论中，可以看到数字时代媒介化进程中，大众审美体验的视、听、触等多种感觉通道的感官融合，身体知觉的整体性即统觉性重新回到我们现实视野中。某种角度上，正是数字媒介自身的美学体现。首先，新媒体的超链接属性和文化层面的跨码属性打破了传统媒介的单一性和单向性，时空距离的消失、信息流转速度的瞬间性，为数字艺术提供了超平面、超媒介、超维度的虚拟界面和赛博空间。多感觉信息的数据化、融合化、网状化，也预示着统觉的整体感性审美。并且，与数据库的运转模式类似，审美活动、艺术创作、文化生产在数字化媒介机制中不断积累、流动，将进一步促进审美机制的技术化、智能化，促使我们更全面地体验、思考、积累、创造多重信号的使用景象，因此也势必进一步刺激媒介演化和视觉生产的飞速发展。其次，数字媒介时代的感官技术义肢，在某种程度上放大了人类的感觉系统。当我们使用手机、VR眼镜甚至裸眼状态下获得数字化的感官体验时，技术感受性在感官哲学方面将形成新的认知，"技术无意识"产生的身体延伸和感官统合，使我们更热衷于追求娱乐化、快速化、瞬间化的感性审美文化。在感官快感的幻觉冲击下，感性情绪的增强已经远远超越了固定和神圣、欣悦和迷狂。后现代思潮以来的介入美学是艺术与生活的加速器和黏合剂，并逐渐转化为一种切身可感的日常模式及生活态度。

第四节　数字媒介与视觉审美的碎微化

2014年《探索与争鸣》杂志专门邀请国内理论界的专家学者集中讨论了微时代的文化现象和理论问题，从精神状况的面向，对"微时代""微文化"展开全面讨论。其中，毛崇杰从后启蒙的角度阐述了数字时代新媒体信息传播革命带来的透明性、民主性、公共性，并指出微时代的"无暴力""大革命"的启蒙色彩；汪民安从感官技术的角度说明了数字媒介时代基于网络媒介平台的电子信息设备不断微小化的过程，从具身化和技术延伸的角度指出，人际交流变化和生活碎片化意味着城市和社会功能的转型；周宪在社交媒体语境下讨论了民主建构的问题，以微博为例，强调在微媒介、微文化主导下对微民主的辩证思考；包括胡志峰、陈旭光、韩琛、周志强、盖琪等在内的多位研究者陆续从多个角度探讨微时代的艺术传播、话语机制、文化想象、主体建构、空间建构等诸多问题。此后，关于"微文化"的议题讨论逐渐扩大化、日常化。

关于微时代或微文化的讨论前提是，2008年以来移动互联网络的高速发展。网络媒介与移动设备连接技术的不断升级，将我们的生活进一步碎片化、媒介化和网络化，也必然推动了这个时代整体的文化走向和审美趣味的转移。以用户体验为先导的微型媒介的不断成熟，移动联通设备的不断微小化、智能化，致使现实媒体环境和视觉呈现形式也出现细微化、碎片化的趋势，各种基于数字信息的小型化、细微化的文化产品开始不断走向繁荣，比如网络微小说、手机游戏、短视频、短剧集、微电影、表情包等等，这些"微文化"形态已经成为这个时代的文化特征。因此，数字时代审美演变离不开对"微"的分析和讨论。

一、媒介移动终端的微型化

近年来Web3.0的讨论越来越热烈，我们正在经历新一波的网络迭代。如果说Web1.0是门户网站时代，Web2.0是社交媒体时代，那么Web3.0可能会是网络与现实彻底融合的智能化媒介时代。媒介移动端的微型化是这个时代即将到来的征兆，这种态势始于Web2.0阶段。早期互联网依赖于计算机固定端口，无论是拨号上网式的个人应用还是如网吧一样局域网式的集体使用，都很难摆脱PC电脑带来的设备束缚，时空消逝的瞬间性和即时性往往显得互动性不强，甚至呈现为单向性。随着社交网络的兴起，比如上文提到的Flickr，Facebook、Twitter等社交平台的出现，结合移动互联用户端的不断智能化，我们可以说实现了从Web1.0到2.0的网络迭代，媒介的微小化基本形成。

网络迭代和媒介微小化带来的变化不仅仅是传播速度的加快或双向互动性的增强，更重要的是作为信息的生产者和发布者，权力主体发生了转变。网络用户手持移动设备从1.0时代的信息接收者变为2.0时代的自主获取信息甚至内容生产者。可以看到门户网站仍保留着传统媒体的一些气质，但是2.0阶段用户的自主性明显增强。正如我们在分析Flickr时指出的，2.0时代的媒介信息更多的是来自用户们个体间的分享互动，并最终成为一种"集体智慧"。现在我们可以随时随地进行交流和沟通，经验分享、创意连接、艺术互动，网络媒介和移动设备的微化正在使用户们共同建构一个不断扩张、深度交互、全面融合的新引擎，保罗·莱文森称之为新新媒介。这也是莱文森对于当代媒介的一种分期构想。他将互联网出现之前的传统媒介称为旧媒介，将Web1.0阶段的互联网络称为新媒介，而从2.0开始的互联网，在他看来是第三阶段，也就是新新媒介。在这个阶段，媒介用户的身份转化更加的多元化，互联网的媒介形态更为自由多样，从网页论坛到搜索引擎，从个人主页到"双微一抖"，媒介的微型化仍在持续演化中。

但是，这一趋势进一步导致了我们日常感官体验的碎片化、节点化、虚拟化和"再部落化"，网络媒介的瞬间性形成了信息的片段化，媒介互动的日常化意味着信息茧房的形成。当生活中日常所见的汉服文化、网红打卡、盲盒玩具、萌宠文化、二次元文化同时活跃在网络和现实中时，毫无疑问，我们的审美已经深度碎微化。

二、时代审美感受的主体化

数字时代统觉感知的感性构建，使我们对媒介功能和微观感受有了更迫切的要求，网络与现实的不断连接使得自我感受的地位不断增强，从而加剧知觉感受的碎片化、易感化和场景化。我们更倾向于以形象化或身体性的视觉表征来展示自我、表现存在。在社交媒介网络中，充斥着无数个性化的、"云"应用的出演道具、表情面具，与乖张的情绪变化、话语子弹，同构了瞬间的、个体的、微小的、身体的媒介美学特征。从主体性及实践行为的角度，观察数字媒介中审美主体的趣向转化，表现为在主体性回归后的身份认知、感官体验和选择自由方面的变化。具体来说，网络虚拟空间实现了对多重身体身份的重组与建构，身份认定的碎微化建立在自我身份的流动性与多重性，使我们的身份认知呈现为先实主体与赛博格的辩证隐喻；感官感受方面则通过网络化的分享、参与、生产、表达，强化了审美心理对于互动性、共情性、微小化、即时性的直观感受的渴望与追求；审美选择则表现为主体性回归后的自我狂欢、快感释放、感性自由的微失控倾向。

三、后现代文化语境的碎片化

后现代话语体系中的去中心化、流动性、平面化、不确定性，非线性实际上就是当下"微文化"的理论基底。当代社会已经突破了现代性的结构固化体系，在数字化技术的帮助下，表现出后现代的流动性社会形态。我们的感官感受不再以连续性的、稳定的、清晰的线性次序延伸，而是转向与现代性相悖的碎片化、多维化、分裂性的混乱时间结构，在网络与现实中的无数个当下性的节点中感受并分享日常生活的瞬间性、偶然性和感官性。这也是后现代话语对现代性的意义、伦理、标准发起挑战的去宏大叙事后的结果。"碎微化"已经成为数字时代后现代美学的主要特征，个人多元交互网络的零散、海量、无序、共享等特征，当代社会的数字化、流动性、个体性、感性化的文化语境，都可以归结于"碎片化"。

因此，伴随网络媒介形态的微化、网络主体审美感受和文化语境的碎微化，"微文化"是我们这个时代媒介美学的碎片化、即时性、动态化的真实写照，从媒介交互性映射出来的传播方式的微型化、审美意识的统觉化、思维模式的非线化，深刻反映一种网络状的、连接主义的、主体自觉和分享参与的介入美学。

因此，当我们看到赫苏斯·拉斐尔·索托的装置艺术作品

Perfectable（见图3-8）时，不禁感叹艺术家们对于这种美学转化的敏感。那些悬挂在天花板上的彩色透明细线既象征了每个个体元素共同构建的一个半透明的模糊的随意流动和篡改重组的世界，又吸引着另外的个体元素靠近、走入、抚摸、玩耍。综上所述，"介入"一词带有明显技术性话语的成分，从媒介的维度来看，我们可将其理解为穿过或进入媒介，既有着观者的干预性，又意味着参与者的融入。

　　与"后退一步"的静观不同，介入代表参与、代表连接、代表互动、代表主体的动态自觉。对我们目前的媒介环境和生活方式而言，这种介入美学则意味着数字媒介时代审美主体的实践行为，从旁观走向交互、从独占走向分享，从静态走向内爆。总之，从静观到介入，既有着从后现代思潮中延伸出来的文化表征，又代表着数字媒介时代参与者文化的美学内涵，更是移动网络时代"技术智力美学"的必然趋向。电子信息数字化的背景下，我们必然身在其中，在非物质的"可见性"网络中瞬间连接彼此，打破和超越固有的体系、框架，以多重身体在网络中荡漾、游牧。"电路使我们深刻地相互介入，电子构型的世界迫使我们从数据分类的习惯走向模式识别的范式……一个必然的结果：一切环境因素和经验因素共存，处在积极互动的状态中。"①又或者像阿诺德·贝林特所说，作为感知者我们将"与对象在一个动态的时空连续体中结合在一起。"②

---

① ［加］马歇尔·麦克卢汉. 媒介即按摩：麦克卢汉媒介效应一览［M］. 何道宽，译. 北京：机械工业出版社，2016：61.

② ［美］阿诺德·贝林特. 艺术与介入［M］. 李媛媛，译. 北京：商务印书馆，2013：82.

图3-7　委内瑞拉艺术家索托20世纪90年代创作的作品《渗透性雕塑》

第四章　交互与场景：数字时代视像传播的媒介体验

　　这里再次回到Flickr（图4-1）这个案例当中。范·迪克表达了对这个图片社交网站的喜爱，并重点强调了它的社区性。在他看来，正是建立在分享机制上的这种社区性，使Flickr们始终保持着一种批评者的姿态，而不是随波逐流的"粉丝"，这也使得Flickr的数据库始终呈现出一种个性化的、集体性的照片流状态，并从"连通性"向"连接性"转化①。Flickr图片社交网站中显现出来社交网络最初的参与式文化的认知分享价值，社区化、集休性、图像化的用户经验分享，将以Flickr为代表的早期社交网络建构为一种存储个体记忆和知识经验的"微系统"，在他们看来不仅是用户间的连通，更是用户与网站的连通，这种黏性也正是社交网络崛起的主要因素之一。因此，自诞生之日起，Flickr即被视为互动和分享为主的Web 2.0时代的经典案例。而这种集体性的"连通/连接"以及由此形成的"连接文化"在新媒介交互技术的支持下、在以手机、Pad等轻巧便捷设备为主体的

①　［荷兰］阿塞·范·迪克.连接：社交媒介批评史［M］.晏青，陈光凤，译.北京：中国人民大学出版社，2021：120.

移动互联网阶段，则再次迎来了巨大变化。

图4-1　Flickr是雅虎旗下的图片分享网站，创立于2004年，
被认为是Web2.0应用方式的绝佳例子

第一节　物质化与可供性——数字媒介
交互的新语境

迪克也谈到了Flickr失败的原因，相对于Instagram，Flickr很明显没有达到它应该有的高度和规模，并日渐衰落。迪克借用了法国哲学家布鲁诺·拉图尔对巴黎个人地铁系统消失的研究，指出Flickr的失败很大程度上是公司运营在调整公共性和商业性的关系上发生了失误，因而网站与用户和商业客户构建的"微系统"的内部过度不和谐，同时也是Flickr没有彻底适应在移动媒介时代网络用户的参与方式和交互方式的变化所导致的结果。

一、数字媒介的交互性与物质性

丹麦著名媒介学者克劳斯·布鲁斯·延森对数字时代的交互性做了一些比较严谨的描述和分期，他认为数字时代的交互性本质在于人机交流与人际交流的相似性，他指出："交互性起源于批处理时代，那时技术人员对大型电脑上程序的初始结果进行检查，然后通过所谓交互模式进行修改。交互性指普通用户通过一种连续的结构化方式作计算机。"[①]并在此基础上将用户与计算机的交互性分为交互性Ⅰ、Ⅱ、Ⅲ。交互性Ⅰ可以视为是Web1.0时代的真实写照，其交互的方式简单、被动，是互联网早期交互模式的具体表现，"这里，交互性意味着对于一系列预置选项的持续选择。就关键的结构化方面而言，它对应着普通交谈中的话转转换。……然而，媒介如果要获得信息，就离不开用户的引导、关注和诠释等举措"[②]；交互性Ⅱ代表着互联网向大众媒介的转变，如果说早期的互联网作为一种传播媒介主要在一个相对小范围内的应用的话，那么这一阶段它转变为大众化的、对于社会的整体性渗透，"指媒介与社会结构中其他机构的关系。……从广义上而言，媒介建构了文化论坛。……不同的社会系统与其他所有的可能性世界都有可能得以表达"[③]；第三个阶

---

①　［丹］克劳斯·布鲁恩·延森.媒介融合：网络传播、大众传播和人际传播的三重维度［M］.刘君，译.上海：复旦大学出版社，2012：57.

②　［丹］克劳斯·布鲁恩·延森.媒介融合：网络传播、大众传播和人际传播的三重维度［M］.刘君，译.上海：复旦大学出版社，2012：59.

③　［丹］克劳斯·布鲁恩·延森.媒介融合：网络传播、大众传播和人际传播的三重维度［M］.刘君，译.上海：复旦大学出版社，2012：59.

段或曰模式的交互性Ⅲ大体上可以理解为当下的网络生态，即网络与社会与人的全面的连接及融合，延森指出，"交互性Ⅲ涉及社会结构与其成员和利益之间的关系，它包括了市民个体、国家政治机构以及国际合作组织。不计其数的个体构成了社会，他们展开跨时空的交流与传播；传播赋予这一过程以目标和意义，并使得单一行为融入更大规模的整体行动之中"①。

在延森的分期中我们可以发现几个要点：一是始终强调人的重要性，抛开交互性Ⅱ暂且不谈，在交互性Ⅰ和交互性Ⅲ中我们都可以看到无论是作为个体还是群体，人在其中都起到关键性的作用；二是在交互性中我们不难看到媒介似乎在不断进化。从前者的角度来看，意味着媒介是"可控制的媒介"；从后者的角度来看，则似乎可以从莱文森的媒介进化论中得到答案。这些要点又统一指向了媒介的物质性问题。

延森从媒介的不同发展阶段总结出三个维度来阐述媒介的物质性问题。首先在人际传播时代，作为传播主体的我们在交互过程中以身体及其感官作为媒介。他指出："第一维度的媒介——人的身体以及它们在工具之中的延伸——不仅将现实与可能的世界具象化，而且赋予我们每个人彼此交流与传播的能力，以实现思考和工具性目的。"②在这个问题上有一个比较具体的形象，彼得斯在梳理媒介的历史演变进程时将19世纪的招魂术士或"灵媒"的表演作为"身体即媒介"的实例，他说："这

① ［丹］克劳斯·布鲁恩·延森. 媒介融合：网络传播、大众传播和人际传播的三重维度［M］. 刘君，译. 上海：复旦大学出版社，2012：59.

② ［丹］克劳斯·布鲁恩·延森. 媒介融合：网络传播、大众传播和人际传播的三重维度［M］. 刘君，译. 上海：复旦大学出版社，2012：69.

里的medium不是指某种自然元素，而是指处于生者和死者之间的由活人扮演的中介。它所指的并不是一种包裹着有机物的环境，而是指一个人，她传播的是只有人才能懂的意义——这种意义只存在于人的心灵中（无论这一心灵是有肉体的还是无肉体的）。"①毫无疑问，当我们在注视、倾听、歌唱、拥抱时，这个作为媒介的身体是实在的，也即物质性的媒介。这一阶段人类发明的工具及由此形成的传播媒介也是实在的，比如书写。

延森的第二个维度则是指大众传播时代的媒介技术维度。这里他借本雅明的机械复制时代的论断来说明，通过现代技术的机械化复制，使得现代媒介的发展呈现出一种一对多的多元化样态。通过对于20世纪以来的模拟技术的发展，比如后晶体管收音机，延森强调作为媒介，高速发展的技术仍然是实在的，是物质性的。

第三个维度则是技术数字计算机发明后的数字媒介时代，延森借用"元媒介"理论强调数字媒介的整合性，这一阶段媒介的物质性即体现在计算机和手机。"第三维度的媒介的典型例子就是网络化的个人计算机，也包括手机和其他便携设备，……手机和其他便携设备成为互联网络扩散的主体。"②延森指出数字媒介时代："一种物质载体能够实现多种不同的传播实践；而一些传播行为则可以存在于不同的媒介载体上。"③他认为这是这

---

① ［美］约翰·杜海姆·彼得斯.奇云：媒介即存有［M］.邓建国，译.上海：复旦大学出版社，2020：56.

② ［丹］克劳斯·布鲁恩·延森.媒介融合：网络传播、大众传播和人际传播的三重维度［M］.刘君，译.上海：复旦大学出版社，2012：71.

③ ［丹］克劳斯·布鲁恩·延森.媒介融合：网络传播、大众传播和人际传播的三重维度［M］.刘君，译.上海：复旦大学出版社，2012：80.

一时代的重要突破，即媒介融合。

保罗·莱文森的媒介理论也有与延森类似的观点。在《手机——挡不住的呼唤》一书中莱文森也做了与延森同样的事，对媒介的历史进行了分期，虽然他是从媒介的时空关系或距离的角度入手，但也间接地表达出媒介的物质性问题。比如在说到身体即媒介时，他说："在手机问世之前，人就是交流的移动家园。"在谈到技术媒介的物质性时，他说："电视使我们在第一排看得更加清楚，因为它给了我们图像和声音"；而正如该书的标题所示，他大力称赞由手机代表的第三阶段即移动互联网阶段，他说："目前，手机是媒介移动性的典型代表，因为它既容许接受信息（像书籍和半导体收音机一样），又能够生产信息（像柯达相机一样），而且它可以立即远程收发信息（犹如半导体收音机），且能够容许互动（不像过去的任何媒介）。……我们脑子里的内容……在无处不在的交流的世界里，思想和理念是比较容易实现的。"①在莱文森的"手机"中我们仿佛看到了延森给他发去的信息。

实际上莱文森对于"手机"的推崇比较集中地体现出他早期媒介理论的研究痕迹。在他的博士论文中，他从弗洛伊德的"假神"出发讨论了技术延伸的问题，并通过麦克卢汉的观点说明了人与技术的关系，即"人是技术的产物"②，以及在现代技术的支持下媒介呈现出来的人性化趋势，这也是他全书的理论根

---

① ［美］保罗·莱文森. 手机：挡不住的呼唤［M］. 何道宽，译. 北京：中国人民大学出版社，2004：45-47.

② ［美］保罗·莱文森. 人类历程回放：媒介进化论［M］. 邹建中，译. 重庆：西南师范大学出版社，2016：28.

基，即媒介是一种技术延伸的过程，并始终保持着一种人性化的趋势，这明显是在向麦克卢汉致敬。而在该书的译者序中，我们可以看到作为译者的四川外国语大学邬建中教授也比较准确地把书中的核心观点——点明：首先，媒介人性化即是人的感官延伸，邬建中说："目前媒介的发展方向是通过智能手表、谷歌眼镜等穿戴式设备，以模拟人的自然生理方式进行交互，并凭借移动智能终端让实时信息刺激与交互成为人体的一部分，融入日常生活，实现感官即数据，所见即所得，所得即所用。"[①]这种人性化趋势也证明了媒介的物质性特征。二是媒介的人性化趋势也即意味着媒介融合，尤其是大数据时代的到来，"每个媒介实际上只是一个数据入口，而数据处理在云端，媒介通过云端处理更多的提供相关性而不是因果性的数据报告，媒介已成为整个相关性数据链中的一环。最后，不同媒介之间的差别通过数据同质化，并通过比特币等金融工具量化、物质化，因此，媒介融合实质上已成为数据融合而不是功能融合。宇宙实质上已通过人的感官，在数据层面形成天人合一"[②]。

媒介融合与大数据时代、云计算技术、现实联网等技术和社会的发展几乎同步。也即是说，随着数字媒介时代大数据化带来的媒介融合，各种智能设备作为身体的延伸，使得大数据支撑下的数字媒介逐渐融合、变身为流动的、多模态的、生态化的媒介环境。正如彼得斯所言："今天的自然事实已然是媒介，而文

---

① ［美］保罗·莱文森. 人类历程回放：媒介进化论［M］. 邬建中，译. 重庆：西南师范大学出版社，2016：4.

② ［美］保罗·莱文森. 人类历程回放：媒介进化论［M］. 邬建中，译. 重庆：西南师范大学出版社，2016：4.

化实施中则内嵌有元素型特征。我们可以将互联网视为一种存在方式，它在塑造环境的能力上，在有些方面已经类似于水、空气、土地、火或以太。……今天的各种基础设施邀请我们从环境角度去观照媒介。"①

而在这样的一个视野下，人与媒介又应该处于怎样的关系？人在媒介中的交互性以怎样的方式体现及完成呢？延森认为可以从"可供性"的角度去思考上述问题。

二、可供性的两个路径：物体系与数据建构

"可供性"是美国实验心理学家詹姆斯·吉布森提出的一个理论构想。他认为人或者说生物与自然环境之间的动态关系可以用"可供性"来解释。1966年，吉布森出版了《作为知觉系统的感觉》一书，被视为是最早提到"可供性"一词的学术著作，到了1977年，吉布森又在《视知觉的生态学方法》一书中用专门的章节系统地解释了他的"可供性理论"（the theory of affordance），从而引起研究者的广泛关注。

所谓"可供性"，从吉布森的理论观点中，我们可以将其理解为一种生物与自然的辩证关系。首先，它指的是与人类息息相关，影响生物生命生存的自然资源的性质；其次，这种性质必须通过与特定的生命个体或群体相互关联才能发挥作用或有所显现。比如，自然物面对不同生命体时，其作用和意义也完全不同。树林为动物如鸟类提供的可供性相对于人类而言是完全不同

---

① ［美］约翰·杜海姆·彼得斯. 奇云：媒介即存有［M］. 邓建国，译. 上海：复旦大学出版社，2020：57.

的。因此，可供性在某种意义上也说明了人类是一个特殊的生物族群，我们对于环境的选择和改造远远大于其他生物，这种或个体或集体的行为也是可供性的一部分。

吉布森的"可供性理论"为布鲁诺·拉图尔提供了关键性的理论支持。早在20世纪90年代，拉图尔和玛德琳·阿克里奇就已经在他们的研究中体现出对"可供性"一词的关注，在他们归纳的"人类与非人集合的符号学"的简易词汇表中，"可供性"与如"指示""容许"等词语归于一栏，指的是"一种装置允许或禁止它预期的行动者所做的事情；它是一个集合的道德，既包括消极的（它所规定的），也包括积极的"①。对于拉图尔而言，"可供性理论"恰好与他的科学社会学研究有着同样的旨趣。而他的科学社会学研究主要体现在20世纪80年代提出的"行动者网络理论"（Actor network Theory，简称ANT）。这一理论的核心是"异质网络"。

关于"异质网络"，彼得斯指出："拉图尔认为，对整个世界具有形塑作用的，既包括人类行动者，也包括非人类行动者，这就造成了各种混合物，它们同时包含了主观与物质、人造和自然。"②即是说，"异质网络"就是"各种混合物"的某种实体化的表现。而我们的社会与"异质网络"一样，也是由各种混合性的元素共同构成了一个模式化网络。这些元素不仅仅指社

---

① AKRICH M. , LATOUR B. A Summary of a Convenient Vocabulary for the Semiotics of Human and Nonhuman Assemblies［M］. BIJKER W，LAW J，eds. Shaping Technology / Building Society. Cambridge：the MIT Press，1992：261.

② ［美］约翰·杜海姆·彼得斯. 奇云：媒介即存有［M］. 邓建国，译. 上海：复旦大学出版社，2020：47.

会中的人，还包括如工业机器、文本符号、金融资本、城市建筑以及其他生命体等等整体社会网络的所有参与者。而"行动者网络理论"试图解决的就是对这种模式化网络的描述和诠释，并且探索在这样一种不断变化的、动态的、异质性的网络中如何建构模式，以及由此产生的社会组织、权利平等等一系列问题，也就是上文提到的Flickr失败案例中的所有表现。

"异质网络"实际上是将一个既定的社会场域想象或诠释为由各种混合、异质的行动者，以某种网络结构或模式共同调度、信任、链接和凝聚的复杂场域，在这个场域或网络中所有的行动者如上文提到的人类或非人类——尤其是非人类的行动者们——相互转译、交互、连接。

在这套理论模型中我们可以感受到，拉图尔试图打破笛卡尔以来的认知模式上的主客体二元论，试图证明"非人物"在科学研究中、在知识生成的过程中并非始终处于一种沉默、透明或中介式的状态，而是在整个过程中扮演着重要角色。在异质网络中，非人的行动者们同样具备改变环境、生成反差变化的能力和作用。因此，可供性理论的出现，对拉图尔来说意义重大。在拉图尔看来，"可供性"是"除了'决定'和充当'人类行为的背景'之外，事物还可能授权、允许、提供（afford）、鼓励、建议、影响、阻碍、使能、禁止等等"①。

"可供性理论"为拉图尔的科学社会学的行动者理论建立一个新的基础，在自然环境中物体系的能动性得以强化，因此，

---

① LATOUR B. Reassembling the social：an introduction to actor-network theory［M］. Oxford：Oxford University Press，2005：72.

在某种角度为理论化非人行动者的环境交互带来了可能性。至此，可供性意味着机器的技术属性与人的能动性的交互不再是一种主客体的人机关系，而是异质网络中，人类行动者与非人行动者不断持续的多重混杂的内部行为共同行为。同时，也即意味着此网络没有固定不变的状态，每一个人或非人的行动者的加入、退出、修改、连接都会产生震动，而行动者之间以及与环境之间的各种关系的折叠、扭曲、套嵌都使得网络环境的可供性在不断地建立、塌陷、重组、崩溃。拉图尔为"可供性"添加了科学社会学的理论维度。

延森对于可供性理论的媒介学诠释明显受到了拉图尔的影响，他认为数字媒介时代，"'可供性'这一名词强调了社会和文化施加于媒介的持续不断的改造和影响"①。同时，再次回到了身体性的个体交互行为，"在我们的生态位中，其他的社会成员扮演着既无法避免又必不可少的媒介角色"②。

美国新媒体研究学者纳达夫·霍奇曼对于数据流的阐释则可以理解为数据算法领域的"可供性理论"。他也谈到了图像社交平台从Flickr 到 Instagram 的变化，其技术本质上是数字图像社交方式在结构、方法和组织形式生发生了重要改变，表现为从数据库向数据流的转变。霍奇曼等研究者认为，21世纪早期的数据库式的信息处理模式在移动互联网时代已经发生改变，早期的数据库更多的是一种数据信息存储传输的相对静态的模式，数据

---

① ［丹］克劳斯·布鲁恩·延森. 媒介融合：网络传播、大众传播和人际传播的三重维度［M］.刘君，译. 上海：复旦大学出版社，2012：79.

② ［丹］克劳斯·布鲁恩·延森. 媒介融合：网络传播、大众传播和人际传播的三重维度［M］.刘君，译. 上海：复旦大学出版社，2012：81.

对象或信息比较稳定，在某种程度上，类似于一个巨大的数据博物馆（图4-2）。而"数据流则是一个动态的、连续的项目流，它根据从多个不同时间的来源获得的新数据而不断更新"①。从技术层面上看，数据库是整体性结构的，需要开关服务器，接入网络，才能实现信息的汇入或输出，而数据流则是网络结构的，始终保持对数据的查找或筛选，并以一定的过滤机制将信息送入网络中，网络个体和数据库的服务终端始终处在一种连接状态。因此，实质上阿塞·范·迪克提出的"连接文化"也可以视为是数据流式的信息交互模式的一种表征。

图4-2　2019年V&A博物馆的"中国图像志索引典"（简称CIT项目）
数字博物馆模式的图像数据库

总之，在移动互联网时代，无论是刷视频、运动、健身还

---

① HOCHMAN N. The Social Media Image［J］. Big Data and Society，2014，1（2）：1-15.

是网络聊天，人们利用智能移动终端产生的所有交互行为都可以
转化为数据上传到数据流中进行分类和处理。也就是说，移动互
联中的行动者们将以信息数据为核心统合社会实践和内容生产，
进而形成不断流动更新的文化样态和审美行为。霍奇曼进一步指
出，从数据库向数据流的转变，也意味着一种时间观念或认知的
改变，即是说，现代社会地理移动加速带来的时间线性整合，在
数据流中被冲淡了，时间也随之流动，历史的线性聚焦在点击的
一瞬间。他说："由于数据流是许多人和地方的共存的时间性或
'世界观'的复合，观看数据流的经验也成为对时间表征的连续
比较：将启动应用程序的个人所经历的现在时间与同一信息流中
的其他个人所表达的所有存在进行比较，所有发布的图像在时间
上彼此相近"[1]。

　　延森再次强调了数据流状态下社交媒介网络中可供性的交
互可感属性，他说："例如，在浏览网页时，我们会意识到计算
机屏幕上的链接或按键，但并不意味着我们将意识到接下来的浏
览链接或点击按键的一系列动作；……自然事物和媒介所具有的
可供性使得我们不断前进。"[2]总之，基于图像社交的新一代社
交网络可以被看作是交互性Ⅲ的一个具象的浓缩物，而数据流这
意味着一种全面性的连接和融合，而这也恰恰是移动互联网时代
"可供性"社交网络的强大之处，它包裹着各种异质元素不断地
扩展、融合、前进。

---

[1]　HOCHMAN N. The Social Media Image［J］. Big Data and Society，2014，1
　　（2）：1-15.

[2]　HOCHMAN N. The Social Media Image［J］. Big Data and Society，2014，1
　　（2）：1-15.

第二节　屏幕观看与景观交互——数字时代的视觉体验

在《何谓图像》一文中，拉康利用一个图示（见图4-3）说明了凝视与主体如何构建出一个稳定的双向结构。在他的理论模型中，客体化的凝视更占据主动地位，他认为："在视觉领域，凝视是外部的。我被观看，也就是说我是一个图像。"[①]由此，凝视与主体形成了一种双向关系：由客体主导，主体被凝视表征为图像，"我被摄—影（photo-graphed）"；由主体出发，则意味着客体在可见的环境中的某种不可见性，它对主体进行了遮蔽，并以图像屏幕的方式呈现。在看与被看之间，正是屏幕的所在。客体的目光穿透屏幕将"我"投射为表象。在拉康建构的视觉模型中，主客体的位置发生了转换，也即意味着"我"不得不在客体化的凝视下通过与屏幕的互动来获得与实在界的交流。此时，屏幕作为一种中介物，也具有了双向性的遮蔽和揭示的作用。拉康进一步指出，人类的与众不同正体现在我们对这一中介物的充分理解："只有主体……在想象中图绘自身。……因为他把屏幕的功能和同屏幕的游戏分离开了。人实际上知道如何同面具游戏。……凝视就存在于屏幕的背后，而屏幕在此是中介的场所。"[②]

1995年，一件名为《电子高速公路：美国大陆，阿拉斯

---

① 吴琼.视觉文化的奇观［M］.北京：中国人民大学出版社，2005：47.

② 吴琼.视觉文化的奇观［M］.北京：中国人民大学出版社，2005：48.

加，夏威夷》（图4-5）的电子装置艺术作品在位于华盛顿的史密森尼美国艺术博物馆展出，这是新媒体影像艺术家白南准的又一力作。

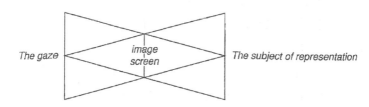

图4-4　拉康的凝视与主体图示模型

图4-5　韩裔美国影像艺术家白南准作品、

《电子高速公路：美国大陆，阿拉斯加，夏威夷》

　　这件作品是由"336个电视、50个视频播放器、3750英尺的电缆和575英尺的彩色霓虹灯管以及一个闭路电视系统"等共同构成的巨大作品。白南准将这些元素组成一堵"墙"，由闪烁的霓虹灯勾勒构成了包含各州形状的美国地图。在华丽且怪异的光线的映衬下，300多台电视被分割在各个州的地图中，并不停播放着各种图像：政治新闻、城市建筑、时装表演、电视节目等等，各种明星、交通、环境、战争在现代社会中频繁映入眼帘的影像被一次性地集中播放，观众们目不暇接，影像信息的突然集中、频闪、爆炸被呈现在一个充满魔幻色彩的、享乐主义的、隐喻意味的美国地图中。

这件作品充分地展现出艺术家的睿智和对社会的敏锐观察，某种角度来看，白南准以静态的共时性的方式呈现一种动态的历史性的时间影像，而且是以一种新媒体的非线性的方式呈现出来的。这不仅使人联想到20世纪90年代中期美国动荡、多元、消费至上的种种后现代的碎片式的社会文化，而且使人反思在这样飞速发展的社会状态下，美国政府是如何实现或完成复杂的社会控制的。尤为重要的是，这件作品促使我们思考：人类如何在狂轰滥炸式的视觉符号的冲击下、包围中，与世界、与社会、与他人、与自己，进行对话交流或交换知识、经验、观点、见解。这一矛盾性集中地反映在20世纪90年代电子媒介时代人与媒介的复杂关系，同时，发人深省的是白南准关于非线性的、网络化的、景观化的、互动性的、全球化的预见性视频艺术创作，一定程度上映射出，新千年后，新媒体时代科技发展、媒介形态、社会文化、视觉现象、城市景观、人机关系等等一系列文化和媒介特征，是具有准确的预判性和匪夷所思的创新性、超前性的艺术表达。而这一切都聚焦在——屏幕。

一、回到界面——融屏现象的媒介本质

从拉康的理论模型到白南准的电子屏幕，我们对面的屏幕

更加具体化、具象化。法国学者吉尔·利波维茨基与让·塞鲁瓦认为自20世纪下半叶，人类面对的屏幕类型就迎来了大爆发："在不到半个世界的时间里，我们从表演—屏幕发展到通信—屏幕，从单一——屏幕发展到一切—屏幕。"①屏幕的种类是一个"无限的星系"："纯平显示屏、全屏显示屏和迷你移动屏；随身携带屏和随身使用屏；……录像屏幕、微型显示屏、图形显示屏、移动显示屏、触控显示屏。……这是一个屏幕的世纪，……屏幕是全球性的且多媒体的。"②因此，利波维茨基将这个时代称为"超现代"的"总体屏幕时代"。在这个"总体屏幕时代"，利波维茨基描述了两种全然相反的屏幕类型或者说屏幕的发展方向：微型化与巨幕化。而这也正是数字媒介时代的重要特征："一个双重的世界，在这个世界中，事件成了景观。"③

随着屏幕的微型化，就意味着屏幕从一种固定的媒介转变为一种流动性的媒介，同时也说明我们将随着拉康的模型成为流动的主体。在参与者文化或游戏中，每一个参与者都有自己个人的显示装置，必然获得最好的交互性体验，从而加速社交网络的"进化"，并进一步反推显示设备的微型化和个人化。德国传播学研究者卢德思在谈到手机时给出一组数据："在2003年上半年，全球带摄像功能的手机销售量首次高于数码相机，且高出

---

① ［法］吉尔·利波维茨基，让·塞鲁瓦. 总体屏幕：从电影到智能手机［M］. 李宁玥，译. 南京：南京大学出版社，2022：2.

② ［法］吉尔·利波维茨基，让·塞鲁瓦. 总体屏幕：从电影到智能手机［M］. 李宁玥，译. 南京：南京大学出版社，2022：2

③ ［法］吉尔·利波维茨基，让·塞鲁瓦. 总体屏幕：从电影到智能手机［M］. 李宁玥，译. 南京：南京大学出版社，2022：220.

2500万部。有了这种手机，……人们的观点与态度也将发生变化。同时，手机图片还克服了电视图片的静态特征与'家庭环境'的弱点……从文明理论的角度来看，手机量的增长和新的移动世界的观念……可以被视为家庭化媒介使用这一长期趋势的一大剧变。"[1]正如在第三章中讨论自拍的时候谈到的连接文化，当网络用户从接受者的身份转变为参与者或者生产者时，微型屏幕也必将把我们的主体表征投射为一个个、一层层的碎片化景观。此时，我们也将变身为白南准的电子屏幕墙，从一人一屏到一人多屏，媒介人造景观不再是电视媒介那种单向的固定区域的视觉表象，而是在无数屏幕中合成为更加震撼和沉浸式的感官体验。我们的眼睛或者目光面对的不是唯一屏幕和唯一的凝视，而是在多种多样的屏幕间不断游走，扫视、瞥视、环视、遥视，从而形成一种观看的融合，也即屏幕的融合。

利波维茨基谈到屏幕的巨幕化现象则旨在说明"一大波影像在永不停歇地流动着……并建立起一种屏幕统治"[2]。如果说，屏幕的微型化意味着私人屏幕的泛滥和融合，那么屏幕的巨幕化则意味着共享空间中的公共屏幕的泛滥和融合。2019年，"天猫双十一狂欢夜晚会"同时在传统电视平台和网络流媒体平台推出，超过二百多个国家或地区可以在不同的平台及App移动客户端中观看晚会直播。天猫晚会以"个人屏＋家庭屏＋公众屏＋大屏＋小屏"多屏融合的方式，连接了手机线上网络端和卫星

---

① ［德］彼得·卢德思. 视像的霸权［M］. 刘志敏，译. 北京：中国广播电视出版社，2014：24.

② ［法］吉尔·利波维茨基，让·塞鲁瓦. 总体屏幕：从电影到智能手机［M］. 李宁玥，译. 南京：南京大学出版社，2022：220.

电视客户端，共同打造一场视听盛宴。就像白南准的作品反映的那样，公共屏幕的泛滥将我们彻底拽入影像景观的包围中，并在不断麻木中被推向消费主义的、商业性的、娱乐性的视觉狂欢中。

因此，利波维茨基对于拉康式的理论思路表示了质疑，他说："从20世纪60年代起，……一种观点发展起来，这种观点认为，屏幕形成遮盖，使人与人之间的一道隔板——分割的屏幕、幻象的屏幕、谎言的屏幕、宣告的屏幕：烟雾幕。……这种观点引发了越来越多的反对。当屏幕成为一种面向世界，不断释放信息，提供自我表达和对话的机会，……增加与影像、声音、和文本互动的机会，并且成为已经普及开来的界面时，我们还能说屏幕导致人们的主观被剥夺了吗？……存在，越来越是将自己连接到屏幕上，连接到网络中。"[1]在这里，利波维茨基几乎将屏幕与界面等同起来。美国学者迈克尔·海姆在《从界面到网络空间——虚拟实在的形而上学》一书中认为，界面往往是指"两种或多种信息源的交汇之处"[2]，并且最原始的交互行为说明，人类的身体是最古老的界面。他进一步指出，在计算机时代，界面是具有双向性的概念："在一种意义下，界面是指计算机的外围设备和显示屏；在另一种意义下，也指通过显示屏与数据相连的人的活动。"[3]波斯特对于界面是一种"膜"的定义，也很好

① ［法］吉尔·利波维茨基，让·塞鲁瓦.总体屏幕：从电影到智能手机［M］.李宁玥，译.南京：南京大学出版社，2022：221.

② ［美］迈克尔·海姆.从界面到网络空间——虚拟实在的形而上学［M］.金吾伦等，译.上海：上海科技教育出版社，2000：74.

③ ［美］迈克尔·海姆.从界面到网络空间——虚拟实在的形而上学［M］.金吾伦等，译.上海：上海科技教育出版社，2000：74.

地说明了屏幕与界面的相似性："早期机器的界面要么是透明的（如冰箱的界面），要么对于外行来说是完全隐蔽的（如机械工具的界面）。"①正如美国学者马里塔·斯特肯所言："屏幕是可以投射的表面；它同时也是一个让某些事物躲开视线的物体，可以进行遮蔽或保护。"②二者在某些属性上的完全一致。界面在某种程度上解放了屏幕的中介性。

尤其是当海姆把界面与身体以及媒介连接起来时，我们更能够体会到界面一词在媒介属性上产生的时代意义。就数字媒介时代的屏幕而言，与我们的身体在知觉层面发生了更深层次的交互性关系，并具体为透明性和穿透性。这里可以利用技术现象学中的"变更"概念说明身体与屏幕——或者说界面更好——之间的关系演变。

变更指的是人类身体知觉的主动性和能动性的建构能力，具体说，可理解为在已经完成或正在进行的某种外部事物知觉形态的感知或体验时，保留同时建构另一类似事物形态的能力。当这种身体知觉的特性与移动互联网时代中显示设备不断智能化、感官化、便捷化发生关联时，身体与界面也就产生了多种变更关系。就具体的手机屏幕来说，根据我们视点的不同，会呈现出三种不同程度的关系：在屏幕上、透过屏幕、在屏幕内。具体来说，"在屏幕上"是指一种类似于斯特肯所说的投射表面的关系，我们是从现实世界观看屏幕，比如信息浏览、搜索消息、分

① ［美］马克·波斯特.第二媒介时代［M］.范静晔，译.南京：南京大学出版社，2000：18.

② 罗岗，顾铮.视觉文化读本［M］.桂林：广西师范大学出版社，2003：122.

享图片等即属于"在屏幕上"的行为，此时我们会感知屏幕的分辨率、亮度、色彩还原等等表面呈现的问题；"透过屏幕"则意味着"膜"变透明了，我们可以沉浸在游戏中，可以不断地刷视频，可以在社交平台上发布消息、点赞留言等等，虽然也是一种"在屏幕上"的视角，但是当我们沉浸在上述交互行为时，也即表现为一种穿透性；而"在屏幕内"则是指随着手机等智能设备不断实现技术升级，如增强现实等新技术不断借助手机与我们深度关联，那么我们的身体知觉和感知维度将进一步沉浸在虚拟实在当中，与手机之间的知觉关系产生了海德格尔的"上手状态"，用唐·伊德的话说，界面将"抽身而去"。

此刻，可以借用德布雷对于电视媒介的评价来作为融屏现象的注脚，他说："比想象自己处于电影画面或戏剧舞台上，设想自己处于电视画面里更难，原因很简单，因为我们已经在电视画面中了。相互渗透，内在包含。……演播室不再是我们空间之外的另一处空间，不是我们时间外的另一套时间。二者已经交融在一起。从前主体和客体隔开，令人维持陶冶净化的关系，如今正面临困境。"[①]回到界面，屏幕消失了。

二、标签：从数据库到数据流的社交媒介视觉构成

迪克在分析Flickr与Facebook、Twitter等社交软件或平台时，指出前者与后两者相比，差异性主要体现在它在成立之初就更重视用户的社区化建设，即与现在的微信或者豆瓣有相似

---

① ［法］雷吉斯·德布雷.图像的生与死［M］.黄迅余，等，译.上海：华东师范大学出版社，2014：251.

之处，这是群或者小组的理念。这差不多是与直接竞争对手Instagram的显著区别，我们可以看到INS的图片分享注重于在分享的过程中点赞、评论、签到等行为，开放性更强、交互范围更广，而这在某种程度上正是Flickr用户们所鄙夷的。正如迪克在文中引用的Flickr用户对它的评价："Flickr就是Flickr，Flickr永远都会是那个社区""这将有利于Flickr回归用户非常喜欢的'小型化的特性'"①。用户的这种内心愿望与网站的商业运营和发展目标无疑是很难保持一致的，因此，Flickr的衰落在所难免。社区化、小型化既是Flickr的图像分享模式的特征，同时，社区化的模式往往意味着图像数据仍以数据库存储生成的方式为主，而没有充分地建立一种与社会环境全面相连的流动状态，因此，也从侧面说明了数据库向数据流的转变是Instagram等社交网站或软件取得成功的重要因素之一。

当数据流的物质特性和时间感知于社交环境中在分享环节中有所体现时，一种新的分享行为或者说社交文化也随着产生，表现在用户主体对于"目击""在场"的追求和渴望，正如星出彰彦的自拍中反映出来的那样，我们对各种突发事件、热点话题的亲身参与、体验通过分享、转发、评论而形成某种"在场"式的自我放大和自恋式的表演炫耀。而体现"我在场"最简单直接的方法就是设置"#标签"。

如果说"连接文化"是从理论层面说明了社交媒介图像分享的主体文化特征的话，如果说从数据库到数据流是在技术层

---

① ［荷兰］阿塞·范·迪克.连接：社交媒介批评史［M］.晏青，陈光凤，译.北京：中国人民大学出版社，2021：109.

面展示了图片分享的社交模式的技术基础和现实逻辑的话，那么，"标签"则是以上二者的具体体现，它一定程度上在网络空间中为用户的图片分享的形式感知和活动场域提供了具体的技术实践。

在社交网络中，标签的出现一定程度上在于它对于用户参与者和生产者身份的鼓励，即早期的标签更重视信息的索引、分享，尤其是社交网络平台的社区化建设，以及用户与社区、或社区之间的概念连通及结构搭建。但正如上文指出的那样，对于Flickr的上层主公司"YaHoo！"而言，更看重的是如何让Flickr的数据库流动起来。当数据流成为连接文化的物质基础和算法逻辑的核心时，标签的性质或者形态也在发生变化。现在的标签不再是固定的社区分享，而是人们可以经由算法自动将比如时间、位置、形象甚至人物等一系列信息打包为一个元数据，从而形成标签，并且可以随时随地修改、添加标签内容。

当"#"出现时往往也就意味着一个视觉事件的生成，而随着网络用户对这个事件的不断热议、分享甚至参与，就会在社交媒体上自然地生成热度，从而进一步地扩散、爆炸、传播。比如2014年由美国波士顿学院的前棒球手发起的"ALS冰桶挑战赛"，旨在引发人们对渐冻症即"肌萎缩侧索硬化"的关注，要求参与者在24小时内或捐款100美元或做冰桶挑战进行分享，一时间掀起传播巨浪，仅在北美地区就累计有170万人参加挑战，引发250万人捐款，捐款金额达到1.15亿美元。作为参与者，奥巴马、比尔·盖茨、扎克伯格、刘德华、周杰伦、郭台铭、罗永浩等一众政商领域、文体领域的知名人士在此刻都被标签化了。

当然标签最日常的方式往往是提供某种话题，比如"#自拍""#躺平",而当话题达到一定热度或广泛的关注度时,则出现了一种非常有趣的转变,超话的出现反而意味着一种社区化的回归。因此,有研究者指出,标签是社交媒介时代网络公共关系的体现,是一种以移动设备为技术媒介的瞬间连接,它允许现实社会中的不同群体或组织在同一场域下连接、交流、集合。也就是说,基于数据流概念下的标签行为是由话题性或图像化的社交方式,建立瞬间联系,从而将个体汇集、融合、连接到网络的主体结构中,由此展开的一系列群体性或社区化的共性活动或交互行为往往是在一种欢愉的、无意的状态下实现,也即前文提到的低意向性。标签是一种全然不同于传统网络社交方式的新型连接体验。这一新型体验由于图像分享密切相关,Flickr也正是这种标签主义的创始者之一。

媒介研究学者保罗·弗罗斯指出,在社交网络中,标签相当于是一种"召唤"①,也就是说,当图像中显示出的信息或形象被标注为标签时,这一形象也就成为可用来"召唤"的对象。"召唤"一词是阿尔都塞提出的重要理论概念,它与"质询"构成了意识形态将个体建构为对象的主要方式。当我们搜索相应的标签时,它的对应物就会瞬间出现在界面中,从而完成了"召唤"的行为。这也就意味着一张图像或一段视像,如冰桶挑战,并非一个单一的图像或符号,而是一个所有相关图像或文本信息的"聚合",既包含空间概念上的图像聚合,对社交媒介中所有不同空间的图像的调取和查阅;又包含着时间因素在内,这也是Flickr相册想要表达的"照片流"的性质,我们可以想象为在翻

① FROSH P. The Poetics of Digital Media [M]. Medford: Polity Press, 2019: 153.

阅一个包含时间节点的老相册。而当一个个的"老相册"被"召唤"出来时，也就意味着"照片流"对形象的建构已经超越了个体或事件在现实中的真实性，转而标签化了，成为人们在社交网络中对其产生的图像印象或记忆。

弗罗斯进一步指出，这种"召唤"看似由参与者或检索者发起，但实际上真正具有"质询"权力的是社会力量的网络系统本身[①]。当某个个体、图像、事件、时间、位置被标记为数据流中的数据信息时，即意味着成为被算法系统计算、跟踪或计划执行的对象，而决定这一系统的往往是网络平台、社会舆论、商业逻辑以及资本诉求，即"社会力量网络系统"。因此，追求小型化、社区化、个体化的参与者们始终在对这种权力关系的转换予以抵制或者抗议，但是，在数据流逻辑理念和技术基础的不断推动下，社交网媒中的Flickr用户们无法逃避被数据算法所连接或统摄，因此也就由此决定了我们在空间中感知到的视觉景观构成语汇和形象展示逻辑。这也恰是Flickr的症结所在。

"照片流"的意义并不止于对于图像标签或个体事件的"召唤"或"质询"。弗罗斯进一步指出："标签的作用并不在于将照片视为连接不同用户的渠道，而是通过扩大构成流本身的图像颗粒来促进个体的、独特的流的形成。"[②]换言之，图像标签也意味着在网络社交时代，作为沉浸式参与者的主体身份的数字化建构和标签化实践。尤其是近年来由疫情带来的网络社交的进一步深化，人们开始越来越习惯于利用网络媒介作为彼此连通

①　FROSH P. The Poetics of Digital Media［M］. Medford：Polity Press，2019：160.

②　FROSH P. The Poetics of Digital Media［M］. Medford：Polity Press，2019：163.

的公共性介质，现实身份与网络身份已经从游戏性的虚拟化身逐渐转换为现实实体认证，此时，标签意义从"照片流"转移到"自我流"。

如果说早期的标签行为还带有着将自我投射到社交网络，还有着图像化、事件化的某种特定的话题式特征的话，那么"自我流"则表现为我们正在依靠线上的数据信息来改造线下的现实身体，比如近年来非常流行的"夜跑活动""飞盘游戏""露营生活"等等，无疑是疫情之后网络社交的某种线下模态。此时，我们在现实中根据标签去美容美体、网红打卡，然后上传生活。因此，标签主义往往是一种行动实践。

当然，在这一行为实践中，并不意味着全然的被动控制或无法反抗。正如上文提到的冰桶挑战或飞盘游戏等活动一样，当我们能够利用标签的聚合性而产生集体性的发声或行动时，也就意味着以标签式的方式与网络固有话语体系发起挑战甚至对抗。比如2014年，在欧美的社交媒体中非常引人关注的标签是"# 不化妆自拍"（"# nomakeupselfies"），发起目的是为乳腺癌病人募集资金，这一标签无论在主题上还是在意识形态方面，都引起了女性群体的广泛关注与欢迎，与冰桶挑战一样产生了巨大的传播效应和社会震动。

由此可见，社交网络时代，从"照片流"到"自我流"，从参与者到展示者，当数字图像或视像被标签化时，视觉传播的影响力，将借助"流"概念不断发展、放大、扩散，标签构成了社交网络的主体视觉景观。

第三节 场景时代：数字视像的环境建构 与沉浸体验

当图像以一种非正式的、发散式的、话题性的方式出现在社交网络中时，"变得更像口头语言，因为照片正在变成社会互动的'新货币'。像素化的图像，就像口语一样，在个人和群体之间流转，建立和重新确认联系"①。表明图像从其自身的形象或内容意义转向了标签化的视觉传播的意义及其价值，并由此构成了围绕这一标签产生或生成的某种特定的视觉场域，人们在这个场域中通过图像检索或分享完成与屏幕内的他者的交流和连接，同构社交媒介的空间结构或场景关系，进而形成深度、多元、复合、多变的媒介体验。美国学者罗伯特·斯考伯称之为"场景时代"，并迫不及待地宣告："在未来25年，场景时代即将到来。"②

当然，关于场景的问题不能仅仅从图像标签的角度去理解。美国媒介环境学学派的约书亚·梅罗维茨早在20世纪80年代就对场景融合③的问题展开了讨论；波斯特则用"战争剧剧场"

① VAN DIJCK J. Digital photogra-phy：communication，identity，memo-ry［J］. Visual communication，2008，7（1）：61-62.

② ［澳］罗伯特·哈桑. 注意力分散时代：高速网络经济中的阅读、书写与政治［M］. 张宁，译. 上海：复旦大学出版社，2020：229.

③ ［美］约书亚·梅罗维茨. 消失的地域：电子媒介对社会行为的影响［M］. 肖志军，译. 北京：清华大学出版社，2002：67.

和"双倍信息系统"①来说明他对于媒介场景化的理解；澳大利亚学者罗伯特·哈桑则用"信息逻辑"来说明场景时代注意力分散的问题②；斯考伯则将"场景时代"的五大原力归结为：移动设备、社交媒体、大数据、传感器和定位系统③。

一、从situation到context：场景的语义更迭

我们可以看到几位研究者虽然都在分析场景的问题，但是角度、观点各有不同，尤其是对于"场景"一词的单词使用也不一致，尤其是梅罗维茨与斯考伯和伊斯雷尔，而这种语词的不一致也说明了对于场景理解的某种更迭。

梅罗维茨的场景理论对应的单词是"situation"，在《消失的地域》一书的引言中，他强调了这个词的理论来源，是受到了社会学家埃尔温·戈夫曼和麦克卢汉的影响，并从戈夫曼的"拟剧理论"以及麦克卢汉的"媒介延伸"中获得灵感，产生了他对于媒介场景理论的思考和阐释。他说："我们需要抛弃社会场景仅仅是固定上的时间和地点发生的面对面的交往的观念。我们需要研究更广泛、更有包容性的'信息获取模式'观念。"④

可以看出，梅罗维茨的场景理论是从媒介学的信息系统的

---

① ［美］马克·波斯特.第二媒介时代［M］.范静哗，译.南京：南京大学出版社，2000：165.

② ［澳］罗伯特·哈桑.注意力分散时代：高速网络经济中的阅读、书写与政治［M］.张宁，译.上海：复旦大学出版社，2020：101.

③ ［美］罗伯特·斯考伯，谢尔·伊斯雷尔.即将到来的场景时代［M］.赵乾坤，周宝耀，译.北京：北京联合出版公司，2014：11.

④ ［美］约书亚·梅罗维茨.消失的地域：电子媒介对社会行为的影响［M］.肖志军，译.北京：清华大学出版社，2002：33.

角度出发，戈夫曼的"拟剧"为梅罗维茨提供了一个物质性的想象空间，由此，梅罗维茨指出在人类的互动行为中不仅仅是在物质性空间进行的，同时更是在信息系统内完成的。场景是对信息系统的一个具象性的修辞，指向为一种或由媒介信息环境的行为、心理所生成的环境范围，而这种新的场景的生成由于电子媒介时代的来临息息相关。他指出："另一种考虑社会场景的方式是将它看成是'信息系统'，也就是，将其作为接触社会信息的某种模式，作为与他人接触的行为的某种模式。……将场景看成是信息系统，打破了面对面交往研究与有中介传播研究二者的随机区分。……物质场所与媒介'场所'是同一系统的部分，……地点与媒介同为人们构筑了交往模式和社会信息传播模式。……地点创造的是一种现场交往的信息系统。……这种将场景堪称信息系统而不是地点的较为广泛的看法，与电子媒介的研究尤其相关。这是因为电子媒介消除了现场交往与有中介交往的差异，……电子媒介的广泛采用引发了许多新的社会场景出现。"①由此可见，波斯特的观点与梅罗维茨非常接近，都在强调"剧场"和"信息系统"。

因此，梅罗维茨的"场景"时而被翻译成"情境"，因为他说描述的空间并不是一种具体的、物理性的场景空间，而带有某种感知交互的信息传播场域的意味。波斯特的研究与梅罗维茨的相似性也说明了二者的研究对象是以电子媒介，即电视媒介为主，传统媒介对社会对文化的重塑和打造在20世纪末达到了高

---

① ［美］约书亚·梅罗维茨.消失的地域：电子媒介对社会行为的影响［M］.肖志军，译.北京：清华大学出版社，2002：34.

峰，因此，梅罗维茨的研究在特定的时代背景下更具有一种宏观性的文化表达，其探究的是媒介本身的环境或"场景"价值，而不是媒介的内容，即视像的场景化或数字化。

斯考伯和伊斯雷尔没有采用"Situation"一词，两人合著的《即将到来的场景时代》的标题为"Age of Context"。"Context"是一个很有意思的变化，结合他们对于所谓"五大原力"的分析，我们不难发现他们的"场景"是基于移动互联技术和社交媒介网络发展起来的一个新的概念。在书中，斯考伯和伊斯雷尔利用了大量的数据和事例以及对"五大原力"的技术解析，强调了"场景时代"是一个具体的、可感的、连接性的、双向（线上/线下）的、内容极度丰富的空间场景。"无定位、不场景"[1]就是对这种有技术建构的场景概念的真实准确的描述。毫无疑问，在这一点上也获得了哈桑的理论支持。在同样列举了大量数据之后，哈桑强调："我们今天生活在其中的不同寻常的信息社会，使人类成为一个超级巨大的网络化实体。'网络'的含义已经发生了变化，……由于技术的工具化导向的变革，我们在以一种新的方式网络化，这个网络的基础是快速流动的信息，……在网络社会中，流动的是信息，而不是知识，因为它能够被快速生产、快速消费（消化）。"[2]因此，我们可以看到斯考伯和伊斯雷尔的"Context"与现实空间以媒介和技术物发生链接，并可能产生转换，是数字媒介时代人们在快速流动的数据

---

[1] ［美］罗伯特·斯考伯，谢尔·伊斯雷尔.即将到来的场景时代［M］.赵乾坤，周宝耀，译.北京：北京联合出版公司，2014：27.

[2] ［澳］罗伯特·哈桑.注意力分散时代：高速网络经济中的阅读、书写与政治［M］.张宁，译.上海：复旦大学出版社，2020：106.

网络系统中与数据信息间搜索、交换、分享、同构的文化场景，此刻，信息不是环境而是具体的内容，比如图像社交。

　　相对而言，梅罗维茨的"Situation"则更接近于媒介场域的感觉，媒介的不同，信息流动的方式也不同，因此也就形成不同的感觉屏障，从而指向媒介自身。从这个角度来看，"Context"是移动互联网技术建构的媒介场域，实质上也是基于梅罗维茨"新媒介—新情境—新行为"媒介场景理论的一个时代延伸或媒介实践。

　　从"Situation"到"Context"的语义更迭，其意义在于，移动互联网时代，以移动设备、社交媒体、大数据、传感器、定位系统为代表的从传送到传感、从交互到定位、从个体到网络的"五大原力"技术解决并整合了媒介与媒介内容的问题，从图像社交的现实案例来看，从数字虚拟视像的景观化来看，媒介内容即是媒介。

　　梅罗维茨在他的场景理论中提出了"新媒介—新情境—新行为"理论模型，换言之，随着媒介的变化或更新，媒介影响下的现实社会群体也会由此接触到新的场景类型，并且一定程度上也将改变我们在社会、文化中的角色或形象。从斯考伯和伊斯雷尔的观点中我们可以看到，新千年后，在短短的二十余年的时间里，互联网及其场景已经发生了数次迭代：Web1.0时代，PC端的网络社交和媒介场景是以比如天涯论坛、百度贴吧或各大高校的BBS论坛为主要形式，社区化程度较高，但人际关系实质上更接近一种弱联结，本质是相对开放、松散、陌生化的社交方式；Web2.0时代，移动互联网已初具规模，手机用户可以随时随地连接网络，以参与者的身份分享经验，移动设备的不断智能化，更影响了网络与现实的时空关系，此时，用户之间是一种强联结，这种强联结的人际关系使得网络媒介慢慢形成了一种熟人社会的社交状态，这种状态并不是指真实的血缘或地缘关系，而是基于共同的爱好、兴趣和价值观达成的统一、高效、稳定的社交结构。

一个可能不是十分恰当的例子，在很多网络游戏中的工会、部落即是这种"熟人社交"的典型，每天固定时间上线游戏，由专人组织打怪，所有人都以游戏中的昵称相互称呼，不论是在线上还是在线下，都可以建立联系。延森称："手机在个体的口袋建构起一个机构。"①移动互联网时代的这种网络人际关系，在某种程度上印证了麦克卢汉的"再部落化"观点，同时由此形成的网络社区文化也推动着一种文化意义上的固化、圈层化和内卷化。这一点梅罗维茨也早有预判，他指出："总体上来看，为了获得硬件和软件复杂而快速的扩展能力所需要的经验正在创造出新的不同的群体、社会化的级别以及专家和权威的层次。"②随着斯考伯和伊斯雷尔描述的场景时代的到来，早期网络的开放性、创造性和多元化开始呈现一种衰落的趋向，转而表现为更重视网络用户的感官体验和深度交互。

戈夫曼的"拟剧理论"强调了表演过程中的面对面的人际交互关系，他说："个体的活动若要引起他人的注意，他就必须

---

① ［丹］克劳斯·布鲁恩·延森. 媒介融合：网络传播、大众传播和人际传播的三重维度［M］. 刘君，译. 上海：复旦大学出版社，2012：114.

② ［美］约书亚·梅罗维茨. 消失的地域：电子媒介对社会行为的影响［M］. 肖志军，译. 北京：清华大学出版社，2002：316.

使他的活动在互动过程中表达出他所希望传递的内容"①；而梅罗维茨的场景理论更倾向于信息系统的中介性。很明显，面对面的交互是双向互动场景，而信息系统则在梅罗维茨"媒介—场景—行为"理论链条中呈现为一种单向性互动。这也是传统大众媒介的真实写照，其反馈机制的滞后，使电视观众只能作为信息接收者。但是，斯考伯和伊斯雷尔的"Context"作为场景一词的最新对应对象时，移动互联网时代，交互性已经不仅仅是双向的问题，而更体现为网络用户的全身心的沉浸体验。

二、心流、沉浸与注意力：第三媒介时代的身体知觉

"沉浸"最早出现在美国心理学家米哈里·契克森米哈顿的研究当中，是英文Flow一词的中文翻译，Flow也被译为"心流"，是指人们在某些日常性的活动中进入一种全神贯注的、高度集中的精神状态。随着移动互联网时代的来临，虚拟现实技术的不断成熟，源于心理学研究领域的心流（Flow）开始与人机交互过程中形成的沉浸（Immersion）发生融合，其中前者注重于沉浸效果的心理测定，后者则针对造成沉浸状态的环境分析。二者在媒介传播研究领域的交汇始于1996年美国两位媒介研究学者多纳·L.霍夫曼和托马斯·P.诺瓦克的一次构想试验，他们将心理学研究中的"心流体验"概念应用到网络导航，从而指出人们在网络虚拟空间中产生的类似于"心流"的沉浸状态，由此展开了对于网络媒介语境下沉浸传播的研究。

---

① ［美］欧文·戈夫曼.日常生活中的自我呈现［M］.冯钢，译.北京：北京大学出版社，2008：25.

实际上，"心流"或者"沉浸"作为一种特殊的精神状态，并不是当代科学的产物。尤其是视觉艺术领域，"沉浸"或者说某种类似的状态始终是艺术家追求的目标。美国视觉文化研究学者乔纳森·克拉里在《知觉的悬置：注意力、景观与现代文化》一书中着重研究和阐述"注意力"与人类知觉的整体关系。克拉里文中的注意力即带有"心流"性质的概念，或者说注意力是从高度集中的知觉体验中被剥离、提炼出来的一个更抽象、更理论化的术语。克拉里认为在注意力的问题上存在着一个历史维度，尤其是19世纪以来，注意力往往被等同于视觉能力，在他看来这是近现代社会对人的整体知觉的扭曲。

在克拉里的文本中，我们发现他非常反对把注意力与视觉画等号，并认为19世纪以来，人类在知觉问题上始终存在着一种割裂整体、强调观看和离散性的认知倾向，这也导致了对于视觉的推崇、误解或贬低。与米歇尔类似，他反对对某种感官感受的过度崇拜或贬损。克拉里指出："景观文化并不是建立在使一个主体成为观看者的必然性之上，而是建立在个体被孤立、分化出来，以及作为被剥夺公民权利的移民期间的策略之上。"[①]对于注意力的诠释在某种角度来看正是这一反对意见的反映。甚至说，克拉里认为现代社会对人类的知觉肢解是造成现在的社会面貌的本质原因之一，"我们的生命是如此不连贯性的一种彻底的混合物，这一事实并非'自然'条件所致，而是西方过去150年里一种强有力的重塑人类主体性过程的产物。如今，在20世纪末，主体分崩离析的巨大社会危机得以隐喻性地加以诊断的方法

---

① ［美］乔纳森·克拉里. 知觉的悬置：注意力、景观与现代文化 ［M］. 沈语冰、贺玉高，译. 南京：华江苏凤凰美术出版社，2017：3.

之一，乃是'注意力'下降"①。因此，他认为应该重新思考注意力的问题，这有助于对当下这个时代的视觉文化和视觉现象进行解读。

他主张将注意力作为与知觉直接关联的某种对应物："注意力的对立形式，既不是排他性的，也不是本质上的视觉形式，而是由其他一些精神与认知状态构成，例如恍惚与出神。……注意力，作为一个文本与实践的星系，远不止是一个凝视问题、观看问题，或者只作为观者的主体问题，它使得知觉问题不再混淆于视觉机制问题的简单等同。……现代人的注意力问题包括一系列术语与立场，是无法简单地将之解释为视觉问题的。"②克拉里从知觉整体性的角度阐述注意力的问题，无疑对我们诠释数字时代的"心流""沉浸"的媒介价值和传播理念有很大的启发性。

哈桑在谈到网络时代的信息高速交互时，表示了某种担忧，认为由此造成的注意力分散问题使得我们在这个时代丧失了阅读、书写和政治、经济领域的权利。但正如克拉里指出的，这不是一个注意力的问题，注意力的集中或分散实质上都是人类自身的知觉感受的自我调节，这并不取决于信息的数量和传送速度。克拉里认为："大量似乎构成了视觉领域的东西，其实是其他种类的力量与权力关系的效果。"③换言之，移动互联网技术

---

① ［美］乔纳森·克拉里. 知觉的悬置：注意力、景观与现代文化［M］. 沈语冰，贺玉高，译. 南京：华江苏凤凰美术出版社，2017：1.

② ［美］乔纳森·克拉里. 知觉的悬置：注意力、景观与现代文化［M］. 沈语冰，贺玉高，译. 南京：华江苏凤凰美术出版社，2017：2.

③ ［美］乔纳森·克拉里. 知觉的悬置：注意力、景观与现代文化［M］. 沈语冰，贺玉高，译. 南京：华江苏凤凰美术出版社，2017：3.

和即将来临的虚拟现实时代，相当于把我们的身体知觉重新整合为克拉里所强调的整体知觉，而注意力分散，并非指身体知觉的注意力分散，在某种程度上是视觉能力弱化，其他感官能力复苏的征兆或现状。也即是说，我们不再单纯地依靠眼睛、观看、视线在新的媒介时代生存，而是以"心流"、以身体、以统觉在新媒介营造的虚拟与现实无限叠合的空间中沉浸式的去体验、去感知、去交换。因此，注意力分散恰恰说明了身体的回归，而且在克拉里看来："一个具身的主体才既是权力运作的场所，也是抵抗权力的潜在可能。"①

实际上，漫长的人类艺术创作的历史也可以看作，是对"沉浸"状态的不断追逐的过程：从最初的线条勾勒到原始岩画神秘的仪式性，从对上帝形象的神性膜拜到模仿上帝重塑自我，从再现真实到表达诗意，从退后一步的沉思到走进作品的互动，都在反映视觉和身体的统一，以及利用各种手段试图到达"沉浸"的境界。移动互联也好虚拟现实也罢，实际上我们可以把他们理解为一种手段、一种方法、一种媒介。首先从感官出发，进而走向心理，从"心流"到"沉浸"，注意力的"集中"或"分散"，都是我们在新的媒介时代的一种身体知觉的整体建构。

因此，有学者将虚拟现实技术媒介时代称为"第三媒介时代"："'互动'和'双向性'被马克·波斯特当作第二媒介时代的主要特征，但这已远不足以描述及概括新传播的发展现状，……我将'第一媒介时代'定义为单向的大众传播时代，

---

① ［美］乔纳森·克拉里. 知觉的悬置：注意力、景观与现代文化［M］. 沈语冰，贺玉高，译. 南京：华江苏凤凰美术出版社，2017：5.

'第二媒介时代'定义为互动的分众传播时代。'第三媒介时代'定义为'沉浸'的'泛众'传播时代。……这个以人为中心的、人与周围融为一体、真实世界与虚拟世界融为一体的世界已经到来，这就是第三媒介时代。"①

　　沉浸传播或第三媒介时代，也许只能算是对这一现象的传播学角度的诠释或修辞，但同时仍指明了在移动互联时代，视像的碎片化和流动化，场景时代带来的技术升级，使得媒介的环境属性大大增强了，人类与媒介构成了"异质网络"或者说世界本身。当智能手机成为我们身体手臂的延伸，当电脑、云存储成为我们记忆系统的延伸，当蓝牙耳机、VR眼镜成为我们感官系统的延伸，那也就意味着"我们可以将互联网视为一种存在方式，它在塑造环境基本能力上，在某些方面已经类似于水、空气、土地、火或以太。"②这就是彼得斯所理解的媒介："我将媒介视为自然和文化两者的拼接，也即身体和技术的组合。"③充分的交织、沉浸、融合，不仅仅是视觉观看的满足，更意味着身体知觉的满足，因此，我们才会在不知不觉中调动所有的身体感官进入媒介的海洋中，"浮游在多舟之上"④。

---

① 李沁. 沉浸传播：第三媒介时代的传播范式［M］. 北京：清华大学出版社，2013：13-15

② ［美］约翰·杜海姆·彼得斯. 奇云：媒介即存有［M］. 邓建国，译. 上海：复旦大学出版社，2020：57

③ ［美］约翰·杜海姆·彼得斯. 奇云：媒介即存有［M］. 邓建国，译. 上海：复旦大学出版社，2020：57

④ ［美］约翰·杜海姆·彼得斯. 奇云：媒介即存有［M］. 邓建国，译. 上海：复旦大学出版社，2020：58

第五章　走向虚拟——数字时代技术图像的新物种

华人导演李安一直以来给观众的印象都是一位著名的文艺片和剧情片导演，他早期的电影充满浓郁的人文色彩，每个细节、每个表情、每段对话、每段文案都散发着温文尔雅的东方韵味。虽然有一些商业化属性比较明显的作品，比如《与魔鬼共骑》《绿巨人浩克》以及鼎鼎大名的《卧虎藏龙》，但都属于同类型作品中的异类，这些影片中仍然表现出李安独有的细腻的情感表达和美学气息。但是，从2012年开始，李安的电影开始发生巨大的变化，虽然那种人文关怀、美学气息、东方韵味仍然有所保留，但很明显已经淡化很多，李安已然转身向数字技术美学的虚拟影像方向大踏步地前进。2012年，《少年派的奇幻漂流》以其复杂的故事情节和符号性隐喻令李安首次获得奥斯卡最佳导演奖，但相信人们对影片最深刻的印象还是他营造出来的那种美轮美奂、超越想象的视觉盛宴。

正如片名所示：奇幻漂流，我们被李安打造的奇幻瑰丽的海天景象深深地迷住，幻想着也有同样的机会在那样的大海和星空中与神奇的海洋生物互动共舞。起码对我个人而言，影片的叙事性已经大大地让位于数字影像的极富想象力和创造力的精美视觉呈现。然而李安并没有止步于此，2016年的《比利·林恩的中场战事》（图5-1）再一次为我们带来了意想不到的视觉震撼，这一次，不再是想象力的视觉美学展现，而转变为一种超级的视觉真实感的表达。

图5-1　李安执导影片《比利·林恩的中场战事》中的画面

这种真实感首先体现在镜头语言的运用，当需要展现角色因心理变化而产生的细微表情变化时，大量的中近景和特写镜头，使我们能够真正地体会到那种微妙的情绪。该片的镜头语言明显不是以静观式的，有距离地观看，即传统的电影视觉语言，而仿佛是你与角色正面对面地对视、交流，比利不是影片中的人而是活生生站在你面前的人。类似的镜头语言有很多，完全是一种在场的、目光扫视式的，镜头的摇曳感和聚焦方式的不断转换，分明就在暗示这是一双真实的眼睛。尤其当出现战争场景时，那种真实到让人身临其境的感官感受，仿佛那一刻你就是比利·林恩的战友，甚至你就是他本人。

除了镜头语言的运用充分体现了视角的真实感以外，该片之所以能够给人以超级真实的视觉效果还在于李安采用120频率的高帧率数字拍摄技术、4K超高清分辨率和3D双机拍摄技术，《比利·林恩的中场战事》最终成品的画面信息量是普通影片的40倍：每秒的帧数多5倍，每帧的像素多4倍，以及作为3D影片信息量还要再翻一番。尤其是120帧的高帧率，使影片变得与众不同，在120帧率高帧率的拍摄技术支持下，影像好像是慢动作一般的清晰，即使是在运动状态下的镜头也能保证高清晰度。超越"看"的意义，我们沉浸在比利的世界，仿佛随他一起经历战争的创伤和现实的残忍。

虽然影片上映后争议不断，但李安并没有停下脚步，2019年的《双子杀手》除了继续采用120帧率/4K/3D等数字拍摄技术之外，影片还利用动态捕捉和后期合成制造了一个20岁版的威尔·史密斯，与年过半百的真人史密斯一起出演影片，亦真亦幻，使人在无比错愕的同时又惊叹于李安的精妙构思和数字影像技术的高超技艺。三部影片在挑战人类的视觉极限，李安也在为电影的未来发展之路努力探索。

对于为什么转向现在的数字手段的影像风格和影片创作，李安在一次采访时谈道："数码就是数码，它不是化学（指胶片的洗印方式），它是一个电子的东西，而且确实有很多潜力，它应该是不一样的，不应该再学习胶片电影。"①美国学者D. N. 罗德维克认为，"随着'电影'在数字替代模拟的过程中逐渐消失，电影作为一种叙事形式和叙事体验———一种通过空间、运动

---

① "超详细解析！李安电影《双子杀手》的好莱坞级别特效制作"［EB/OL］. （2021-04-27）［2023-02-13］. https：//zhuanlan. zhihu. com/p/367867170.

和时间表达视觉、意义和欲望的特定形式——得以延续"①。虚拟技术在电影领域已经提前完成了突破。

第一节　虚拟现实的理论之维

一、数字影像的非物质性

　　罗德维克在《电影的虚拟生命》一书中认为，研究数字影像首先应该考虑两方面的问题，一是命名问题，即在数字影像的整体面貌仍未彻底显现或可以勾勒时，我们应该如何理解和界定它们。罗德维克采用一个非常有趣的处理方式，即将新媒体三个字变为新"媒体"。②试图通过这种视觉化的文字处理方式表明他的态度。他认为，新媒体的"新"是一个值得商榷的概念："所谓'新媒体'的命名是误导，这有几个原因。第一，它包含了太多的各种计算机处理的人工制品：只读光盘，超文本标记语言编辑，互动游戏设计与编程，图像和音响获取或合成、操纵与编辑，文本处理和桌面排版，人机界面设计，计算机辅助设计，以及所有各种以计算机为媒体的传输。"③甚至数字电影也不能理解为新的电影形式和电影技术，因为电影的拍摄过程、后期制

---

①　［美］D. N. 罗德维克. 电影的虚拟生命［M］. 华明，等，译. 南京：南京大学出版社，2019：29.

②　［美］D. N. 罗德维克. 电影的虚拟生命［M］. 华明，等，译. 南京：南京大学出版社，2019：99.

③　［美］D. N. 罗德维克. 电影的虚拟生命［M］. 华明，等，译. 南京：南京大学出版社，2019：100.

作、媒介发行包含着太多利用计算机技术完成的数字转换，用数字电影一词很难准确概括当下整个电影的制作及发布过程。

因此，他说："从这个角度上说，没有'新媒体'；只有在把旧媒体作为数字信息加以革新时使用的仿真和信息处理。"①并借用马诺维奇在《新媒体的语言》一书中，从打孔卡片机的信息计算和雅卡尔提花机的自动编程的复杂图案的例子，来强调现代技术在没有彻底数字化之前就已经在19世纪上半叶实现了通过编程制作合成图像，因此，"所谓新媒体可能并没有那么新"。也就是说，数字影像在视觉呈现上并没有与传统影像产生历史性的割裂。从技术发展的维度上，新媒体有着悠久的历史存在感。

那么，我们如何来理解新媒体，罗德维克强调"新"的历时性和即时性，简单来说，是一种与时俱进的"新"，而且不能将其固定在某一阶段或技术领域，"菲尔·罗森已经明智地警告我们注意数字艺术的'混合历史性'，既涉及它们得以从中出现并且事实上加以延续的那些过去的技术，又涉及它们会帮助兴起的时代和历史的感觉。我们当代的动态影像的概念是从相互交织、以不均匀的历史节奏相互结合的三股虚拟艺术中发展而来的——摄影与电影、电子影像与传输，以及计算机技术——我们需要把三者整合在一起的概念，从而认识它们之间的关系和区别的复杂性。"②就这样，罗德维克将新媒体的命名问题搁置在半

---

① ［美］D.N.罗德维克.电影的虚拟生命［M］.华明，等，译.南京：南京大学出版社，2019：100.

② ［美］D.N.罗德维克.电影的虚拟生命［M］.华明，等，译.南京：南京大学出版社，2019：104.

空，转而开始分析和研究数字影像的本体论问题。

这也正是他对研究数字影像提出的第二个疑问，即与我们传统讨论的影像完全不同，数字影像不是物质性的，而是非物质性的。他指出："在电子屏幕上，我们不确定出现在面前的东西是一个'影像'，而且由于它易于变化和传递迅速的能力，我们同样无法确定这种感知是否有着与现在或过去有关的单一或稳定的存在。"[①]数字影像的非物质性涉及了我们如何感知它的真实性，即虚拟真实的问题，罗德维克将其称为"感知真实性的悖论"。

关于数字影像的非物质性问题，米歇尔从媒介的角度做出了他的解读。他指出艺术史研究的惯习是从媒介的物质性和单一性出发，但是在数字时代这就意味着"'去物质化'的虚拟和数字媒介以及整个大众媒介要么不在考虑范围内，要么就被看做具有威胁性的入侵者聚集在审美和艺术的城堡之外蠢蠢欲动。"[②]因此，从数字时代的角度来看，就要求图像学研究者重新思考媒介的问题。

米歇尔认为基特勒在《留声机、电影、打字机》一书中暗示了媒介随着其物质性的消失而转变成一种"无尽的绝对知识环"，看似媒介的概念已经不稳定了。但是，媒介除了其物质性特征以外，还明显具有社会实践的性质，即它可以是某种技术、工具、符码习惯，因此，米歇尔认为："媒介的概念，如果说它

---

① ［美］D. N. 罗德维克. 电影的虚拟生命［M］. 华明，等，译. 南京：南京大学出版社，2019：100.

② ［美］W. J. T. 米歇尔. 图像何求：形象的生命与爱［M］. 陈永国，等，译. 北京：北京大学出版社，2018：222.

还值得保留的话，似乎存在于物质和人们用物质所做的事情之间的某片模糊的中间地带。"①这一解释试图把媒介的定义回归到它的单数模式的词源，Medium有着中介、中间物、灵媒、中间的、半生熟的意思。即"如果媒介是中间物，那它就是具有无线延伸性的中间物，总是能将看似在它范围之外的东西包含进来。媒介其实并不在发送者和接受者中间，它包括并构成这二者。"②这实际上是媒介环境论的观点。在此基础上，米歇尔对数字影像或图像的非物质性给予了全新的诠释，即所谓生控复制时代的图像。

生命图像或生控复制，在米歇尔看来是数字技术与生物技术的结合，数字图像看似非物质，实则在生控复制技术的创造下逐渐有了有机物的特征，并且从复制性的角度来看，新的生控复制的图像已经大大地超越了机械复制时代的技术图像，"如果说机械复制性（摄影、电影以及相关工业进程，如流水线生产）统治了现代主义的时代，那么生控复制（高速计算、视频、数字影像、虚拟现实、因特网以及基因工程的产业化）则通知了我们称之为后现代的时代。"③这种有着无限接近原作甚或超越原作、具有"加速停滞"的特别时间性、将艺术家和作品绑得更紧的生控复制技术意味着数字时代图像正在成为非物质的生命体。用他

---

①　［美］W.J.T.米歇尔.图像何求：形象的生命与爱［M］.陈永国，等，译.北京：北京大学出版社，2018：221.

②　［美］W.J.T.米歇尔.图像何求：形象的生命与爱［M］.陈永国，等，译.北京：北京大学出版社，2018：222.

③　［美］W.J.T.米歇尔.图像何求：形象的生命与爱［M］.陈永国，等，译.北京：北京大学出版社，2018：350.

的话来说："对我们这个时代来说，危险的审美愉悦不是大规模毁灭，而是大规模创造新的、越来越致命的形象与生命形式……艺术家、技术人员和科学家在模仿生命、创造那些'有着自己的生命'的形象与机制总是联合在一起的。"[①]因此，"图像何求"的生命特征从某种角度来看也是为了解决数字图像的非物质性问题。

在非物质性的问题上，德布雷也有着类似的观点。他也从复制性的角度出发，分析了数字图像在技术上的超越使之成了现实模仿的对象，二者的关系发生了对调。他认为："通过电脑辅助设计，产生的图像不再是外在物品的副本翻版了，而是正相反。电脑绘图图像绕开了存在与表现的对立，表象与真实的对立，再无须模仿外在的真实，因为轮到真实的物品去模仿它，方能存在了。自希腊人以来所有使我们与表象对话贬值和夸张戏剧化的本体论关系全都颠倒过来了。Representation（再现）中的re（再）要去掉了，以至于经过长期变形，终于到了事物越来越像是图像的蹩脚翻版了。"[②]德布雷将这一状况称为"视觉上的革命"，并指出"模拟取缔了幻象，消除了由来已久将图像和模仿联系在一起的不幸。……这就是视像，终于作为其自身的视像。"[③]德布雷的这一观点无疑回应了米歇尔的元图像和生命图

①　［美］W. J. T. 米歇尔. 图像何求：形象的生命与爱［M］. 陈永国，等，译. 北京：北京大学出版社，2018：366.

②　［法］雷吉斯·德布雷. 图像的生与死［M］. 黄迅余，等，译. 上海：华东师范大学出版社，2014：252.

③　［法］雷吉斯·德布雷. 图像的生与死［M］. 黄迅余，等，译. 上海：华东师范大学出版社，2014：252-253.

像，同时也明显带有鲍德里亚仿像论的影子。

二、仿像与想象：从复制到再复制

毫无疑问，在数字影像和虚拟现实这个问题上，鲍德里亚是具有预见性和开创性的。鲍德里亚在《象征交换与死亡》一书中以价值为标准，从符号学的角度出发，分析符号与真实的关系，拆解符号内在的能指与所指的构成编码和仿真操作的生成、发展、演化，进而构建了他的仿像论。鲍德里亚认为，仿像的历史时期可以分为三个等级或三种历史阶段：第一个等级时间范围是从文艺复兴到早期工业革命，这一阶段是仿造和再现为支配地位的古典时期；第二个等级的时间概念是指工业革命以后工业生产占主导地位的阶段。针对前两个分期，鲍德里亚认为，"第一级仿象永远不能消除差异：它意味着仿象和真实之间永远都有可以感觉到的争吵（这种游戏在错视画中显得特别精巧，但一切艺术都依靠这种差距而生存）。第二级仿象则通过吸收表象或清除真实（怎么说都行），简化了这个问题——总之，它建立了一种没有形象、没有回声、没有镜子、没有表象的现实：这正是劳动，正是机器，正是与戏剧幻觉原则根本对立的整个工业生产系统。不再有上帝或人类的相似性或相异性，但有一种操作原则的内在逻辑。"[①]

而第三个等级，就是以电子数字技术和基因生物技术为基础的仿真阶段。此时价值的商业性规律移权给结构性规律，符号

---

① ［法］鲍德里亚.象征交换与死亡［M］.车槿山，译.南京：译林出版社，
2012：68.

的表征不再包含"真实",并且不仅是外在真实的荡然无存,还包括能指与所指间的断裂,符号浮动在能指中位移和复制。"这是再现性戏剧的终结,这是符号空间的终结,这是符号冲突和符号沉默的空间的终结:只剩下代码的黑匣子,只剩下发送信号的分子,我们受此辐射,我们被作为信号射线的问/答所穿越,我们不断地被我们自身细胞中记录的程序所测试。"①

用鲍德里亚自己的话说,在第三等级或阶段中,再生产代替了生产,二者间的不同在于,生产指向商品,而再生产指向生产本身。因此,他用"仿真"一词来说明这种再生产的真实。所谓仿真,是指一种极度真实的符号的再生产,而这种真实并不源于现实或者说并不以客观现实为基础。仿像就是这种符号的再生产的产物,也可译为类像或拟像。仿像是指由仿真行为生成的那些超级真实但由毫无根据、无从指涉的符号、图像或形象。鲍德里亚进一步解释道:"今天,当真实和想象在同样的操纵总体性中被混合起来时,审美幻觉无处不在。它是一种对赝品、蒙太奇、电影脚本 对在模型中过度暴露的现实性——的阈下感觉(第六感觉),它不再是一个生产空间,而是一个阅读链条,被符号……所磁化的编码和解码的链条。它被提升到第二个层面,提升为第二种力量,不是经过预先谋划和拥有某种艺术距离,而是通过代码的预知性和内在性。……这是一种技术化的仿真,不知所终的命运与审美快感连接在一起,那是一种阅读的快感,一种游戏规则带来的快感。符号的旅行,媒介的旅行,时尚和模型

---

① [法]鲍德里亚.象征交换与死亡[M].车槿山,译.南京:译林出版社,2012:74.

的旅行，仿真的冥暗而又辉煌的氛围的旅行。"①

因此，仿像与现实真实的关系由两个层面：一是对现实世界的客观实在物的超真实再现和复制，由此产生的精致仿真品，在这个层面，仿像意味着与自然等价关系的消解，它模糊了真实与非真实、原件与复制品之间的界限，是将符号从客观世界提炼出来的一种生产方式；二是自创性虚拟现实，这一层面的仿像与客观现实全无关系，以一种类相似性的虚拟幻觉构造超真实的物象或场景，依靠现代电子技术、数字技术甚至生物技术，创造出比真实更加真实的一种"超真实"。

对于罗德维克而言，正是要通过对于传统电影与数字电影的区分，试图从技术层面和认识层面具体说明，鲍德里亚的这种第二层面的超真实仿像是如何在数字影像时代形成了一种矛盾辩证式的存在，也即他的"感知真实性的悖论"。

首先，他认为早期的数字技术和数字影像仍然是以力求达到传统影像的真实性为目的和标准，电影技术带来的"视觉震惊"始终是数字影像追赶的目标，此时的数字影像或数字技术仍保留着电影家族的另类地位。他指出："通过获得完美摄影可信度的愿望，感知真实性在数字影像中深刻地复制和强化了描绘的固有文化规范。"②但是，这一态势具有矛盾性的，当计算机的数字化自动机制升级与完善，必然会形成对传统规范进行重塑的冲动和愿望，也必然会改变观影者的习惯并使其对新影像产生思考。

① BAUDRILLARD J. Simulacra and Simulation［M］. Michigan：The University of Michigan Press，1994：6.

② ［美］D. N. 罗德维克. 电影的虚拟生命［M］. 华明，等，译. 南京：南京大学出版社，2019：108.

这种早期的数字化模仿看起来像传统影像一样是一种再现性的，罗德维克将传统影像的复制称为"类比复制"，将数字技术的复制称为"自动复制"。他是如此描述自动复制是如何进行模仿的："感知真实性首先涉及一系列标准，它又涉及试图摹写空间信息的计算机算法，而电影摄影则是通过类比复制，特别是空间中的或者是通过空间的运动，自动地创造了这些空间信息。要使合成图像栩栩如生，涉及运用正确的算法，对于质量、惯性、扭矩和速度、冲撞测试和反应以及透视结构（边缘和轮廓信息、单眼距离编码）等，进行复杂的计算——总之，用数学建构了一个'屏幕地理学'，它通过连续摄像机位置的投影几何学，实现协调一致'。"①但是这种模仿是否如我们想象那样简单呢？罗德维克再次分析了数字影像，他指出数字影像的离散性、数值化、多变性和多元性，以及在数字转换过程中的灵活性和敏感性，使得它们所营造出来的感知真实性"强化甚至过分夸大了空间的一致性。"因此，在空间的相似性上，数字影像远超传统影像。在此他借用了米歇尔在《真实性与数字影像》一文中的观点，数字影像的复制性和空间相似性是更具深度的，其包含的信息远超我们视觉感知或需要的信息，从而走向了一种"超级复制"，也就是生控复制。

　　而所谓的"感知真实性的悖论"也恰恰体现在这一点上，即这种真实性和相似性与传统影像是否完全一致？正如米歇尔所言，数字影像的自动复制机制是一种超级复制，实际上，数字技

---

① ［美］D. N. 罗德维克. 电影的虚拟生命［M］. 华明，等，译. 南京：南京大学出版社，2019：109.

术的计算机工程师们对于真实性的理解与传统影像的电影艺术家完全不同，罗德维克认为他们所要制造的复制性的真实不是现实，而是一个我们头脑中再现出来的真实空间或场景，是仿像的第二个层面比真实还要真实的超真实。这种真实性要与"特别是那种可以按照数学符号再现或构建的空间的感知和认知规范"[1]保持一致。实际上这一基于头脑中视觉再现的超真实即是虚拟真实或曰虚拟现实，即米尔佐夫利用歌德的经历来说明的一种虚拟古迹、一种视觉想象。德布雷将其形容为："一个虚拟的实体被一个主体实际地感知了（还可能受其操纵），但它却没有相应的实在现实。……吊诡的是图像和现实之间变得难以辨别了：这样的空间是可以探索的，同时又是不可捉摸的；是不带虚幻性的，同时又是非真实的。"[2]

并且，数字影像的真实性与传统影像还存在着再现维度的不同。从传统的影像技术的实现方法来看，摄影术为基础的电影或电视实际上以一种时间性的类比复制，从最早感光过程的时间性到动态影像本身的时间记录作用，都说明了以这一点；但是数字影像由于其对于真实性理解的不同，更致力于空间的相似性和深度，也就是说数字影像无论是数字运算的空间结构还是视觉呈现的合成技术，其目的都旨在搭建一个可以用数学定义和计算的空间。数字影像通过模拟传统影像的视觉再现效果去构建一种计算模式下的最完美的空间结构。

---

① ［美］D. N. 罗德维克. 电影的虚拟生命［M］. 华明，等，译. 南京：南京大学出版社，2019：110.

② ［法］雷吉斯·德布雷. 图像的生与死［M］. 黄迅余，等，译. 上海：华东师范大学出版社，2014：253.

因此，米歇尔认为传统的类比复制虽然也带有着自动化的性质在内，但它是一种索引性逻辑基础上的复制，是对于真实物理空间及时间作为参照的；而数字影像的自动复制"参照的关键之处是心理活动——而非出自想象的物理现实，但是在无中生有的影像的创作中想象力的自由支配，可以仿真出物理世界"①。

"这正是想象的力量之所在：它使图像赋予社会信息，以此来持续生产新的知识与经验，并且不断对图像进行审视和回应。"②福柯认为，"只有求助于想象，相似性才能得到体现，反过来，想象也只有依靠相似性，才能得到实施。"③正如鲍德里亚所说，仿真不是"一个生产空间"，它的本质是真实与想象的混合，并以想象为主体，即所谓的"第二种力量"。

第二节 虚拟现实的技术之维

鲍德里亚的仿像世界在当下的网络虚拟世界中已经基本显现出来。我国学者欧阳友权认为，网络空间的虚拟真实相较于客观世界的生活真实或审美意识中的艺术真实而言，有两大特征："虚拟真实既不同于生活真实寻求原子实在的印证，也不同于艺术真实仅仅在艺术表象的世界中追求意愿或价值的真实表达，它

---

① ［美］D. N. 罗德维克. 电影的虚拟生命［M］. 华明，等，译. 南京：南京大学出版社，2019：111.

② ［巴西］威廉·弗卢赛尔. 技术图像的宇宙［M］. 李一君，译. 上海：复旦大学出版社，2021：7.

③ ［法］米歇尔·福柯. 词与物：人文科学考古学［M］. 莫伟民，译. 上海：上海三联书店，2016：90.

的特殊性有二：一是时空仿真，二是灵境互动。"①

这实际上就是对鲍德里亚的仿像的两个层面的呼应。欧阳
友权指出，虚拟真实不同于甚至不存在于真实空间，也不是心理
性或艺术性的时空留存，而是数字化的仿真生成，是以符号为依
存的人造真实，是以影音合成的时空仿真或者再造。他说："这种
仿真时空的虚拟真实完全超越了笛卡尔以来'身—心'两分、
'主—客'二元为基础的真实性认知模式，而且也不是反基础主
义所宣称的反实在性和非确定性，或可知论与不可知论对立中对
认识可能性的质疑或者确证，而是在虚拟与实在、认知与体验的
张力背后，用赛博空间本身构建'真实'的仿真场域。"②灵境
互动实际上是指虚拟空间中的人机互动或人与虚拟物的互动，这
种互动关系还包括人与人的虚拟互动，以及比特信息间的互动。

"虚拟超越于生活真实、艺术真实的革命意义就在于：它消弭了
物理空间与信息空间、物质实体与虚拟建构之间原有的界限，用
交互性虚拟技术拓宽了现代社会的对话与交往空间。"③

时空仿真与灵境互动带有比较明显的过程性和阶段性，如
果说网络空间已经基本完成了时空仿真的阶段，即赛博空间的空
间结构，已经完成了它的基本搭建，并且在移动互联时代，人们
已经彻底融入这一虚拟空间架构中，而全然不自知。那么，灵境

---

① 欧阳友权. 网络文学的虚拟真实与艺术本体［J］. 江西社会科学，2007（05）：
71-76.

② 欧阳友权. 网络文学的虚拟真实与艺术本体［J］. 江西社会科学，2007（05）：
71-76.

③ 欧阳友权. 网络文学的虚拟真实与艺术本体［J］. 江西社会科学，2007（05）：
71-76.

互动也已经走到了我们面前，尤其是作为支撑的各种数字虚拟技术已经足以打造一个与现实空间平行的极具数字真实感的虚拟现实。

一、虚拟现实的视觉呈现技术

（一）VR技术——虚拟现实

所谓VR，即"Virtual Reality"，中文译为虚拟现实。关于它的文学想象和具体描写最为著名的作品是1984年由美国著名科幻作家威廉·吉布森创作的小说《神经漫游者》，在书中吉布森描绘了这样一个未来的世界：由数字技术打造的虚拟空间，人们可以自由地在空间中生活、交友、游戏、探险等一系列可能在现实世界中无法获得或体验的活动。而由控制论（cybernetics）和空间（space）组合而成的"赛博空间"（cyberspace）一词，更是贯穿了我们对于网络空间的整体想象。虽然从技术研发的角度来看，VR（虚拟现实）技术早在20世纪30年代就已经开始有人构想它的可能，但是真正接近实际应用或者接近我们目前对VR技术的理解，还是要延迟到20世纪七八十年代。

1968年，美国计算机科学家伊凡·萨瑟兰设计了一款头戴式的显示设备，并以自己的名字命名为：Sutherland（见图5-2）。这款头戴式显示设备实际上并没有想象中那么便捷，由于当时的硬件设备仍受到不少技术限制，因此，Sutherland很难独立完成穿戴，并且需要在天花板上搭建支架配合使用，否则也很难正常使用。但是，萨瑟兰的设计明显是开创性的，预示着虚拟设备与位置感应追踪系统的科技前景，其模型价值实际上我们在现在的VR设备中仍能找到踪迹。同时，作为计算机图形学之父，萨瑟兰认为Sutherland的这种方式是虚拟现实技术的发展大方向，即除视觉感知以外还应加入听觉、触觉等感觉器官的辅助，从而获得更真实的沉浸感。萨瑟兰对于虚拟空间的想象始终是建立在统觉的基础上。之后，他又尝试利用操纵杆、立体声以及物理学的反馈力学来强化VR设备的沉浸感，使这一领域的研究逐渐走向成熟。

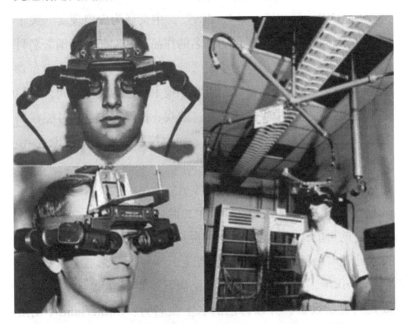

图5-2　1968年，美国计算机科学家伊凡·萨瑟兰设计的
头戴式显示设备——Sutherland

　　20世纪80年代初，由美国军方开发了一款名为SMNET的模拟实战训练的虚拟战场系统；到1985年美国宇航局也研发了类似的模拟系统VIVEDVR，目的是使宇航员获得更真实的现场体验；1990年，美国计算机科学家杰伦·拉尼尔建议用"Virtual

Reality"来表示虚拟现实技术，此时，关于虚拟现实技术的命名和基本技术特征、方式、功能的论证，也告一段落。VR技术主要涵盖了包括非接触性跟踪系统、数据具身设备如眼镜或手套、仿真虚拟时空系统等等一系列设备、软件系统。

　　虽然从文学想象到科学命名，虚拟现实早已广为人知，但实际上，相关技术的发明和创新远没有达到理想状态，且与网络技术诞生初期相似，主要应用于军事、科技、教育等高端领域，并未真正实现商业化、大众化应用。随着计算机软硬件技术和系统的高速发展，新千年后，VR技术和虚拟现实概念得到了更全面的推动。到了2010年，美国人帕尔默·拉奇基于已有技术发明了面向普通消费者的新型VR设备：欧酷拉（Oculus Rift），并且陆续设计出相应的完整视场，至此VR技术在民用领域再次获得广泛关注，并在之后的几年逐渐走向高速发展的道路。2016年，帕尔默·拉奇的公司陆续推出Oculus Rift、Oculus Go，以及由OculusVR支持下三星的Gear VR也进入市场，这使得虚拟现实技术立刻成为热点，几乎同时，谷歌、索尼也陆续推出新一代VR产品和相应的环境系统，因此，2016年往往被视为是VR技术的元年。

　　正如上文指出，VR技术或虚拟现实是一套由设备到虚拟空间的整体数字系统，其展现的虚拟世界不是现实的装饰，而是一个独特的完整世界，即使场景来自现实，也会尝试以完全不同的视角使人获得非现实或超现实的体验。通过对空间的打造、场面的整体调度、视角的不同转换，在VR打造的世界里，我们可以任意移动、旋转、"观看"，结合场域的具体设计，获得在场的真实感。在这种既虚幻又真实环境中，我们的整体知觉重又被呼唤起来。同时，由VR技术打造的虚拟场景往往具有一定的特殊性或仪式感，在虚拟现实中的具身化沉浸感，使我们越来越难辨真伪。

如果说VR技术之前的人机交互其参与性仍然略有隔阂，那么，虚拟现实技术的不断发展、不断成熟则意味着人机交互的关系正在发生新的突破。环境、感知、主体，在虚拟现实的空间中我们不是通过界面或屏幕去看去交互，而是与空间中的角色共同构成了另一个"我"，是奥利弗·格劳所说的"从一种精神状态到另一种精神状态的过渡过程"①。VR技术将我们的视觉和听觉转移到虚拟空间，从而在亦真亦幻的虚拟景象中产生新的深度幻觉（见图5-3）。

VR技术和虚拟影像在某种程度上印证了鲍德里亚和麦克卢汉的观点，即在后现代电子媒介时代，我们的媒介文化将以触觉文化为先导。麦克卢汉在评价电视的数字影像传输时指出说："对于触觉而言，一切事物都是突然的、出乎意料的、新颖的、稀罕的、奇怪的。……触觉形态是突发的，不是专门化的；它是整体的、通感的、他设计一切感官。"②而他对于电视时代的儿童视觉行为评价也适用于VR时代："电视时代的儿童不能向前看，因为他们想要介入，他们不能接受学习或生活中一种切割性的、纯视象化的目标或命运。"③这种触觉体验和文化象征即马

---

① ［德］奥利弗·格劳. 虚拟艺术：从幻觉到沉浸［M］. 陈玲，译. 北京：清华大学出版社，2007：12.

② ［加］马歇尔·麦克卢汉. 理解媒介：论人的延伸［M］. 何道宽，译. 北京：商务印书馆，2000：412-413.

③ ［加］马歇尔·麦克卢汉. 理解媒介：论人的延伸［M］. 何道宽，译. 北京：商务印书馆，2000：414.

克·汉森所说的"动态耦合"（dynamic coupling），并意味着鲍德里亚的"整个生态学被移入这个操作仿真的世界"。

图5-3 2021年，咪咕视频推出的沉浸式VR观看服务
——"5G奥运会 真直播"

当作为观看者或参与者的我们进入虚拟全景空间时，VR技术结合现场的具体环境不再以视觉性的象征符码来诱惑我们，而是以更加直接的多感官刺激来达到目的，其主题性和概念性隐藏在深度的交互行为中，并借助这种全身心的沉浸式体验，完成虚拟真实的仿真过程。当我们戴上VR眼镜，即意味着知觉截除后的技术延伸，将我们彻底拉入并同构虚拟现实。现实的身份被抛弃在空间以外，我们将被允许替换成另一个自我，而这个自我在虚拟空间中又是实体的。与传统数字交互的区别在于，这种感受更具体、更真实、更完整、更虚幻，其造成的感知真实性和超真实拟像也愈加强烈。因此，有学者也指出VR技术或者说虚拟现实对于我们的潜意识而言"是一种转世心理的体现，因为它最终承诺了一种可能性，即把废弃的身体留在身后，以半人半机器的赛博格身份居住在数据空间中。……虚拟现实是逃离现实身体的表现和延续"①。

（二）AR技术——增强现实

增强现实技术（Augmented Reality）简称AR，是一种把影像合成后嵌套在真实视觉环境（或嵌入某种真实数字视觉影像）的影像技术。这项技术试图将虚拟影像与现实世界结合，从而在现实中实现数字化的操控和交互。因此，AR技术除了视觉呈现的问题以外，更重要的是需要一系列比较复杂的追踪系统和信号发射系统，它实质上是将传感器、发射器、追踪器融合为一个系统，从而实现消费者在现实世界完成信号捕捉和视觉呈现的行为，并最终完成与现实世界的嵌套。早期与VR技术一样主要借助头戴式设备在诸如医学、教育和军事领域广泛应用。

从目前来看，随着移动网络、全球定位系统的不断成熟，AR技术已经实现了通过设备如手机的高速刷新率来保障数字影像与观看的视觉统一，几乎可以与现场环境无缝集成，并能够利用远程手段计算现实空间，将影像投射到数字设备的增强表面如手机或电脑屏幕。在呈现的简便性、空间的多维性、交互的便捷性等方面更为真实、突出，大大增强了数字影像的交互和分享功能，因此，AR增强现实也逐渐成为游戏界和广告界的新宠。

2017年，宜家家居推出了一款带有AR功能的App——IKEA Place。利用这款App，消费者可以将想买的商品与家居空间进行AR技术的嵌入，即先确定室内空间的位置角落，将其拍摄为照

① ［美］克里斯蒂安妮·保罗. 数字艺术：数字技术与艺术观念的探索［M］. 李镇，彦风，译. 北京：机械工业出版社，2021：125.

片后，再从软件中挑选想要的家居，软件通过计算将虚拟家具在手机中呈现出来并与现实空间的照片结合，可以反复调整、选择、修改，以确定在尺寸、风格、品味上是否符合消费者的需求。

再比如说游戏。2016年任天堂、The Pokemon Company、Niantic Labs联合制作开发的现实增强（AR）宠物养成对战类RPG手游"精灵宝可梦GO"（见图5-4）一经推出便引起了巨大反响。这款游戏不再是依靠电视或者电脑进行游戏操控，而是将游戏的影像信息以数字信号发送到现实世界的媒介端。玩家们需要携带智能手机到现实中去寻找和捕捉"小精灵"们，而后者也看似在现实世界中不断成长，可以让它们进行各种训练或战斗。通过与游戏同好们在线即时分享，从而将虚拟沉浸转变为真实的现实互动。这款游戏首发地在澳大利亚和新西兰，自问世后迅速蔓延全世界，据统计，在短短的几个月时间，该游戏的玩家们累计完成了46亿千米的行走距离。

图5-4 由任天堂研发制作的AR游戏"精灵宝可梦GO"，在现实世界引发热议

"精灵宝可梦GO"的现实幻境一定程度上是借助于移动设备技术能力的提升。智能手机实现了AR技术在现实中虚拟影像生成的可能性，玩家利用手机对准现实空间进行扫描、测量，从而完成系统对空间的计算或判断。而微型显卡和处理器的强大，也实现了数字影像在手机中的实时快速渲染，并体现在移动过程与空间环境的互动嵌套中不发生失真或断裂。游戏平台不断将信息发送到手机当中，玩家为了第一时间捕捉游戏精灵，往往需要迅速奔赴"现场"对虚拟"精灵"展开"争夺"。在身心统一齐动的同时，忽视了移动媒介、屏幕设备与现实空间合谋搭建的一个看似真实开放的虚拟网络结构。因此，增强现实技术利用智能化移动设备将虚拟现实隐藏在真实现实之中，玩家看似主动的捕捉、选择、嬉戏、交流，实际上仍是一场电子虚拟空间的"神经漫游"。

　　让我们把视线短暂拉回到3D数字虚拟影像制作。2021年，时隔十八年，影史经典大作《黑客帝国》推出了它的重启之作——《黑客帝国4：矩阵重启》，影片发布后恶评如潮。但是作为该片全球营销的一部分，游戏厂商Epic Game做了一个短小的游戏宣传片，向世人展示虚幻引擎5的惊人技术。十几分钟的演示视频中，分别介绍了虚拟化微多边形几何体（Nanite）、动态全局光照和反射（Lumen）、物理与破坏系统（Chaos）、程序化生成开放世界（Houdini）、人群与交通系统（Mass）、粒子系统（Niagara）、次世代数字人类（Meta Human）等一系列游戏引擎的核心技术，让人眼花缭乱、感叹震惊。VR、AR以及一系列的虚拟三维数字技术，在不断地更新、变革、智能、演化的过程中，为虚拟化数字影像和虚拟现实互动网络的下一阶段发展开启了无限的想象空间。

二、虚拟现实的网络传播技术

2021年初，纽约佳士得拍卖公司首次拍卖一件NFT数字加密艺术作品：《每一天：前5000天》（图5-5）。这件作品是由美国数字艺术家Beeple创作的，记录了他从2007年5月以来每天创作的数码作品，并最终组合、拼接成一个像素马赛克的平面集合。这件作品既可以打散重组，也可以单幅使用，并且由于其比特代币属性，因此，它的拍卖不仅仅是作为一件作品，也相当于数字虚拟产权的转移。

图5-5　美国数字艺术家Beeple创作作品——《每一天：前5000天》

这也是NFT作品首次在传统拍卖系统中现身，最终它以惊人的6934万美元成交，此次拍卖使得这件作品一举成为在世艺术家艺术品拍卖价格的第三名。虽然数字艺术甚至NFT艺术早就为人熟知，并且近几年来始终保持极高的热度和关注度，但是，这次拍卖无疑将NFT艺术推到了风口浪尖，让人无法想象它如何达到了这一高度。实际上，这虽是数字媒介时代资本逐利的经典案例，也说明了社交媒介时代媒介个性化传播在基于区块链等一些技术革新的前提下，实现了对全球社交网络的视觉化重塑。

　　（一）区块链——网络新时代的信任机制

　　对于网络而言，身份认证机制和信任机制的模糊或不严谨，向来被视为是理所当然的先天缺陷。如何解决这一问题，往往来自对技术的不断发展和更新的某种期待。区块链技术（Blockchain）在一定程度上看起来成为解决这一身份认证或信任危机问题的新的技术概念之一。首先，我们需要了解，互联网技术的底层逻辑是一个由开放性的协议即TCP / IP、HTTP、POP、GPS 等共同构成的交互空间，这一点在第三章中有所涉及。它实际上是由一群互联技术的爱好者以及研究学者们共同研发出来的一种乌托邦式的公共领域。其早期的开放性和模糊性往往依靠使用者自身的技术或能力予以控制或限定，甚至也正是网络的价值体现。

　　由于这种乌托邦式的创见，使人们在初期并没有特别关注到或者考虑到将一些关键性的元素或结构添加进来，比如身份认定、社区化传播或者现在全民化的网络支付机制等等，这些内容并不在最初的协议当中。而随着网络媒介的不断发展，某种意义上这些问题被放大了。尤其是一些网络媒介公司或技术机构可以利用这些漏洞来建立自己的互联网用户服务机制，也被称之为第二层，由此引发了一系列潜在问题。比如2022年爆出的Facebook公司"泄露门事件"，就充分说明了这些公司如何利用对用户进行身份识别、信息掌控、行为分析，从而完成大数据时代的隐性垄断。个人信息的中心化垄断，一方面使得网络初期的那种开放性、多元性被削弱，另一方面也意味着作为个体用户的权力丧失，互联网正在通过对治理模式的调整一步步重构旧传统的权力结构。因此，网络用户"常常沦为被人操纵的数字客体"①。

2008年出现了一种新的网络协议，是由日裔美国计算机专家中本聪发布了一篇名为《比特币：一种点对点式的电子现金系统》（*Bitcoin: A Peer-to -Peer Electronic Cash System*）的论文，描述了一种他称之为"比特币"的算法机制和金融系统，以点对点的分布式计算方式设定了一系列信息移动和交换规则。这也就是区块链的底层基础，即摆脱大公司网络服务机制由技术力量主导的"网络第三层"，区块链的作用和力量开始逐步显现。

具体来看，所谓区块链并不是指某一项具体的发明，它是一系列技术的集成。我们可以把它想象成由一个个区块组成的链条，每一个区块都留有记录，并按时间顺序进行加密连成链条，即时间戳和非对称的加密技术。各区块存储在不同服务器，如需变动需要对所有的服务器进行修改，即节点的共识机制。因此，篡改区块链中的信息非常困难，这也意味着这种去中心化的新机制更符合早期网络的意义逻辑以及由此形成新的信任机制。而从

————

① ［美］尼尔·波兹曼.技术垄断：文化向技术投降［M］.何道宽，译.北京：北京大学出版社，2007：5.

其金融系统的机制建构可以看到它的开创性，首先是分布式的记录方式，使得在信任问题上添加了机器属性；其次是线形顺序的可追溯性，验证了"云"身份的可靠性；再次是通证奖励，使数字价值有了金融属性。

区块链是以块链式的数据结构、点状分布的数据共存、密码系统的链式记录，保证了数字信息编码和传播过程的严密。因此，区块链是利用技术撬动了互联网的"地质层"，用算法保证了用户的身份安全和信任认证。更为重要的是，其分布式、节点式、链条型的加密系统，使网络用户的信息权益、产权意识得到维护，并且一定程度上通过版权交易获得利益收支。

（二）NFT——数字艺术的网络原作

如果说，2016年是虚拟现实技术的元年，那么2018年是属于区块链技术的元年，而2020年，则可以视为是NFT加密艺术的元年。所谓NFT是Non fungible Token的缩写，可译为非同质化通证，或我们更经常使用的"非同质化货币"。结合区块链，我们可以把它理解为建立在区块链基础上的数据单元，其非同质属性意味着每一个NFT都是独立的唯一性的数据单元。将数字作品或产品映射到区块链中，从而获得加密信任机制的数据编码，这一编码或者协议中包含9个函数和3个事件。NFT作品或资产的拥有者将会获得与之相连的所有权益，如确权、授权、资产转移等。

以上文的佳士得拍卖的NFT作品为例，拍作品卖得主获得的不仅仅是一件数字作品，还包括这件作品所有的使用权、开发权、转让权，且整个过程都包含着区块链的加密保护。2017年，以太坊的ERC 721协议促进了NFT艺术的高速发展。同年由Crypto Cats公司推出的一款名为"密码猫"（Crypto Kitties）的游戏被认为是第一个NFT艺术项目。在游戏中，电子猫的养成、繁衍以严格的数据逻辑展开，尤其是每只猫都意味着从基因序列中继承下来的变化，即是说，从最初的两只电子猫开始，其后不断繁衍的小猫都完全不同，在毛色外观、个性气质等方面都是唯一性的。并且在不断繁衍的过程中，可以解锁各种新的组合变化。

在NFT艺术的火爆现象中，我们可以发现一个非常有趣由媒介变化引发的图像问题的思考。本雅明在描述机械复制时代的复制品时，强调了机械复制造成了"灵韵"的消散以及原件原真性的消失；高清数字图像的价值主要体现在其不断复制过程的永不损伤性，因此能够始终保持对于原作的高清传播，但无法代替原作和标记自身价值。NFT艺术不同，某种程度上它是数字时代的艺术原件，是传统艺术在数字技术意义下的权益映射，因此，它的高关注度和高价值性也就在情理之中了。同时，还应注意到的是，原件的唯一性和稀缺性使NFT艺术在社交网络中有了更重要的流通价值。

社交网络构建的虚拟空间在各种软件、平台、游戏中已经极为普遍，人们尤其是青年群体更是对此广泛关注、主动参与、热衷分享。某种角度来看，现在的社交网络已经从模拟现实世界变为其自身的延伸，我们在这样的空间中享受虚拟世界的身份自由，并始终希望展示一个全新的"自我"。而NFT的出现在一定程度上赋予网络化身以独一无二的属性，尤其是NFT艺术的主流形式——形象设计，某种程度上进一步加剧了图像社交的功能进化。独一无二的头像或形象，象征了数字身份的唯一，也就超越了虚拟的符号意义，成为更普遍的个性化同步和仿真。NFT的原作属性也为拥有者带来更强烈的占有欲望，并转化为虚拟空间中的"身份价值"，在社交互动中表现自我。

如果说NFT的这一属性，早期还仅是一种品位象征，那么随着作品的不断升值则转变为一种财富象征。比如，略早于"加密猫"的另一著名NFT系列"加密朋克"。开发者最初在以太坊中是免费发布的，只要拥有区块链的电子交易系统，就可以免费认领一件作品，并可以任意交易。"加密朋克"是由像素构成的各种人物头像，由算法计算生成，每一个都各有特征，也是唯一性的。它与"加密猫"的不同之处在于，是具有身份象征的虚拟头像，也即意味着当你在虚拟世界中拥有一个自己的独一无二的头像时，就相当于将你的自我身份也映射到区块链中，生成了一个独一无二的加密身份，并自动嵌入数字世界的价值体系。这里可以简单观察一下NFT资产的增值幅度，2018年，第9代电子猫"Dragon"因其独特的基因组合，生成了栗色眼睛和棉花糖色的身体，因此拍卖出17.9万美元的高价；2020年"加密朋克"的全球销售金额是274万美元，总体成交金额涨幅达到700%，新的头像拥有者增长了300%。而且最早的一批拥有者已经开始奇货可居，不再出售他们的藏品，进一步加剧了"加密朋克"的收藏价值。

或者，正如《雪崩》中构想的那样，当NFT成为虚拟世界的流通代币，那么虚拟世界与现实世界的同步和互通将越来越一致，二者的边界也会随着数字虚拟技术的升级越来越模糊，NFT艺术提供了将视觉创意变为现实并和日常生活同步的机会，与此同时，仿真虚拟世界正在以元宇宙的形态与现实连接。

（三）元宇宙——网络媒介的具象化

元宇宙，即Metaverse，是由Meta和Verse两个单词组成。对于它的解读比较复杂，也表现出我们对于下一代网络的不同判断和期望。比如，可以解释为"全真互联网"，这实际上有线上线下一体化或实体与网络融合的含义，表现为一种整体思维和未来愿景；另一种则是基于文学想象的具体化实施，文本来源即美国作家尼尔·斯蒂芬森1992年的科幻名篇《雪崩》。从第二个层面看，Metaverse的中文翻译更具有诗意和开创性。

斯蒂芬森小说中的描写非常接近我们现在的网络生活。抛开小说的背景设定不谈，在他描述的虚拟空间中，人们可以借助数字代币进行交易，可以通过各自的虚拟化身进行互动、交流。对混乱不堪的现实世界极力逃避和对即时互联的虚拟世界自由向往，《雪崩》激发了我们对元宇宙的想象。

新千年后，随着网络技术和社交媒介的高速发展，VR、AR等虚拟技术的不断成熟，我们对于元宇宙的想象已经越来越具体化，在不同的媒介领域和艺术形式中都有所展现，从文学创作到影像创作，从电子游戏到数字艺术，创作者们在不断描画元宇宙的视听形象时，也显现出虚拟概念与现实技术的同步黏性。

随着2021年10月28日，美国社交媒体公司脸书（Facebook）的创始人马克·扎克伯格宣布将公司将更名为"Meta"，我们发现元宇宙这一项原本相对小范围的、游戏化的虚拟现实概念有了更大的平台，Facebook庞大的数以亿计的用户群体如能实现元宇宙化，那么毫无疑问，社交媒介的具象化势必带动网络整体媒介环境的具象化。因此，无论元宇宙这一技术及其相关产业最终的发展是否能够按照预想的方式前进，我们都可以感受到，计算机从笨重的大型装置变身为轻便的屏幕设备，人机交互界面从冷漠的机械键入转变为智能化的手势操控，互联网从笨拙的拨号连接进化到随时随地万物互联，网络媒介从屏幕化的单向互动发展到沉浸性的媒介融合。元宇宙逐渐从斯蒂芬森的小说中涌出来，也许在不久的将来，借助VR、AR，甚至XR（扩展现实）、云原生等更具开创性的技术的支持，建构出更加超真实的虚拟与现实高度融合的网络形态。

综上所述，虚拟现实技术是集计算机图形技术、电子数据传感技术、人工智能技术、网络媒介技术等多学科技术于一身的系统性、体系性数字技术；是关于集合视觉、听觉、触觉的超真实、沉浸性交互网络新形态的技术思考。

在系统性虚拟现实技术的营造下，虚拟现实或者说虚拟空间实际上是从人类视觉感知逻辑中"涌现"出来的视像化空间，在数字化的空间深度和时间维度中构成一个新的仿真世界。它解构并重组了数字视像、内容生产者和参与者之间的文化逻辑结构，并允许个体以数字化身获得虚拟身份的原真认证。身份叠加也促使网络用户的主体体验指向对"行为与心理的环境氛围"的整体回应，并获得操控虚拟时空的主体权力，在交互过程中，主体意识决定了虚拟现实的仿真进程。

随着元宇宙等新的媒介概念的提出，虚拟与现实的关系也在发生转变，从对现实的再模仿到现实景观的超真实化，人类视觉历史中的再现、模拟、表征的视觉思维已经发生变革。从这个意义上来看，虚拟现实技术的价值不仅仅体现在数字空间的营造，或感官体验的技术性探索上，而且是对现实与虚拟间二元属性的质的超越。

第三节 虚拟现实的具身之维

目前看来，虚拟现实技术的两大核心技术优势或者说技术特征，表现为"驯化时空"和"身体嵌入"。前者基于现实模拟，后者源自感官知觉。这两大优势或特征也恰好与保罗·莱文森的媒介技术演化观点中的"现实化"与"人性化"吻合。通过对现实景象的数字化仿真，虚拟现实达成了"驯化时空"，并将传统艺术中图像的客观"再现"创变为主体"呈现"，用数字虚拟建构了与现实连接的异质空间或现实，这正是德布雷指出的"模拟取缔了幻象"①。而"身体嵌入"则意味着数字虚拟现实技术的介入美学特征：从"看"到"感"，从"静观"到"融合"，虚拟现实亦真亦幻的仿真景观大大增强了我们的身体体验。麦克卢汉曾经谈到电子媒介扩张是人类感觉集束中被分离出的一个局部，而虚拟现实带来的技术延伸则不止于这一局部性的分离，而是"补偿"或"补救"传统电子媒介某些缺憾，作为接收者和参与者，我们身体的全面嵌入，意味着包括视、听、触以及动态感知的身体统觉的全面介入，或者更应该用"连接"一词，从而在数字虚拟中产生"在场"的存在感。

在虚拟现实中我们可以发现，身体再次被整体唤醒，作为主体与现实的起到媒介作用的连接点，身体代表了身心合一的主体回归，我们通过身体去感知、去体验、去理解。因此，在虚拟

① ［法］雷吉斯·德布雷.图像的生与死［M］.黄迅余，等，译.上海：华东师范大学出版社，2014：252.

技术飞速发展、算法工程深度延展、人机交互不断智能化的背景下，"具身化"有必要被重新关注。

一、从缺席到返场：身体观念的回归

自笛卡尔以来，西方理论界一度热衷于身心分离的二元论论调。在这一脉络中，理论家认为人类的认知活动和行为产生决定作用的是人的精神，或者说是人的心智精神的表征行为。"我思"主体相对独立，人的认知行为或者说知识获取是在表征外部客观世界的过程中产生的。因此，在笛卡尔看来，"我思故我在"，身体则被搁置了，精神心智成为主体存在的本质核心。而认知心理学通过对计算机科学研究成果的借鉴，也提出了"计算机隐喻"的一种理论模型。这一理论模式是将人类的大脑想象为一台结构复杂、高速运转的计算机，相对而言，人类表现出来的心理、认知、思考等，这可以理解为是计算机对内心中的表征结构进行的数理逻辑计算。这一隐喻下，从认知科学的角度将人脑的感知认识进一步独立。而传统的传播学理论深受二者影响，倾向于将身体放逐在媒介之外。

传统媒介的理论描述始终致力于从"身体的有限"和"时空的障碍"强调传播技术的突破性和创新性，而"做到缺席又在场的无身体接触，这一梦想不仅是激发大众话语的关键条件之一，而且是激发技术发明的关键条件之一"①。现代媒介技术的一个最重要的特点就是信息符号化，电报、电话、广播、电视等现

---

① ［美］约翰·杜翰姆·彼得斯. 对空言说：传播的观念史［M］. 邓建国，译. 上海：上海译文出版社，2017：152.

代媒介技术拓展我们的身体能力和表征方式，同时也将"我们的面孔、行动、声音、思想和互动，都已经全部迁移到媒介之中"①。

　　现代媒介最基本和最普遍的特征即信息传播不依赖于人的在场或人数的多少，而是自主和自动产生传播行为及效果。这就意味着，如果将"我思"转换成符号，那么"在场"就立刻被符号传送所取代，传播也就成为一种符号化的"话语实践"，身体再次后退成为符号信息的接收端，进而导致了鲍德里亚指出的"内爆"式的符号的狂欢。由仿真代替现实，由符号代替真实，身体就此缺席。同时，正像麦克卢汉指出电子媒介"将我们的中枢神经系统伸至全球，并废止了地球上的空间与时间"②，现代媒介技术的"废止"特征也意味着对于在场的当下性的控制。实际上"时空障碍"的突破始终是现代性历史进程中反复讨论的主题，从火车运输开始，现代社会的时间和地理由此发生改变，从媒介层面来看，摄影、电影、广播、电视等等无疑是对这一主题的回应。麦克卢汉提出的"地球村"说明了电子媒介的这种时空压缩的媒介作用，他认为电子媒介时代可能会呈现出现实和受众同时不在场的某种可能，也即意味着现代传播学理论中传统与现代、身体与媒介的割裂。

　　但是，在数字媒介时代，从技术层面对于时空关系和身体缺席的认识和理解正在发生转变。虚拟现实中空间和时间不是"压缩"或"废止"，而是"再造"或"驯化"。此时，虚拟空

———————

① ［美］约翰·杜翰姆·彼得斯. 对空言说：传播的观念史［M］. 邓建国，译. 上海：上海译文出版社，2017：328.

② ［加］马歇尔·麦克卢汉. 理解媒介——论人的延伸［M］. 何道宽，译. 北京：商务印书馆，2000：75.

间是与现实空间即时连接的异质数字网络空间，而时间也随着任意的暂停、快进、退回或与他人的时空交互，呈现为一种非线性的可控性。因此，虚拟数字媒介时代，世界的时空关系正快速地转变为曼纽尔·卡斯特尔所说的"流动的空间"和"无时间之时间"①。

对于这种变化或存在关系产生深刻理解并进行理论论述的是维利里奥，他认为首先是由于交通工具的不断加速使得空间关系发生扭转，飞机、高铁、高速公路造成了"大地收缩"，人类对于地理空间的认知已经发生巨变；而"远程通讯"或"远程在线"的媒介讯息技术的发展则使得物理意义上的时空关系也发生了巨变，"大地的丧失"说明媒介技术"它们并不满足于缩小空间扩展，它们还取消了消息、图像的所有延迟"②，也就意味着"过去和未来，距离和延续都在随时随地的各处在场的直接性远程登录中抹平了"③。虽然在维利里奥的论断中我们没有直接发现网络媒介与身体在场的关系，但是维利里奥对"时空丧失"和"远程在线"的现代媒介时空关系的阐述，也向我们指明了虚拟现实中具身化的技术身体的返场可能性，或者说身体始终在场，只是我们没有从这一角度进行相应的媒介理论诠释。

美国约翰·霍普金斯大学媒介学教授伯娜德·维根斯坦认

---

① ［美］曼纽尔·卡斯特. 网络社会的崛起［M］.夏铸九，等，译.北京：社会科学文献出版社，2001：505.

② ［法］保罗·维利里奥. 解放的速度［M］.陆远昶，译.南京：江苏人民出版社，2004：44-45.

③ ［法］保罗·维利里奥. 解放的速度［M］.陆远昶，译.南京：江苏人民出版社，2004：50.

为，对于身体和具身化的理解，在当代理论界始终存在着两种取向；身体是静态的身体（作为客体），以及对身体的动态认知（作为主体）。并且用海尔斯的后人类主义观点对"具身化"做出解释："因此，具身化指的是某些特定主体以一个动态的身体、以特殊具体的方式去生活和体验人生的方式。"①并建议重视现象学对身体的诠释是如何影响到我们现在的身体观念和媒介观念。这里有必要再次回到梅洛-庞蒂的身体观。

梅洛-庞蒂关于可见性和身体知觉的阐述和论证已经解释了他的身体观。在他看来，身体既是客体性的所有语言和意义的基础，又是主题性的所有感知和行为的出发点。受胡塞尔的影响，梅洛-庞蒂认为意识与身体的关系是他的现象学理论的关键问题，与胡塞尔不同的是他并不认为意识先在于身体，而是"意识是通过身体的中介而朝向事物的存在"②。换言之，人类是以身体在世的存在而存在，知觉意识是建立在经验感知的原始身体体验的基础上，身体是我们与世界的中介物。

由此，梅洛-庞蒂将胡塞尔的意识现象学变成了自己的知觉现象学。并进一步明确了，"身体是在世存有的载体，有一个身体对于一个有生命者来说，就是加入一个确定的环境，就是与某些筹划融为一体并且持续地参与其中"③。身即是我，我即是

① ［美］W. J. T. 米歇尔，马克·B. N. 汉森. 媒介研究批评术语集［M］. 肖腊梅，等，译. 南京：南京大学出版社，2019：27.
② ［法］梅洛-庞蒂. 知觉现象学［M］. 杨大春，等，译. 北京：商务印书馆出版，2021：199.
③ ［法］梅洛-庞蒂. 知觉现象学［M］. 杨大春，等，译. 北京：商务印书馆出版，2021：124.

身，身体存在与世界，如同心脏在体内跳动，心脏跳动为身体供给血液和养分，使身体保持活力和健康，正如身体为世界提供的一切，是一个不断循环的整体系统。

布尔迪厄从社会学的角度也提出类似的观点："身体处于社会世界之中，而社会世界又处于身体之中。"①总之，身体是我们与世界互动时的首要中介。人的认知行为不是一个孤立的发生在头脑中的事件，而是一种整体性的嵌套在环境中的身体主体的即时互动或感应的一系列行为及活动的结果。这也是汉斯·约纳斯关于"成为身体"和"有身体"的辨析，他认为正是由于人类能够清晰地辨识、理解并认识到身体动静态的二元论，才能够产生独立的自我意识，也正是人类的独特之处。

从梅洛-庞蒂的身体知觉现象学中，我们可以看到"具身化"理论概念了对身体主体性的理解，并指向了身体的媒介属性。在虚拟现实的媒介时代，技术延伸导致的机械义体并不是使身体远离我们，而应该理解为身体感官的外化或进一步的释放。尤其是分享行为形成的即时互联，连接的不仅仅是知识、思想，更是一种数据化的感官体验；虚拟身份的不断叠加，也意味着彼得斯"身体在场"的交流方式正以"远程在场""知觉在场""化身在场"等虚拟媒介时代的"具身在场"所实现。

二、技术的面孔：技术具身与虚拟化身

理查德·舒斯特曼结合梅洛-庞蒂的身体观念和杜威的实用

---

① ［法］皮埃尔·布迪厄. 实践与反思：反思社会学导引［M］. 李猛，等，译. 北京：中央编译出版社，2004：71.

主义美学，提出了"关注身体、身体的意识和媒体，更关注具身化的精神"①的身体美学理论。身体美学诠释了"具身化"美学特征，对于身体感知和意识表征的美学思考更为具体化、生活化、日常化。但是，舒斯特曼主要仍是从身体实践的层面讨论对身体的训练或服务，缺乏技术哲学角度的思考维度。从这一角度来看，虚拟现实的日常性、技术性、艺术性、身体性在一定程度上为舒斯特曼提供了现实样本和分析对象，同时，也具体性地体现出美国技术现象学学者唐·伊德对于人与技术的"具身关系"的思考。

（一）技术、媒介与具身关系——技术现象学的身体观

梅洛-庞蒂曾说过："手杖是身体的一个附件、是身体综合的一种延伸。"②这一观点与海德格尔的"上手状态"类似，生动地表达了技术的具身性。麦克卢汉的媒介技术观也深受技术具身论的影响，但更倾向于二元关系的辩证思考，认为"任何发明或技术都是人体的延伸或自我截除"③，将技术对感觉比率的修改视为一种媒介属性的调节。相对麦氏，唐·伊德对于技术与身体关系的阐释更具有体系性。

在知觉现象学的基础上，唐·伊德发现技术在身体知觉中的重要作用，并从知觉维度转向技术维度，思考具身化和具身关

---

① RICHARD S. Performing Live［M］. Ithaca：Cornell University Press，2000：161.

② ［法］梅洛-庞蒂. 知觉现象学［M］. 杨大春，等，译. 北京：商务印书馆出版，2021：217.

③ ［加］马歇尔·麦克卢汉. 理解媒介：论人的延伸［M］. 何道宽，译. 北京：商务印书馆，2000：78.

系的问题。在他看来，人的感知方式并不全与世界直接联系，而是需要经过技术作为中介。技术在这里具有媒介作用，"技术实际上处在看的人和被看的东西之间，处在中介的位置上"①。他多次利用各种不同的案例来说明技术与人的关系中这种媒介的作用和价值。比如，在谈到书写文化时，他借用爱森斯坦的观点说明了汉字字体形态的发展演变与毛笔和纸的出现有着密不可分的关系；借用梅洛-庞蒂关于羽毛头饰和盲人手杖的隐喻说明技术的"透明性"。

在《技术中的身体》一书中，伊德将自己的"技艺现象学"进一步理论化。他通过对身体的细分，建立了一套理论模型。伊德将身体分为三种类型：身体一是现象学派的身体知觉理论体系中的物质身体，代表即是梅洛-庞蒂的"肉身世界"；身体二是批判学派的文化建构思维下的文化身体，代表则是福柯的"身体规训"；身体三是技术维度中的身体认知，是与技术的媒介具身关系连接起来的"技术身体"。伊德指出，第三种身体观念是沟通前两种身体的关键，三者共同构成我们现在的身体理论观念。很明显，伊德对于技术的价值更为重视，在他看来，人是通过技术物来获得对于这个世界的经验的，在此基础上，伊德将人与技术的关系也做出了新的划分，他认为可以分为四种关系类型：具身关系、诠释关系、它异关系、背景关系。而具身关系是这一关系系统的关键："借助技术把实践具身化，这最终是一种

---

① ［美］唐·伊德. 技术与生活世界［M］. 韩连庆，译. 北京：北京大学出版社，2012：78.

与世界的生存关系。"①具身关系是人与世界的"第一种技术关系"，"我"是借助技术来感知世界，并最终转化为知觉，参与到世界的整体环境中。

通过对具身关系的诠释，我们可以看出，伊德将身体和技术视为人类感知世界的一个整体"器官"，从技术本体论的角度来看，伊德把具身关系进一步解释为"技术具身"。如果说麦克卢汉的技术义肢仍有一点它异关系的味道，那么，技术具身则表现为彻底地融合，技术融入身体，正如他反复使用的眼镜比喻，技术无意间完成了身体感知的变化。因此，伊德指出，技术具身有两个鲜明的辩证性特征：一是透明性，"具身关系是一种特殊的使用情境（use-context）……首先，技术必须'适合于'使用。实际上，在具身关系的范围内，我们可以在设计上做出一些特殊的改进，以便获得必不可少的技术的'抽身而去'"②。这是他对海德格尔上手理论的转化，同时他也指出了技术的完全透明是不可能的，现实世界中的物质性技术往往是"部分透明性或准透明性"的，而这种辩证性也正是具身关系的物质条件；二是技术具有感官扩展或缩小的中间调节作用，这恰恰来自它与身体的连接，身体知觉的多态性和多变性，赋予了技术这一独特属性，并且又与透明性紧密相连，"……如果越接近这种技术所允许的不可见性和透明性，并且越能扩展身体感觉，那么这种技术

---

① ［美］唐·伊德. 技术与生活世界［M］. 韩连庆，译. 北京：北京大学出版社，2012：77.

② ［美］唐·伊德. 技术与生活世界［M］. 韩连庆，译. 北京：北京大学出版社，2012：79-80.

就越好"①。

图5-6　对于生存在虚拟时代的青年群体而言，VR设备是最典型的技术具身

至此，唐·伊德用技术具身建构了"（身体—技术）—世界"的理论模型。这也帮助我们理解和诠释虚拟现实世界的人机关系有了新的维度。从具身关系的角度来看，虚拟现实的技术具身（图5-6）可以理解为"此在'在世界中存在'的一种特殊身体模式"②。

换言之，首先，虚拟技术"重新配置感知与经验的空间要素与时间要素"③，从而形成或构建了多层时空关系或结构；其

---

① ［美］唐·伊德. 技术与生活世界［M］. 韩连庆，译. 北京：北京大学出版社，2012：80.

② ［荷］约斯·德·穆尔. 赛博空间的奥德赛［M］. 麦永雄，译. 桂林：广西师范大学出版社，2007：146.

③ ［澳］麦奎尔·斯科特. 媒介城市：媒介、建筑与都市空间［M］. 赵伟妏，译. 台北：韦伯文化，2011：6.

次，虚拟媒介语境下的技术具身其身体概念"出现了某种特殊的主体性，这种主体性是由信息论的物质性与信息的非物质性相互交叉构成"①。我们也可以理解为在虚拟现实空间中技术具身可以转化为一种虚拟性的技术身体。物质与非物质的同构，也意味着这一技术身体借助技术工具在认知过程中与外部自然环境以及虚拟环境的融合。

（二）虚拟化身——多重的身体延伸

如上所述，虚拟现实中的"特殊身体模式"是虚拟技术带来的"技术身体"或者更准确地说"虚拟化身"。它不仅仅是物质性的"真身"的虚拟映射，也是虚拟空间中的"化身在场"。化身（Avatar）最初出现在20世纪80年代的网络电子游戏角色设定和创建，代表着游戏玩家在游戏中的临时身份。后来美国学者布罗利奥（R. Broglio）和吉纳（S. Guynup）将"化身"定义为用户在三维环境里呈现的、为用户充当视觉标识符的人形符号物，此时它不仅仅是一种象征身份转换的图像符号，更是玩家或用户在虚拟环境中接受信息，进行动作操作的重要数据节点，并且可以实现在虚拟空间中的数据信息交换，从而成为有了时间维度的四维节点（3D & time）②。因此，虚拟现实中的"化身"已经不能用麦克卢汉的"技术延伸"来予以理解和解释，而更应该从唐·伊德所言的"技术具身"理论观点出发。

正如上文所言，"虚拟化身"在唐·伊德技术现象学理论

---

① ［美］凯瑟琳·海勒. 我们何以成为后人类：文学、信息科学和控制论中的虚拟身体［M］. 刘宇清，译. 北京：北京大学出版社，2017：258-259.

② BROGLIO R, GUYNUP S. Beyond Human Avatar as Multimedia Expression［J］. Lecture Notes in Computer Science，2003（2897）：120-123.

中可以诠释为由技术或技术化的人工物为中介，作为"技术身体"的虚拟"在场"。虚拟空间中"在场"实存也使得"化身"具有超越肉体限制的形态生成的无限遐想，甚至在关于人工智能自我意识觉醒的讨论道路上也展示出一种可能性。近几年非常流行的电影题材即是游戏空间中NPC人工智能的觉醒，比如"失控玩家""无敌破坏王"等等，既表明了人们对虚拟化身或虚拟身份的喜爱和认同，也说明了"化身"的人格化实际上表征了现实人类的某种重塑自我、再获新生的进化愿望。

因此，我们可以看到无论是NFT头像还是三维立体的化身形象，都意味着我们可以在网络空间中随心所欲地修改自我形象，从而满足对身份游弋、形象重构的虚幻梦想。甚至一定程度上已经不限于虚拟空间中的化身塑造，在各种短视频平台或手机软件中，数字技术和虚拟技术已经能够彻底"扩展"我们对自身的想象，即时性的瘦脸、磨皮、放大、合体、拼接、换装等等后期技术，使我们的身体欲望投射到数字空间的同时也在反噬现实身体，各种网络妆容、亚文化服饰，眼球经济刺激下的怪诞行为甚至身体改造，就是化身与真身的多重拼合。

总之，虚拟化身是伊德技术具身理论在虚拟媒介时代的具体体现，它表现为一是化身即技术，是现实身体与数字信息即时互动的中介物，由身体控制，并将身体经验转换为数字信息，从而在虚拟场景中展开行动或参与分享；二是虚拟在场，是在场与缺席的辩证统一，目前的虚拟设备一定程度上能够使现实身体与虚拟化身获得同样的真实感官知觉体验，而化身在网络中的情感再现也同样与用户感性表达保持一致；三是多重自我，虚拟化身的身份重建、再造形象、身体转换，都意味着我们在虚拟空间中不仅仅展现一个自我，或者说我们的自我映射可以反映在多个化身中，因此，正如美国学者玛格丽特·莫尔斯所说："在虚拟现实中，'肉体'不是被'停放'而是被'映射'于一个或更多的虚拟身体上。"①

麦克卢汉认为媒介是一种技术义肢，已经对人类产生深刻影响。而澳大利亚机器人行为艺术家史帝拉更是践行了麦克卢汉式的机器义肢（见图5-7），他用行为艺术让人们反思现实媒介与身体的强硬连接。

但是，"硬连接"已经随着身体的"技术化身"以不断复制的方式将自我融入虚幻当中，"互联网允许以出乎意料的方式对身体进行访问，通过界面加连接，以及将身体上载，电子空间变成一个行动而非信息的媒体"②，虚拟媒介时代，人体的数字化嵌入使得我们的认知不再依赖于物质性的媒介记忆，而是身体感知与电子回路间的无限互动。再经由"化身"完成身体知觉的整体统合，从而产生"在屏幕里"的空间幻觉。至此，"化身可以说存在也可能说不存在"③，在某种意义上，虚拟现实的技术具身使化身与肉身、现实与环境、身体与媒介、知觉与经验、在场与缺席彻底叠加、重合，在动态状态中达成某种统一性。

---

① MARGARET M. Virtualities：Television\Mediaart\and Cyberculture［M］. Bloomington and Indianapolis：Indiana University Press，1998：141.

② STELARC. Parasite Visions：Alternate，Intimate and Involuntary Experiences［M］//DRUCKREY T. ars Electronica：Facing the Future. Massachusetts：The MIT Press，2001：414.

③ ［美］凯瑟琳·海勒. 我们何以成为后人类：文学、信息科学和控制论中的虚拟身体［M］. 刘宇清，译. 北京：北京大学出版社，2017：36.

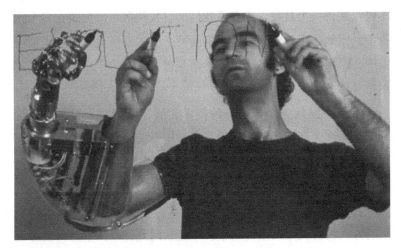

图5-7　澳大利亚机器人行为艺术家史帝拉《第三只手》（1980年）

　　如上所述，关于具身关系的研究出现了两个路径：一个是从传统传播学的角度出发研究身体的在场与缺席、具身与离身等二元范畴；另一个是从技术现象学的角度出发，研究媒介（如技术或界面）在连接人与世界时的消失和退隐。从后者的角度来看，在虚拟现实中，媒介与身体的具身交互不再是二元论的甚至不再是胡塞尔的"意向性"的，而是借助虚拟技术与人类身体感官融合，从而进入潜意识层面。虚拟技术对身体统觉的全面激活，使身体以更为自然的、本能性的、低意向性的方式与媒介环境进行互动。在虚拟技术中包含的诸如眼动、心率、体温等身体表征都可以与媒介环境中的传感系统进行适配。在不同虚拟环境中，人们利用虚拟化身满足现实世界的各种需求，而当智能化的虚拟现实媒介环境与双重身体的人类感官系统深度耦合时，我们的认知行为也必然走向由媒介构造的潜意识当中。至此，技术、身体、媒介共同构成新的知觉环境，并将其具体化为虚拟现实。

回溯人类经典视觉艺术，1600多年前，在莫高窟，北魏的僧侣和画工们沉心静气专注于勾勒、描绘、塑造，再现他们脑海里、心目中那圣洁庄严、恢宏博大的佛陀世界；斗转星移，1500年后，张大千不惜一切代价，燃灯附壁，复制、描摹、记录、转译，沉醉于他眼前美轮美奂、震惊中外的艺术洞窟；半个世纪后，樊锦诗克服各种维艰阻难终于造就了"数字敦煌"，用数字技术打造"永续利用"的数字化莫高石窟，邵志飞的《人间净土》（Pure Land AR）（图5-8）和2020年微信平台推出的《云游敦煌》正是数字技术为莫高窟的艺术宝藏建造的梦幻网阵。

图5-8　2012年邵志飞与莎若·肯德丁的艺术作品

《人间净土——扩增实境版》

　　如果说千年前莫高石窟的壁画和造像是人类对于想象世界

的文本再现、偶像崇拜；20世纪上半叶张大千以临摹转译的方式完成了对敦煌艺术的"现代化"复制；那么新千年后，樊锦诗院长数字化再造敦煌的战略计划，邵志飞作品表现出来的立体化、虚拟化的莫高窟艺术场景则意味着，在数字技术的支持下，人类社会的"视觉生活"的边界被无限地拓宽了。千年前的僧侣画工甚或几十年前的张大千们，可能难以想象，在数字媒介技术的"高度虚拟"中，人的视觉生活不再局限于"复制"的边界之内。我们的"视觉"现在更想看到的是：在数字媒介中虚拟一切。

超越复制走向虚拟，虚拟终将照进现实。

结　语

在2021年第五届平遥国际电影展上，继《蜻蜓之眼》后，艺术家徐冰再次推出了他的第二部充满哲思的艺术电影项目——人工智能无限电影（AI-IF），也被称之为"AI之眼"，这又是一次超乎想象的艺术创作。

徐冰与算法工程以及人工智能领域的研究者和专家们合作，建立了一个由六个人工智能控制的自动生成系统，这个系统可以完成文本生成、场景选择、视频检索、语音及音乐合成等方面的传统电影影像制作工作，这些内容完全由人工智能利用算法计算生成，并通过不断深度学习创造一部永不停歇且不会重复的"无限电影"。在现场，受邀观众甚至可以亲身参与影片创作，比如通过选择电影的类型或者键入关键词，又或暂停电影播放随时重新编写台词或线索，人工智能将根据修改直接生成从属观看者意志的视频影像。人工智能专家项目主创之一冯雁宣称："到今天为止，世界上还没有一个能自动实时创作剧本、生成图像并且由观众控制的电影系统，可以说是世界首创。"① "AI之眼"

---

① 平遥国际电影展.徐冰及团队：人工智能无限电影［EB/OL］.（2021-10-20）
　　［2023-03-06］.https://www.sohu.com/a/496224295_120112774.

的这种超强自动性、实时性和交互性，不禁使人疑惑，它到底是一部满富思辨性的艺术电影还是一个完全建立在互动影像层面的软件系统。

徐冰的"人工智能无限电影"再次挑战了大众对传统视觉生产尤其是电影生产的理解。这也反映出新的视觉现实：新千年以来社交网络、大数据、AI和元宇宙等一系列媒介技术和虚拟技术蓬勃发展，视觉传播形态和媒介传播环境不断演化变迁。从视觉研究的角度来看，传统的"看与被看"的模态变换更为多元复杂，在大数据语境下，视觉图像日益呈现出一种"互像性"或曰"图像间性"的多元交错的数字虚拟样态。结合虚拟现实技术具身化的科技前景，不久的将来我们的感官体验将会发生本质改变，未来世界的视觉样态让人产生无限遐想。

2000年，贝尔廷于1993年在波茨坦组织的主题为"何为图像"的国际学术研讨会的会议发言结集出版，书中收录了根据米歇尔发言整理的文章《图像演化论》，文中米歇尔结合他的"生命图像"理论以及恐龙图像的历史演变进程提出了图像演化的观点："科学图像——其中也包括恐龙图像，始终以一种持续的、逐步的改良趋势，逐渐向它们的描绘对象的真实形态靠拢。"①如果说"图像转向"还有着文学意义上的转义修辞，斯坦伯格们的"元图像"还略显粗糙，那么恐龙图像的百年演化史则成功地表现出"图绘"理论的性质。米歇尔在恐龙图像的演化过程中为图像本体论找到了一个坚实的范例，并借此阐述了"共同演化

---

① W.J.T.Mitchell.Über die Evolution von Bildern［A］，Der Zweite Blick：Bildgeschichte und Bildreflexion［C］.München：Wilhelm Fink Verlag，2000：45.

体"的论断："我们可以将图像作为一种人造的生命形式来理解，图像可被看作一种共同演化的有机体，无论在视觉还是在分类学意义上，它都可以算作是一个'物种'。"①虽然在媒介技术方面米歇尔仍没有更具体的表态，但"图像演化论"在某种程度上说明了现代视觉技术以及视觉文化对人类视觉行为和视觉呈现的塑造。回到徐冰的"人工智能无限电影"，如果回看2018年的《埃德蒙·贝拉米肖像》，我们惊奇地发现，在人工智能艺术领域也呈现出从图像到视像的"物种"演化。

　　总之，对于如何诠释这个时代的视觉现实和图像样态，米歇尔给出的解释是"生命图像""形象科学"或者"生控复制"，德布雷也用了"智能图像"来加以说明："图像现在知道有人在看它们了……它们'有责任感'了。"②无论从图像学的角度出发还是从媒介学的角度出发，以二者为代表的研究者们都试图通过赋予图像生命的修辞化表达使之本体化，从而诠释这个时代的视觉问题。

　　这种尝试确实使我们更容易理解数字时代的图像生成与呈现，及其与数字技术、生物技术、虚拟技术、媒介技术的复杂关系。如果为图像本体论给出更为具体的指涉，也许，米歇尔做了部分解答："它们就是自相矛盾的中介，正是有了它们，我们所谓的'不加中介'或'面对面'的关系……才成为可能。……在它们中间，在眼睛和目光中翻滚的是奇怪的中介物：形象和形象

---

①　W.J.T.Mitchell.Über die Evolution von Bildern［A］，Der Zweite Blick：Bildgeschichte und Bildreflexion［C］.München：Wilhelm Fink Verlag，2000：53.

②　［法］雷吉斯·德布雷.图像的生与死［M］.黄迅余，等，译.上海：华东师范大学出版社，2014：253.

显现于其上的屏幕或媒介。"①米歇尔在否定"视觉媒介"的单一属性的同时,也将图像转化为媒介本身:"它令我们打破围绕单独一种感觉器官(或是单独一种符号类型或是材料介质)对媒介进行具体化的困境,而开始关注自我们面前的究竟是什么……它帮助我们看清,为何视觉从来都不是一条单行道,而是充满了辩证形象的多向路口。"②也就是说,在数字时代或者甚至可以说在算法时代,随着基于虚拟现实技术以及蓬勃发展起来的人工智能的技术系统,共同打造的这种沉浸式、多模态交互的媒介环境仍在不断改进,在某种程度来看,图像的生命性或本体论恰恰体现在技术条件下的媒介间性或者说媒介的叠加态。

在当下的媒介生态视角下,数字时代的虚拟化数字视像将不再是孤立的仅作为一种视觉文化现象被关注,我们更多地应从媒介环境和技术生成的角度思考它作为媒介传播事件和视觉行为过程的多元样态,并应意识到它将引发怎样的媒介生产方式甚至生活方式的社会革新。尤其是虚拟现实技术,已经从早期台式电脑阶段的仿真设计发展到如今各种屏幕化、微小化的网络连接,甚至出现裸眼模式。从图像本体论的演化进程来看,新媒介传播变革产生媒介视觉呈现的全景化、可供化、虚拟化、具身化的新的媒介生态系统,以虚拟数字视像为基础的未来视觉传播,已经形成以媒介融合、生态跨界为基础的开放式、多元化媒介体系,现实与虚拟的全面融合已经走上了日程,一个全新的基于互联网

---

① [美]W. J. T. 米歇尔. 图像何求:形象的生命与爱[M]. 陈永国,等,译. 北京:北京大学出版社,2018:384.

② [美]W. J. T. 米歇尔. 图像何求:形象的生命与爱[M]. 陈永国,等,译. 北京:北京大学出版社,2018:383-385.

技术等多种新型媒介技术的虚拟视觉世界将要到来。这也意味着以图像为主体的视觉图像本体论终将在数字媒介时代走向以视像为主体的媒介视觉演化论。

徐冰在谈到自己的创作时曾表示希望借此探索某种"自然人的电影所不能创作和提供、但又为人类所需要的东西"[1]，并尝试在人工智能的帮助下去寻找图像表达的某种"内在公式"或"运转结构"以及"关于情感，关于文明，关于人类的本质"[2]。所以无论作品最终呈现的效果如何，无论人工智能深度学习的能力怎样，这种不确定性、不成熟性也预示某种新的成长和生成，这恰恰是他期待的："这个世界在不断成长，技术和创作的材料也都在生长。"

也许在这个正在不断生长的技术系统的支持下，米歇尔的"生命图像"将再次充满生命能量："一个'再造物'（Reproduktion），原则上来说，这个再造物还可以不断再造其自身。然而，这种种迷思——可以不断复制自身的图像、自动机器，以及从亚当夏娃到戈伦魔像（Golem）、弗兰肯斯坦直至侏罗纪公园里的克隆恐龙的一系列'人造生命'，都让我们无法不猜测，图像的生命疆界还远远未被划定。"[3]

[1]　平遥国际电影展.徐冰及团队：人工智能无限电影［EB/OL］.（2021-10-20）［2023-03-06］.https://www.sohu.com/a/496224295_120112774.

[2]　平遥国际电影展.徐冰及团队：人工智能无限电影［EB/OL］.（2021-10-20）［2023-03-06］.https://www.sohu.com/a/496224295_120112774.

[3]　W.J.T.Mitchell.Über die Evolution von Bildern［A］, Der Zweite Blick：Bildgeschichte und Bildreflexion［C］.München：Wilhelm Fink Verlag, 2000：54.

参考文献

一、外文文献

［1］AKRICH M., LATOUR B. A Summary of a Convenient Vocabulary for the Semiotics of Human and Nonhuman Assemblies ［M］//BIJKER W, LAW J. Shaping Technology / Building Society. Cambridge：the MIT Press，1992.

［2］FROSH P. The Poetics of DigitalMedia ［M］. Medford：Polity Press，2019.

［3］HANS B. An Anthropology of Images：Picture/Medium/Body. Princeton：Princeton University Press，2011.

［4］HOCHMAN N. he Social Media Image ［J］. Big Data and Society，2014，1（2）

［5］JEAN B. Simulacra and Simulation ［M］. Michigan：The University of Michigan Press. 1994.

［6］LATOUR B. Reassembling the social：an introduction to actor-network theory ［M］. Oxford：Oxford University Press，2005.

［7］MARGARET M. Virtualities：Television\Mediaart\and Cyberculture ［M］. Bloomington and Indianapolis：Indiana

University Press，1998.

［8］BROGLIO R，GUYNUP S. Beyond Human，Avatar as Multimedia Expression［J］. Lecture Notes in Computer Science，2003（2897）.

［9］RICHARD S. Performing Live［M］. Ithaca：Cornell University Press，2000.

［10］STELARC. Parasite Visions：Alernate，Intimate and Involuntary Experiences［M］//DRUCKREY T. ars Electronica：Facing the Future. Massachusetts：The MIT Press，2001.

［11］W. J. T. MITCHELL. Image Science：Iconology，Visual Culture，and Media Aesthetics［M］. Chicago：University of Chicago Press，2018.

二、专著

［1］［澳］狄波拉·勒普顿. 数字社会学［M］. 王明玉，译. 上海：上海人民出版社，2022.

［2］［澳］格雷姆·特纳. 普通人与媒介——民众化转向［M］. 许静，译. 北京：北京大学出版社，2011.

［3］［澳］麦奎尔·斯科特. 媒介城市：媒介、建筑与都市空间［M］. 赵伟妏，译. 台北：韦伯文化，2011.

［4］［澳］约翰·多克尔. 后现代与大众文化［M］. 王敬慧，王瑶，译. 北京：北京大学出版社，2011.

［5］［巴西］威廉·弗卢塞尔. 摄影哲学的思考［M］. 毛卫东，丁君君，译. 北京：中国民族摄影艺术出版社，2017.

［6］［巴西］威廉·弗卢塞尔. 技术图像的宇宙［M］. 李一君，译. 上海：复旦大学出版社，2021.

［7］［巴西］威廉·弗卢赛尔. 传播学：历史、理论与哲学［M］. 周海宁，译. 上海：复旦大学出版社，2022.

［8］［比］希尔达·凡·吉尔德，［荷］海伦·维斯特杰斯特. 摄影理论——历史脉络与案例分析［M］. 毛卫东，译. 北京：中国民族摄影艺术出版社，2014.

［9］［丹］克劳斯·布鲁恩·延森. 媒介融合：网络传播、大众传播和人际传播的三重维度［M］. 刘君，译. 上海：复旦大学出版社，2012.

［10］［德］奥利弗·格劳. 虚拟艺术：从幻觉到沉浸［M］. 陈玲，译. 北京：清华大学出版社，2007.

［11］［德］鲍里斯·格罗伊斯. 揣测与媒介——媒介现象学［M］. 张芸，刘振英，译. 南京：南京大学出版社，2014.

［12］［德］彼得·卢德思. 视像的霸权［M］. 刘志敏，译. 北京：中国广播电视出版社，2014.

［13］［德］弗里德里希·基特勒. 留声机、电影、打字机［M］. 邢春丽，译. 上海：复旦大学出版社，2017.

［14］［德］弗里德里希·基特勒. 实体之夜：弗里德里希·基特勒论文选辑［M］. 李双志，译. 上海：上海社会科学院出版社，2019.

［15］［德］哈特穆特·罗萨. 新异化的诞生［M］. 郑作彧，译. 上海：上海人民出版社，2018。

［16］［德］汉娜·阿伦特. 启迪：本雅明文选［M］. 张旭东，

王斑，译.北京：生活·读书·新知三联书店，2008.

［17］［德］汉斯·贝尔廷.现代主义之后的艺术史［M］.洪天富，译.南京：南京大学出版社，2014.

［18］［德］汉斯·贝尔廷.脸的历史［M］.史竞舟，译.北京：北京大学出版社，2017.

［19］［德］黑格尔.美学·第三卷·上册［M］.朱光潜，译.北京：商务印书馆，1979.

［20］［德］霍斯特·布雷德坎.图像行为理论［M］.宁瑛、钟长盛，译.南京：译林出版社，2016.

［21］［德］马丁·海德格尔.林中路［M］.孙周兴，译.上海：上海译文出版社，2004.

［22］［德］马丁·海德格尔.存在与时间［M］.陈嘉映，王庆节，译.北京：生活·读书·新知三联书店，2006.

［23］［德］瓦尔特·本雅明.摄影小史、机械复制时代的艺术作品［M］.王才勇，译.南京：江苏人民出版社，2006.

［24］［德］瓦尔特·本雅明.发达资本主义时代的抒情诗人［M］.张旭东，魏文生，译.北京：生活·读书·新知三联书店，2012.

［25］［德］瓦尔特·本雅明.单行道［M］.王才勇，译.南京：江苏人民出版社，2006.

［26］［德］沃尔夫冈·韦尔施.重构美学［M］.陆扬，张岩冰，译.上海：上海译文出版社，2006.

［27］［德］沃尔夫冈·弗里茨·豪格.商品美学批判：关注高科技资本主义社会的商品美学［M］.董路，译.北京：北京大学出版社，2013.

［28］［俄］列夫·马诺维奇. 新媒体的语言［M］. 车琳，译.
贵阳：贵州人民出版社，2020.

［29］［俄］瓦西里·康定斯基. 康定斯基：文论与作品［M］.
查立，译. 北京：中国社会科学出版社，2003.

［30］［法］安德烈·巴赞. 电影是什么［M］. 崔君衍，译. 北
京：商务印书馆，2017.

［31］［法］保罗·维利里奥. 视觉机器［M］. 张新木等，译.
南京：南京大学出版社，2014.

［32］［法］安娜·埃诺、安娜·贝雅埃. 视觉艺术符号学
［M］. 怀宇，译. 成都：四川大学出版社，2014.

［33］［法］奥利维耶·阿苏利. 审美资本主义——品味的工业
化［M］. 黄琰，译. 上海：华东师范大学出版社，2013.

［34］［法］保罗·维利里奥. 解放的速度［M］. 陆远昶，译.
南京：江苏人民出版社，2004.

［35］［法］保罗·维利里奥. 消失的美学［M］. 杨凯麟，译.
开封：河南大学出版社，2018.

［36］［法］保罗·维利里奥. 无边的艺术［M］. 张新木，李露
露，译. 南京：南京大学出版社，2014.

［37］［法］贝尔纳·斯蒂格勒. 技术与时间1：爱比米修斯的过
失［M］. 裴程，译. 南京：译林出版社，2019.

［38］［法］贝尔纳·斯蒂格勒. 技术与时间2：迷失方向
［M］. 赵和平，印螺，译. 南京：译林出版社，2019.

［39］［法］贝尔纳·斯蒂格勒. 技术与时间3：电影的时间与存
在之痛的问题［M］. 方尔平，译. 南京：译林出版社，
2019.

［40］［法］布鲁诺·拉图尔. 我们从未现代过：对称性人类学论集［M］. 刘鹏，安涅思，译. 上海：上海文艺出版社，2022.

［41］［法］大卫·勒布雷东. 人类身体史与现代性［M］. 王圆圆，译. 上海：上海文艺出版社，2010.

［42］［法］古斯塔夫·勒庞. 乌合之众——大众心理研究［M］. 冯克利，译. 桂林：广西师范大学出版社，2015.

［43］［法］吉尔·利波维茨基. 总体屏幕：从电影到智能手机［M］. 李宁玥，译. 南京：南京大学出版社，2022.

［44］［法］加斯东·巴什拉. 空间的诗学［M］. 张逸婧，译. 上海：上海译文出版社，2009.

［45］［法］居伊·德波. 景观社会［M］. 王昭凤，译. 南京：南京大学出版社，2006.

［46］［法］雷吉斯·德布雷. 图像的生与死［M］. 黄迅余，等，译. 上海：华东师范大学出版社，2014.

［47］［法］雷吉斯·德布雷. 媒介学宣言［M］. 黄春柳，等，译. 南京：南京大学出版社，2016.

［48］［法］罗兰·巴特. 明室［M］. 赵克非，译. 北京：文化艺术出版社，2008.

［49］［法］罗兰·巴特. 流行体系——符号学与服饰符码［M］. 敖军，译. 上海：上海人民出版社，2006.

［50］［法］罗兰·巴特. 神话修辞术 批评与真实［M］. 屠友祥，温晋仪，译. 上海：上海人民出版社，2012.

［51］［法］马克·第亚尼. 非物质社会——后工业世界的设计、文化与技术［M］. 滕守尧，译. 成都：四川人民出

版社，2005.

［52］［法］梅洛-庞蒂. 梅洛-庞蒂文集·第8卷：眼与心·世界的散文［M］. 杨大春，译. 北京：商务印书馆，2019.

［53］［法］梅洛-庞蒂. 梅洛-庞蒂文集·第2卷：知觉现象学［M］. 杨大春等，译. 北京：商务印书馆出版，2021.

［54］［法］梅洛-庞蒂. 梅洛-庞蒂文集·第9卷：可见的与不可见的［M］. 罗国祥，译. 北京：商务印书馆出版，2021.

［55］［法］米希尔·福柯，等. 激进的美学锋芒［M］. 周宪，译. 北京：中国人民大学出版社，2003.

［56］［法］米歇尔·福柯. 词与物：人文科学考古学［M］. 莫伟民，译. 上海：上海三联书店，2016.

［57］［法］米歇尔·福柯. 这不是一只烟斗［M］. 邢克超，译. 桂林：漓江出版社，2012.

［58］［法］米歇尔·福柯. 规训与惩罚［M］. 刘北成，杨远婴，译. 北京：生活·读书·新知三联书店，2010.

［59］［法］皮埃尔·布迪厄. 实践与反思：反思社会学导引［M］. 李猛，等，译. 北京：中央编译出版社，2004.

［60］［法］皮埃尔·布尔迪厄. 关于电视［M］. 许钧，译. 南京：南京大学出版社，2011.

［61］［法］皮埃尔·布尔迪厄. 区分：判断力的社会批判［M］. 刘晖，译. 北京：商务印书馆，2015.

［62］［法］让·鲍德里亚. 象征交换与死亡［M］. 车槿山，译. 南京：译林出版社，2012.

［63］［法］让·博德里亚尔. 完美的罪行［M］. 王为民，译. 北京：商务印书馆，2014.

［64］［法］让·鲍德里亚.物体系［M］.林志明，译.上海：上海人民出版社，2018.

［65］［法］让-保罗·福尔芒托.数字身份认同：表达与可追溯性［M］.武亦文，李洪峰，译.北京：中国传媒大学出版社，2021.

［66］［法］让·保罗·萨特.存在与虚无［M］.陈宣良，等，译.北京：生活·读书·新知三联书店，2014.

［67］［法］热拉尔·热奈特.转喻——从修辞到虚构［M］.吴康茹，译.桂林：漓江出版社，2013.

［68］［荷兰］阿塞·范·迪克.连接：社交媒介批评史［M］.晏青，陈光凤，译.北京：中国人民大学出版社，2021.

［69］［荷］约斯·德·穆尔.赛博空间的奥德赛［M］.麦永雄，译.桂林：广西师范大学出版社，2007.

［70］［加］娜奥米·克莱恩.NO LOGO——颠覆品牌全球统治［M］.徐诗思，译.桂林：广西师范大学出版社，2009.

［71］［加］哈罗德·伊尼斯.传播的偏向［M］.何道宽，译.北京：中国大百科全书出版社，2021.

［72］［加］杰弗里·温斯洛普-扬.基特勒论媒介［M］.张昱辰，译.北京：中国传媒大学大学出版社，2019.

［73］［加］马歇尔·麦克卢汉.理解媒介：论人的延伸［M］.何道宽，译.北京：商务印书馆，2000.

［74］［加］马歇尔·麦克卢汉.媒介即按摩：麦克卢汉媒介效应一览［M］.何道宽，译.北京：机械工业出版社，2016.

［75］［美］D.N.罗德维克.电影的虚拟生命［M］.华明，

等，译.南京：南京大学出版社，2019.

［76］［美］W. J. T. 米歇尔. 图像学：形象，文本，意识形态
［M］.陈永国，译.北京：北京大学出版社，2012.

［77］［美］W. J. T. 米歇尔. 图像何求：形象的生命与爱［M］.
陈永国，等，译.北京：北京大学出版社，2018.

［78］［美］W. J. T. 米歇尔，马克·B. N. 汉森.媒介研究批评术
语集［M］.肖腊梅，等，译.南京：南京大学出版社，
2019.

［79］［美］W. J. T. 米歇尔. 图像理论［M］.兰丽英，译.重
庆：重庆大学出版社，2021.

［80］［美］W. J. T. 米歇尔.元图像：图像及其理论话语［M］.
唐宏峰，译.上海：上海人民出版社，2022.

［81］［美］W. J. T. 米契尔.形象科学［M］.石武耕，译.台
北：马可孛罗文化事业股份有限公司，2020.

［82］［美］阿尔温·托夫勒.第三次浪潮［M］.朱志焱，等，
译.北京：生活·读书·新知三联书店，1983.

［83］［美］阿诺德·贝林特.艺术与介入［M］.李媛媛，译.
北京：商务印书馆，2013.

［84］［美］阿瑟·丹托.寻常物的嬗变——一种关于艺术的哲
学［M］.陈岸瑛，译.南京：江苏人民出版社，2012.

［85］［美］阿瑟·C. 丹托.美的滥用——美学与艺术的概念
［M］.王春辰，译.南京：江苏人民出版社，2007.

［86］［美］阿瑟·丹托.艺术的终结［M］.欧阳英，译.南
京：江苏人民出版社，2001.

［87］［美］埃伦·迪萨纳亚克.审美的人——艺术来自何处及

原因何在［M］.户晓辉，译.北京：商务印书馆，2005.

［88］［美］保罗·莱文森.手机：挡不住的呼唤［M］.何道宽，译.北京：中国人民大学出版社，2004.

［89］［美］保罗·莱文森.莱文森精粹［M］.何道宽，译.北京：中国人民大学出版社，2007.

［90］［美］保罗·莱文森.数字麦克卢汉：信息化新千纪指南［M］.何道宽，译.北京：北京师范大学出版社，2014.

［91］［美］保罗·莱文森.人类历程回放：媒介进化论［M］.邬建中，译.重庆：西南师范大学出版社，2016.

［92］［美］鲍斯玛.维特根斯坦谈话录：1949—1951［M］.刘云卿，译.桂林：漓江出版社，2012.

［93］［美］丹尼尔·贝尔.资本主义文化矛盾［M］.赵一凡，译.北京：生活·读书·新知三联书店，1989.

［94］［美］道格拉斯·凯尔纳.媒体文化［M］.丁宁，译.北京：商务印书馆，2013.

［95］［美］道格拉斯·凯尔纳.波德里亚——一个批判性读本［M］.陈维振等，译.南京：江苏人民出版社，2008.

［96］［美］迪克·赫伯迪格.亚文化——风格的意义［M］.陆道夫，胡疆锋，译.北京：北京大学出版社，2009.

［97］［美］亨利·詹金斯.文本盗猎者：电视粉丝与参与式文化［M］.郑熙青，译.北京：北京大学出版社，2016.

［98］［美］简·罗伯森·迈克丹尼尔.当代艺术的主题：1980年以后的视觉艺术［M］.匡骁，译.南京：江苏凤凰美术出版社，2012.

［99］［美］凯瑟琳·海勒.我们何以成为后人类：文学、信息

科学和控制论中的虚拟身体［M］. 刘宇清，译. 北京：北京大学出版社，2017.

［100］［美］克里斯蒂安妮·保罗. 数字艺术：数字技术与艺术观念的探索［M］. 李镇，彦风，译. 北京：机械工业出版社，2021.

［101］［美］理查德·舒斯特曼. 生活即审美——审美经验和生活艺术［M］. 彭锋，等，译. 北京：北京大学出版社，2007.

［102］［美］理查德·舒斯特曼. 身体意识和身体美学［M］. 程相占，译. 北京：商务印书馆，2011.

［103］［美］鲁道夫·阿恩海姆. 视觉思维——审美直觉心理学［M］. 滕守尧，译. 成都：四川人民出版社，2007.

［104］［美］鲁道夫·阿恩海姆. 艺术与视知觉［M］. 滕守尧，朱疆源，译. 成都：四川人民出版社，2005.

［105］［美］罗伯特·斯考伯，谢尔·伊斯雷尔. 即将到来的场景时代［M］. 赵乾坤，周宝耀，译. 北京：北京联合出版公司，2014.

［106］［美］马丁·杰伊. 低垂之眼——20世纪法国思想对视觉的贬损［M］. 孙锐才，译. 重庆：重庆大学出版社，2021.

［107］［美］马克·波斯特. 第二媒介时代［M］. 范静哗，译. 南京：南京大学出版社，2000.

［108］［美］马克·波斯特. 信息方式——后结构主义与社会语境［M］. 范静哗，译. 北京：商务印书馆，2014.

［109］［美］马泰·卡林内斯库. 现代性的五副面孔［M］. 顾

爱彬，李瑞华，译.北京：商务印书馆，2010.

［110］［美］迈克尔·海姆.从界面到网络空间——虚拟实在的形而上学［M］.金吾伦，等，译.上海：上海科技教育出版社，2000.

［111］［美］曼纽尔·卡斯特.网络社会的崛起［M］.夏铸九，等，译.北京：社会科学文献出版社，2001.

［112］［美］纳尔逊·古德曼.艺术的语言——通往符号理论的道路［M］.彭锋，译.北京：北京大学出版社，2013.

［113］［美］尼尔·波兹曼.技术垄断：文化向技术投降［M］.何道宽，译.北京：北京大学出版社，2007.

［114］［美］尼尔·波兹曼.娱乐至死·童年的消逝［M］.章艳，译.桂林：广西师范大学出版社，2009.

［115］［美］尼古拉斯·米尔佐夫.视觉文化导论［M］.倪伟，译.南京：江苏人民出版社，2006.

［116］［美］尼古拉斯·米尔佐夫.如何观看世界［M］.徐达艳，译.上海：上海文艺出版社，2017.

［117］［美］尼古拉斯·米尔佐夫.身体图景：艺术、现代性与理想形体［M］.萧易，译.重庆：重庆大学出版社，2018.

［118］［美］潘诺夫斯基.视觉艺术的含义［M］.傅志强，译.沈阳：辽宁人民美术出版社，1987.

［119］［美］乔纳森·克拉里.观察者的技术［M］.蔡佩君，译.上海：华东师范大学出版社，2017.

［120］［美］乔纳森·克拉里.知觉的悬置：注意力、景观与现代文化［M］.沈语冰，贺玉高，译.南京：江苏凤凰美

术出版社，2017.

［121］［美］苏珊·桑塔格.论摄影［M］.黄灿然，译.上海：上海译文出版社，2010.

［122］［美］苏珊·桑塔格.反对阐释［M］.程巍，译.上海：上海译文出版社，2011.

［123］［美］唐·伊德.技术与生活世界［M］.韩连庆，译.北京：北京大学出版社，2012.

［124］［美］托马斯·弗兰克.酷的征服——商业文化、反主流文化与嬉皮消费主义的兴起［M］.朱珊，胡传胜，孙冬，译.南京：南京大学出版社，2007.

［125］［美］约翰·杜翰姆·彼得斯.对空言说：传播的观念史［M］.邓建国，译.上海：上海译文出版社，2017.

［126］［美］约翰·杜海姆·彼得斯.奇云：媒介即存有［M］.邓建国，译.上海：复旦大学出版社，2020.

［127］［美］约翰·菲斯克.电视文化［M］.祁阿红等，译.北京：商务印书馆，2005.

［128］［美］詹明信.晚期资本主义的文化逻辑［M］.陈清侨，等，译.北京：生活·读书·新知三联书店，1997.

［129］［日］福嶋亮大.当神话开始思考——网络社会的文化论［M］.苏文淑，译.台北：大鸿艺术，2012.

［130］［日］原研哉.设计中的设计［M］.朱鄂，译.济南：山东人民出版社，2006.

［131］［斯洛文尼亚］斯拉沃热·齐泽克.自由的深渊［M］.王俊，译.上海：上海译文出版社，2013.

［132］［斯洛文尼亚］斯拉沃热·齐泽克.斜目而视：透过通

俗文化看拉康［M］. 季广茂，译. 杭州：浙江大学出版社，2011.

［133］［新西兰］肖恩·库比特. 数字美学［M］. 赵文书，等，译. 北京：商务印书馆，2007.

［134］［意］安伯托·艾柯. 开放的作品［M］. 刘儒庭，译. 北京：新星出版社，2005.

［135］［意］翁贝托·艾柯. 美的历史［M］. 彭淮栋，译. 北京：中央编译出版社，2013.

［136］［意］翁贝托·艾柯. 丑的历史［M］. 彭淮栋，译. 北京：中央编译出版社，2013.

［137］［意］科西莫·亚卡托. 数据时代［M］. 何道宽，译. 北京：中国大百科全书出版社，2021.

［138］［意］马里奥·佩尔尼奥拉. 仪式思维——性、死亡和世界［M］. 吕捷，译. 北京：商务印书馆，2006.

［139］［英］E. H. 贡布里希. 艺术与错觉——图画再现的心理学研究［M］. 杨成凯，等，译. 南宁：广西美术出版社，2012.

［140］［英］E. H. 贡布里希. 图像与眼睛——图画再现心理学的再研究［M］. 范景中，等，译. 南宁：广西美术出版社，2013.

［141］［英］E. H. 贡布里希. 木马沉思录——艺术理论文集［M］. 曾四凯，等，译. 南宁：广西美术出版社，2015.

［142］［英］阿雷恩·鲍尔德温，等. 文化研究导论［M］. 陶东风，译. 北京：高等教育出版社，2014.

［143］［英］艾美利亚·琼斯. 自我与图像［M］. 刘凡，谷光

曙，译.南京：江苏美术出版社，2013.

［144］［英］伯尼斯·马丁.当代社会与文化艺术［M］.李中泽，译.成都：四川人民出版社，2000.

［145］［英］大卫·布莱特.装饰新思维——视觉艺术中的愉悦和意识形态［M］.张惠等，译.南京：江苏美术出版社，2006.

［146］［英］丹尼·卡瓦拉罗.文化理论关键词［M］.张卫东，等，译.南京：江苏人民出版社，2006.

［147］［英］丹尼尔·米勒.物质文化与大众消费费文明［M］.朱晓宁，译.南京：江苏美术出版社，2010.

［148］［英］理查德·豪厄尔斯.视觉文化［M］.葛红兵，等，译.桂林：广西师范大学出版社，2007.

［149］［英］路德维希·维特根斯坦.文化和价值［M］.黄正东，唐少杰，译.上海：译林出版社，2011.

［150］［英］罗伊·爱斯科特.未来就是现在——艺术、技术和意识［M］.周凌，任爱凡，译.北京：金城出版社，2012.

［151］［英］马尔科姆·巴纳德.艺术、设计与视觉文化［M］.王升才，等，译.南京：江苏美术出版社，2006.

［152］［英］迈克·费瑟斯通.消费文化与后现代主义［M］.刘精明，译.上海：译林出版社，2000.

［153］［英］斯图尔特·霍尔.表征——文化表征与意指实践［M］.徐亮，陆兴华，译.北京：商务印书馆，2013.

［154］［英］威廉·米切尔.重组的眼睛：后摄影时代的视觉真相［M］.刘张铂泷，译.北京：中国民族摄影艺术出版

社，2017.

［155］［英］约翰·伯格. 观看之道［M］. 戴行钺，译. 桂林：
广西师范大学出版社，2009.

［156］［英］约翰·伯格. 看［M］. 刘惠媛，译. 桂林：广西师
范大学出版社，2007.

［157］［英］约翰·伯格. 观看之道［M］. 戴行钺，译. 桂林：
广西师范大学出版社，2007.

［158］［英］约翰·斯道雷. 文化理论与大众文化导论［M］.
常江，译. 北京：北京大学出版社，2010.

［159］陈平原. 左图右史与西学东渐——晚清画报研究［M］.
北京：生活·读书·新知三联书店，2018.

［160］岛子. 后现代主义艺术系谱［M］. 重庆：重庆出版社，
2007.

［161］邓启耀. 视觉人类学导论［M］. 广州：中山大学出版
社，2013.

［162］高岭. 商品与拜物——审美文化语境中的商品拜物教批判
［M］. 北京：北京大学出版社，2010.

［163］高宣扬. 后现代论［M］. 北京：中国人民大学出版社，
2005.

［164］韩丛耀. 图像：一种后符号学的再发现［M］. 南京：南
京大学出版社，2008.

［165］姜宇辉. 德勒兹身体美学研究［M］. 上海：华东师范大
学出版社，2007.

［166］赖声川. 赖声川的创意学［M］. 桂林：广西师范大学出
版社，2011.

［167］李沁.沉浸传播：第三媒介时代的传播范式［M］.北京：清华大学出版社，2013.

［168］李泽厚.美的历程［M］.天津：天津社会科学出版社，2002.

［169］林少雄.视像与人——视像人类学论纲［M］.上海：学林出版社，2005.

［170］刘悦笛.视觉美学史——从前现代、现代到后现代［M］.济南：山东文艺出版社，2008.

［171］刘云卿.马格利特：图像的哲学［M］.桂林：广西师范大学出版社，2010.

［172］罗岗，顾铮.视觉文化读本［M］.桂林：广西师范大学出版社，2003.

［173］闵大洪.数字传媒概要［M］.上海：复旦大学出版社，2003.

［174］欧阳灿灿.当代欧美身体研究批评［M］.北京：中国社会科学出版社，2015.

［175］祁林.视觉技术与日常生活审美化［M］.北京：生活·读书·新知三联书店，2022.

［176］邵亦扬.后现代之后：后前卫视觉艺术［M］.北京：北京大学出版社，2012.

［177］唐宏峰.透明：中国视觉现代性（1872—1911）［M］.北京：生活·读书·新知三联书店，2022.

［178］汪民安.身体、空间与后现代性［M］.南京：江苏人民出版社，2006.

［179］汪民安.感官技术［M］.北京：北京大学出版社，2011.

［180］汪民安.什么是当代［M］.北京：新星出版社，2014.

［181］吴靖.文化现代性的视觉表达：观看、凝视与对视［M］.北京：北京大学出版社，2012.

［182］吴琼.视觉文化的奇观［M］.北京：中国人民大学出版社，2005.

［183］吴琼，杜予.形象的修辞［M］.北京：中国人民大学出版社，2005.

［184］谢宏声.图像与观看［M］.桂林：广西师范大学出版社，2012.

［185］杨大春.杨大春讲梅洛-庞蒂［M］.北京：北京大学出版社，2005.

［186］张闳.欲望号街车——流行符号文化批判［M］.北京：中国人民大学出版社，2012.

［187］赵星植.皮尔斯与传播符号学［M］.成都：四川大学出版社，2017.

［188］郑建丽.晚清画报的图像新闻学研究：1884—1912：以《点石斋画报》为中心［M］.桂林：广西师范大学出版社，2015.

［189］邹建林.影子与踪迹：汉斯·贝尔廷图像理论中的指涉问题［M］.长沙：湖南美术出版社，2014.

［190］周宪.视觉文化的转向［M］.北京：北京大学出版社，2008.

［191］周宪.文化现代性与美学问题［M］.北京：中国人民大学出版社，2005.

［192］周宪.视觉文化读本［M］.南京：南京大学出版社，

2013.

［193］周宪. 视觉转向中的文化研究［M］. 北京：生活·读书·新知三联书店，2022.

［194］朱晓军. 图像媒介的审美之维：从电视到虚拟现实［M］. 北京：中国社会科学出版社，2019.

后　　记

　　本书的主体内容是在我的博士论文基础上修改而来的，某种意义上说，本书的出版是对我攻读博士学位期间学术思考、理论积淀的一次重要检验，亦是一个关键性的成果。回望博士在读期间读书与写作的整个过程，感慨良多。

　　论文早期的出发点是想要讨论视觉转向的问题。在写作过程中，我不知不觉地发现"转向"一词与我的学术研究经历是如此的契合：最初立志成为设计师和广告教师，我的研究热情主要投入到设计理论和广告创意研究领域；硕士阶段，当时的研究方向是现当代文学领域中的鲁迅研究，我开始比较系统地展开文学理论的思考和训练，与最初的专业和研究领域产生的巨大跨越，于我而言是一次重要的转向；到读博期间，沉浸在图像学、媒介美学和技术现象学等研究领域，由于我的理论基底薄弱，海量的文献阅读和写作方向的不断细微调整，无疑又是一次艰难的"转向"。可以说一次次的"转向"都是痛苦且艰难的，是磨练和蜕变的过程。某种角度来看也印证了现在题目中的"演化"一词，读博期间是我理论素养和学术研究能力不断提升的自我演化的重要阶段。在这一过程中，我的导师黄也平教授始终细心、耐心、宽容地支持、帮助和指导我。黄老师深广的理论学养和敏锐的研究视角，让我受益匪浅，到现在我还能想起来，每次在老师家与老师讨论论文时的那种思想和精神上的愉悦及震撼。恩师当时为我指明的不仅仅是论文的研究方向，更是我学术人生的一个重要起点，可以说我在读博期间的"自我演化"离不开恩师的悉心培养。还要感谢同门的兄弟姐妹，常常关心我的写作进度，鼓励我不断进步。尤其要感谢王健师兄，在论文写作的攻坚阶段一直默默地支持和鼓励我，几乎每周都抽出大量时间与我谈心、畅聊，当时我们每一次的散步和小酌，既是压力释放的出口，也是学术机锋的交点，是我论文写作期间最难忘的一段时光。本书的部分内容也是由他参与修正，算作我们思维共振的一段小记录。

在博士论文写作的关键阶段，正是疫情爆发的困难阶段，感谢我的家人能够容忍我当时乖张的态度和烦躁的情绪，对我始终保持耐心和支持，父母和妻儿的关爱是我一直坚持下来的动力和源泉。

最后，书中涉及的理论思考仍存在很多问题，受限于自身基础薄弱，文章在论述的逻辑性、表述的严谨性等方面仍有所欠缺，还望各位专家批评指正。

王博学

2023年7月